渡岸法光（下）

The Path of the Mystic vol.2

奧修 OSHO 著

李奕廷 Vivek 譯

譯者序

和成道者在一起是獨一無二的經驗，當我們還在為各種瑣事煩惱、憂慮、奮鬥時，他已經抵達了對岸，就內在而言，他處於和我們不同的世界，而我們所做的一切努力就是為了進入那個世界。甚至那些不知道的人，沒有做任何努力的人，他們占了大多數，但他們也在經歷，等到條件滿足了，有一天，某個人開始對這一切感到不耐煩，不想再繼續下去，已經受夠了，開始探詢任何可能性，是否有什麼是他不知道的？是否有人也在探詢？是否有人已經知道了？

成道者的存在可以讓我們瞥見那個世界，讓我們知道那個可能性是存在的，我們也能夠達到，可以提醒我們，即使處於俗世的洪流中，我們會一再忘記自己…所以第一個困難是那個渴望，第二個困難是如何找到一個知道的人，一個已經經歷過你所經歷的人，可以了解你所做的一切是不必要的、短暫的，一個成道者，第三個困難是如何找到一個適合自己的成道者，並不保證成道者就一定適合，也許你們的心無法聯結，所以有各種困難。然而，一旦找到這樣的人，和這樣的人在一起，一個人就如同回到了家，進入了那個世界。

但是外在的世界一直在改變，所以最後的困難是，能和這樣的人在一起多久？尤其是像奧修這樣的人，危險似乎是正常的、困難似乎是更巨大的。但對於那些知道的人、那些經歷過的人而言，那個危險、困難只會加深和師父之間的連結，那樣的經歷是非常難得的，也許勝過了和師父在一起但沒有這種經歷的人，因為即使分開了，那個經歷也會一直在那兒，隨時提醒你，有一天，它會幫助你回家，你一定要回家。

這是你對師父的承諾，你欠他的，你必須做到。

目錄

譯者序……3
第二十三章 內在和外在的實相……7
第二十四章 跟隨存在……25
第二十五章 竊取真理……37
第二十六章 臣服的本質……49
第二十七章 未來的宗教……65
第二十八章 一顆靜靜等待的心……77
第二十九章 超越頭腦的邊界……95
第三十章 愛的可能……111
第三十一章 最終的里程碑……123
第三十二章 對整體的洞見……135
第三十三章 公開的挑戰……151
第三十四章 信念的心理學……169
第三十五章 你敞開的天空……187

第三十六章　禪者……205
第三十七章　安靜的平衡……219
第三十八章　真實的話語……235
第三十九章　存在的奧秘……251
第四十章　心靈的無產階級……265
第四十一章　把健康散播開來……283
第四十二章　桑雅士的本質……297
第四十三章　有意識的生活……315
第四十四章　自發性的源頭……331

第二十三章
內在和外在的實相

奧修，大約有七十個神經學家對被稱為「網狀結構」的腦幹很感興趣。據說當我們睡覺時，這個區域會過濾所有進入頭腦的一切。因此，一個在充斥著各種噪音的環境下睡著的母親，聽到小孩的哭聲卻會立刻醒來——據說這是網狀結構的功能。似乎在睡著時，我們裡面有一個部分仍然是醒著的。觀照和這個現象是否有關？觀照是否屬於頭腦的一部分？

觀照不是頭腦的一部分，但觀照會使用頭腦，把它當成一個機制。頭腦的一部分會保持清醒，就像觀照透過一扇窗戶看。窗戶本身不是清醒的，但窗戶後的觀照會使它保持運作著。即使在晚上，頭腦的一部分仍是運作中的，以便觀照可以使用它。如果頭腦是完全無運作的，那觀照就對外在一無所知。它可以意識到內在的實相，但是它無法意識到外在的實相。頭腦這個機制可以使它意識到外在的實相。

但是頭腦本身沒有觀照的能力，而觀照和頭腦是完全分開來的：它不是頭腦的一部分。它是主人，而頭腦只是僕人。

那些靜心了很久的人，會漸漸變成覺知的，即使在睡覺也一樣。身體睡著了，但是在睡著的身體下有一個覺知。它也會干擾到睡眠——如果過於覺知，就很難睡著，幾乎不可能。如果要睡著，覺知的強度必須非常微弱，當你睡著時，只有一扇小窗留意外在的世界。只是一個守衛：以免某件事發生，某個緊急事件，那它會讓你醒來。

然而一旦在靜心和覺知中達到了最終的，睡眠會如同薄薄的一層以致於它只是一個休息，而不是睡眠。但這就足夠了。

這讓我想到成道在某些情況會干擾頭腦和身體的正常機制，因為那不是固有的過程。成道並非像一個人會變成年輕人、老人，它不是必經的——那些是固有的生命過程。成道是必須掙得的。機會是有的，潛力是有的——但你可能會錯過，或者你可能會得到。因為那不是必經的過程，身體和頭腦無法對自己做任何調整而成道。

好幾世紀來一直有這樣的情況：拉瑪克理虛納死於喉癌，拉瑪瑪赫西也死於癌症，克理虛納穆提忍受了四十年的強烈偏頭痛。佛陀則常常生病，如此頻繁以致於他的一個弟子——一個國王，波斯匿王——獻上自己的私人醫生。在佛陀的一生中，波斯匿王的醫生一直跟著佛陀，坐在放滿各種藥物和醫書的馬車裡，尤其是佛陀可能會用到的。馬哈維亞則一直忍受胃病，也死於胃病。

這個問題一直出現：這些人成道了；他們的身體應該是更健康的。似乎這樣比較符合邏輯，但存在並非依照邏輯而運作。就存在性而言，成道的意思是超越身體和頭腦的能力範圍。你把某個東西帶入你的身體和頭腦，而身體和頭腦並不是為了那個東西而產生的，它們還沒準備好接受那個東西。因此這個新的現象：這個新的現象是如此強大以致於它將會造成很多困擾。特別是睡眠；它是最常受到影響的，因為成道帶來如此多的覺知以致於你無法在白天耗盡那些覺知，無論你怎麼做都無法耗盡它。

就如同一般人很難醒來——睡眠是如此強大，它的力量會壓過所有想要醒來的努力——他試了一會兒然後又忘了；睡眠取得了控制權。反過來也一樣，當成道發生：有這麼多的覺知以致於睡眠不可能支配你的身體。最多，你的身體可以放鬆——它可以比平時還放鬆，它可以比平時有更多的休息——但睡眠會消失。

據說佛陀從未變過睡覺的姿勢；他整晚會用同樣的姿勢睡覺。他的弟子阿難感到很驚訝。有很多次，他醒來後會去察看，他無法了解佛陀怎麼做到的。在睡眠中，你無法一直用同樣的姿勢睡覺。人們連清醒時都無法維持同樣的姿勢；非常大的心神不定以致於他們必須換這個姿勢，然後另一個姿勢。但是在睡眠中，你是無意識的⋯

有一天，阿難終於問了：「您是如何在整個晚上都用同樣的姿勢睡覺的？」

佛陀說：「當你有一天成道了，你就會知道。我會告訴你答案，但你會很難理解。我只是休息，我不睡覺。從我覺醒的那一天起，睡眠就消失了。」

對不同人的身體而言，其他的事情也會因為不同的原因而造成影響，但是成道者會更健康的想法是完全錯誤的。它會使你有一個完整的意識，極大的完整。就如同鳥蛋裡的鳥總有一天會破殼而出⋯蛋一直保護著牠，沒有它，鳥兒就無法存活。但鳥兒不會回顧過去。牠會展翅高飛，發現整個天空都是牠的。

身體也是一種蛋，裡面有著成道的最終潛力——而且除非成道，否則你會一直換到新的身體——一旦成道發生，身體就變成沒有意義的。

大部分的人在成道時就立刻死亡了。他們只是無法再呼吸了。他們沒有理由繼續呼吸。那個體驗是如此巨大以致於心跳停止了。他們從未遇過這樣的事，它是非常陌生的。它帶走了他們的呼吸。

非常少人可以在成道時活下來，而這些人活下來的原因是奇怪的：他們是喜歡冒險的、大膽的人、他們生活的方式就像走鋼索的人、活在剃刀邊緣的人。那個震撼會發生，但是他們之前就已經習慣較小的震撼。他們從未有過這麼大的震撼，但那些較小的震撼已經把他們準備好，可以接受這個巨大的奇蹟。他們會繼續呼吸；他們的心會繼續跳動。但在很多方面，身體會繼續受苦，因為某件身體無法了解的事發生了。

身體有自己的智慧，它有某種程度的了解。在能力範圍內，它可以運作的很好。但成道不在它的能力範圍內，差距太大了。它遠遠超出身體的能力範圍。所以身體裡面虛弱的地方將會垮掉——因為這將會是最後一個用到的身體，再也不需要身體了。它已經盡了責任。它施展了那個奇蹟。所以如果就比率來講⋯十個成道者中至少有九個會立刻死掉。而十個活下來的成道者中，有九個會保持沉默。他們不再被頭腦掌控。

這些事從沒有人提過。有很多事沒被提過，因為沒有人問過，沒有人會在意，沒有人想要了解。所以有一千零一件值得注意的事，但沒有人談過它們。

例如，為什麼十個成道者中有九個會立刻死掉？世界上沒有任何經典談到過。從沒有人提過這樣的問題——沒有經典談到過，然而好幾世紀以來，成道一直在發生。也許他們擔心如果說了出來⋯人們已經對成道不感興趣了，如果你告訴他們這就是成道的獎賞——當你成道，你的保險絲會燒掉——這可能會使試著要成道的少數人放棄嘗試。他們會說：「這是多麼沒有意義。你這麼努力要成道，而你得到了什麼？——你會死掉！你甚至看不到自己成道了。那有什麼意義？這是一個奇怪的遊戲。」

也許這就是沒有人提過這些事的原因。沒有經典說過成道會影響身體和頭腦。但是我要把每件事說出來，因為我的了解是，那些沒興趣了解的人仍不會有興趣了解，那些有興趣的人不會因為任何事實而放棄。事實上讓他們事先知道會比較好。

成道一定會對身心有很大的影響，因為身體沒做好這樣的準備。自然從未加入任何東西到身體以便它可以承受成道。就像一座山突然壓向你——你一定會被壓碎。

為什麼十個成道者中有九個會保持沉默？最多他們會說：「因為真理是無法敘述的。」確實如此，但還有一個更重要的部分是從未提到的。十個成道者中，有九個成道者的頭腦會受到影響。他們無法再使用頭腦來說話，所以他們認為最好保持沉默。

他們可以清楚的了解到他們的頭腦不再是正常運作的。這是可以理解的：頭腦是一個非常微妙的機制；人類小小的頭骨中，大約七百萬條細小的神經形成了你的頭腦。它們是如此細微和精密以致於任何小小的震動都會影響到它們、破壞它們——而成道是一個非常大的震撼。它穿越了頭腦，打擾到很多細胞和神經。

十個成道者中只有一個可以保住他的頭腦，因為那個人在成道前過度的使用他的頭腦，以致於它變得越來越強大。如果他沒有成道，他會成為一個偉大的哲學家、邏輯學家、數學家或物理學家。他內建了一部強大的機器，可以使他成為羅素或愛因斯坦——或一個佛陀。

但一般而言，人們不會如此過度使用頭腦。一般的工作並不需要。只有使用百分之五——一般人的腦部只有用到百分之五。你們所謂非常偉大的天才則只有用到百分之十五。但如果一個人使用了至少三分之一的腦部——亦即百分之三十三——那他的頭腦就有足夠的強度可以在成道後還能運作。它不只可以繼續運作，還可以給予幫助。

在頭腦還可以運作的十個成道者中，有九個不會成為師父；只有一個會成為師父。其他九個最多可以成為導師。他們可以談論他們的經驗。他們可以引用經典。他們可以成為非常有名的導師。人們會把他們和師父弄混；他們會有很多跟隨者——但他們不是師父，因為他們失去了師父的特質。

師父不只是個導師，他還是塊磁鐵。教導是一回事，但是在他磁力的運作中教導你以致於只是聽他說話就可以使你轉變…那就是師父。導師可以給你文字，但是他無法給你生命。導師可以給你解釋，但是他無法給你經驗。導師可以觸碰到你的頭腦，但是他無法進入你的心。

為什麼十個裡面只有一個？在成道前，如果他已經是一個導師…如果，雖然他還沒有經驗過，但他的智慧是如此通達一切，以致於他可以了解在別人身上發生了什麼事，他不需要透過犯錯來學習。他可以看到別人在犯錯，對他而言，那就足以讓他從中學習了。

如果他從出生後就是善於表達的，他喜歡文字的聲音——它們的音樂、它們的詩——就表達而言，他沒有遇過任何困難，而且他的表達是有說服力的…不只在論點方面勝過你，還有他表達的方式，表達的詩意，表達的論點，表達中帶有的音樂都是有說服力的，然而他自己還沒經驗過…

如果這種人剛好成道了，那他會非常精通表達的技巧。他的成道會加入某些東西到他的表達能力中。那會使他的表達能力更令人信服；使他的表達能力是有磁性的。使他的表達能力成為一種可以感受到的存在，壓倒性的存在，使你很容易就會愛與信任的存在。

成道後開始教導的導師仍會是個外行人。但成道前已經是導師的人，就成為師父而言，會因為成道而大大的豐富了他的教導能力。

據說當舍利弗——佛陀的其中一個弟子，也是其中一個在佛陀生前成道的弟子——當他去見佛陀，他要去找佛陀辯論。他是一個知名的導師，很多人以為他是一個師父。他帶著五千個弟子去找佛陀，打算就重要的論點進行辯論。

佛陀懷著極大的愛見了他，並對他的弟子和舍利弗的弟子說：「來了一位偉大的導師，我希望有一天他會成為一個師父。」當佛陀說完後，每個人感到震驚——包括舍利弗。

舍利弗問：「你是什麼意思？」

佛陀說：「你很會辯論，你是善於表達的，你是一個有影響力的知識份子。你擁有天才導師的所有特質。你有五千個非常聰明的人作為你的弟子，但是你還不是師父。如果你是一個師父，我會去找你，不是你來找我。你是一個偉大的哲學家，但是你什麼都不知道。」

「我相信你是有智慧的，你不會說謊：在這些人面前說你是一個思想家，但你沒有任何經驗。如果你說你經驗過。那我已經準備好和你辯論。但記住，說謊不會有幫助。你會立刻被發現，因為在經驗中有很多事是經典找不到的。因此你最好先聲明清楚。」

「如果你說你經驗過真理，那我已經準備要和你辯論。如果你說你還沒有經驗過真理，我準備接受你成為我的弟子。我會使你成為一個師父，這是個承諾——因為你有那個可能性。你可以選擇說謊並和我辯論，或者說實話，成為我的弟子並和我一起學習和經驗。有一天，當你是一個師父，如果你還想和我辯論，我會非常樂意。」

大家安靜了下來。但舍利弗確實是一個真誠的人。他說：「佛陀是對的。我從未想過他會問到我的經驗。我在全國各地辯論，打敗很多所謂的偉大導師，使他們成為我的弟子」——那是印度當時的習慣。你們互相辯論，誰輸了就成為對方的弟子。

於是他說：「這兒很多弟子都曾經是導師，但沒人問過我的經驗。我沒有任何經驗，所以現在沒有必要辯論了。我現在要彎身觸碰佛陀的腳。我會等到我經驗過，等到我自己成為一個師父。」

和佛陀在一起三年，他成道了。他確實是一個非常有潛力的人……已經站在邊緣了。在他成道的那天，佛陀把他叫來：「你現在想辯論嗎？」

舍利弗彎身觸碰了佛陀的腳說：「之前我觸碰你的腳是因為我還沒有經驗過。現在我觸碰你的腳是因為我經驗過了；不再有需要辯論的問題了。之前是無法辯論，現在也不可能辯論了。沒有什麼好辯論的。我知道，你知道——那個知道是相同的。而且我是你的弟子，我也許會成為別人的師父，但對於你，我會一直是你的弟子。你改變了我的生命；否則一直到死，我都還在沒有必要的辯論著，浪費我的時間和別人的時間。」

保持沉默的人是因為頭腦被破壞了，他們除了沉默之外沒有別的辦法。那個機制被破壞了。他們經驗過，但是他們沒有可以用的工具。

所以那是很罕見的：首先是成道，然後是成道時還活著，再來是保有你的頭腦以便你可以成為一個師父。而那得取決於你是否在成道前有使用到頭腦三分之一的潛力。少於三分之一就不可能。

所以我才堅持：不要相信。

懷疑、思考、詢問。

磨銳你的智慧，至少用到三分之一的潛力。同時要靜心，如此一來，當你成道的那一天，你才能夠對世界說點東西。你欠它的。

存在等了數百萬年才有一個人成道，當某個人成道，存在會要他分享，散播他的話語，無論要什麼代價，存在要他去喚醒那些熟睡的人。他們可能不會都醒過來，但可能會有某個人聽到那個呼喚。即使只有幾個人聽到，作為獎勵，那就足夠了。

奧修，當我聽你說要我們有一百個人盡快成道，我納悶為什麼是一百個人？幾個月前，我看到一個西班牙的電視節目，裡面播放著一個人類學者和一個科學家在某個島上的發現。他們觀察一些猴子好幾年後發現，當其中一隻猴子不小心掉了一塊美味的馬鈴薯——那是他們的主食——掉到水裡，剛好可以把馬鈴薯上面的泥土洗乾淨，牠發現那塊馬鈴薯比以往還要美味，因為過去牠們都是連泥土一起吃掉，於是牠試著教其他猴子這麼做。一些年幼的猴子跟著牠這麼做；其他猴子則拒絕了。但令人感到驚奇的是，當第一百隻猴子照著這樣做之後，其他島上的所有猴子開始同樣照著做。可以請你評論嗎？

我們生活在無形力量組成的網絡中，將我們彼此相連。所以每當某件事發生在某個人身上，它會在很多人身上振動著。他們可能相隔很遠，但如果那件事發生在很多人身上，那個振動會非常強烈。它可以從這個島嶼來到另一個島嶼，從這個大陸來到另一個大陸，不需要任何有形的溝通工具。

愛因斯坦曾被問到，如果他沒有發現相對論，那是否會有人發現它？愛因斯坦的回答讓那個人感到震驚。他說：「如果我沒有發現它，幾個月內將會有某個人發現它。我只是比較快發現。」

稍後發現有個德國物理學家已經在他的筆記本寫下相對論；他只是比較晚公開。愛因斯坦比他先公開；否則某個人早就發現相對論了，他只是比較晚公開…比較懶散。在日本有一個人的研究已經快得到結論了，但他不知道…他不懂英文和德文，所以他不知道世界上的某個地方發生了什麼事。他只懂日文。但是他已經得到幾乎相同的結論，只需要再幾天的工作…

似乎每當有某件事發生，它不會只發生在某個人身上，它是一個浪潮。任何可以捕捉到那股浪潮的人，有能力捕捉到的、有智慧的、被訓練用來捕捉那股浪潮的人，也會得到同樣的想法。

沒有任何發現是只有某個人得到的。之所以和那個人畫上等號是因為他是第一個發現的。因為那是非常專門的研究主題，不是每個人都能發現的，但是有很多人在同樣的領域、專門的主題進行研究。所以如果某個浪潮圍繞著整個地球，它會被很多頭腦捕捉到。

你可以嘗試幾個實驗，那可以幫助你了解為什麼會這樣。再一次，記住那百分之三十三：在世界上的科學、藝術、宗教、任何領域或面向所發生的每件事都是透過特定的某群人發生。他們是百分之三十三的一部分。這些人是最聰明的人。這些人可以很容易就被催眠。這些人是完美的媒介。

我們的教育系統是非常原始的；否則每個小孩在上任何學校或探索潛力之前都應該先被催眠。他是否屬於那百分之三十三，還是屬於剩下的三分之二？如果他屬於剩下的三分之二，他應該被送到適合一般人的學校，如果他屬於那三分之一，那他應該被送到更專門的學校，那些孕育數千個天才的地方。

現在他們被混在一起，天才因此而受苦。因為如果班上有一個天才…老師必須用最平庸的學生可以理解的方式來教導。你了解那個暗示嗎？那個暗示就是最差的分母會勝過更優秀的、更聰明、更有潛力的人。

現在，對天才而言，老師教的一切是沒有用的。他需要更好的、更深入的、更高階的東西。他的時間被浪費在平庸的學生上。這樣的混合是不必要的。不需要；他們可以被挑出來。

我接下來要告訴你們一個更能說明百分之三十三的實驗。你可以和你愛的人分別坐在相鄰的房間，你和她有一個深深的友誼、信任、某個屬於心的東西。你們同時靜靜的坐十分鐘。然後你從一副紙牌中抽出一張，並傳送某個信號——也許是敲一下門——表示「我拿了第一張牌；現在換妳拿第一張牌。」對方必須從所有紙牌中抽出一張。她必須是安靜的，協調一致的，只對另一個房間所發生的一切保持敞開，然後拿一張牌。

在這樣的方式下，連續拿十張牌。你會很驚訝的知道如果雙方都很聰明，那麼雙方有七張牌會是相同的。那是最少；甚至十張牌都可能會是相同的。

但如果只有三張牌是相同的，那需要的會是更多的實驗，比例會提升。一旦你可以用卡片做到，你在別的事情上也可以達到同樣的結果。你可以畫一張圖，另一個人也畫一張圖——雙方沒有任何有形的交流，但某個無形的東西會從這個人傳給另一個人。然後你可以更換對象，這樣你就能知道和誰可以運作的更好。那表示你和對方的頭腦在同樣的波長下運作著。

我的看法是，當兩個人要住在一起之前，他們應該由專家檢查他們的頭腦是否協調一致。他們應該做些練習：「你們先調整你們的頭腦。你們的頭腦應該必須有百分之七十是協調一致的，那樣才值得住在一起；否則就不要成為對方的地獄。你們是彼此相愛的——原諒對方吧。」

但是在你們住在一起之前，你們可以試著調整使彼此協調一致。不需要去法院，因為法官能做什麼？這應該是大學的一部分——應該有一個科系可以幫助人們找出他們協調一致的比例，並幫助人們增加那個比例。如果他們差距過大以致於不可能做到，那應該建議他們：「你們會陷入麻煩，如果你們彼此相愛⋯沒有必要陷入這些麻煩。最好現在就道別，而不是等到你們搞砸了一切，造成對方的困擾。」

這個小實驗的地點可以是世界上的任何地方。例如，你可以做些安排：首先在一間房子裡對十個人做這個實驗，如果你發現這十個人有相同的特定波長，那可以讓這十個人分散在世界上的某個地方。他們必須在一定的時間內進行相同的實驗——結果會是相同的。比例會是相同的，因為距離不會造成差別；那不是一個物理現象。

這個實驗在動物身上特別可行，因為牠們是非常單純的。葛吉夫記得他小時候⋯他住在高加索山裡一個非常不同的世界。那是一個小型的部落世界，大部分是居無定所的原始部落。他們不斷遷徙；住在帳篷裡——他們是流浪民族、吉普賽人。葛吉夫的父母很早就死了——那時他只有九歲——所以他和任何他覺得友善的吉普賽部落一起搬遷。人們都愛這個男孩。他是如此聰明以致於他學會了這些部落的很多語言——他們都使用不同的語言。而且他學到很多對他未來工作很有幫助的東西。

他記得的一件事就是在那些部落中，他們常常催眠動物。他們從未把動物綁起來，不需要。他們只要看著動物的眼睛幾秒鐘，然後動物的頭就會垂下來，牠會保持那樣的姿勢完全不動，無論你想要多久。牠不會離開，除非同一個人看著牠的眼睛把牠喚醒。

葛吉夫說那是最方便的方法⋯牠們的馬和牛從未走丟，他們從沒有把牠們綁起來。牠們一直是自由的。小孩會被催眠，這樣他們就不會離開帳篷。只需要在他們周圍畫一個圓，他們將永遠不會離開那個圓。無論你做什麼，他們都不會離開那個圓。而這個方法是如此深入到他們的無意識以致於當他們長大，變成年輕人或老人，如果在他周圍劃一個圓，並進行某些唱誦，他會完全不動；他無法離開它。

葛吉夫無法相信——這是什麼樣的情況！這個人是完全自由的；在他周圍所畫的那條線並無法阻止他離開，但是那個人確實被限制住了。他對一些人說話，試著要讓他們離開：他們很努力嘗試，但是就好像有一道無形的牆擋住他們，使他們無法離開。

這些部落將催眠用在各種教學上。例如，他們要某個小孩成為一個偉大的摔角手——他會學習摔角，但那是其次。主要的部分會是催眠。他會被催眠：「你是一個偉大的摔角手，」這段話會不斷重複。葛吉夫說：「我親眼看到那個人變了。他的肌肉改變了，他的身體改變了；他的摔角技巧變得非常高明。」

這些部落每年都會有一個集會，宣布不同領域的冠軍；摔角是其中一種。那些摔角手都會透過催眠來訓練，那是最簡單的方式。這可以用在各種教學上，但現在催眠卻受到譴責。

例如，我說過兩個人可以做卡片的實驗。最好的情況是他們先被催眠，在催眠中使他們協調一致；那麼結果會得到更高的比例——九或十張相同的紙牌。

我們將要把催眠用在很多地方——包括靜心。如果你很難靜心，那就先經過催眠，讓它深入到你的無意識，使你很容易靜心，很容易進入它。催眠可以說服你。只是坐著就使你毫無困難的直接進入靜心，因為你全部的無意識會支持它；不會有任何阻礙或反抗。

在澳洲，有些部落會使用一些奇怪的方法來傳訊——甚至到現在也一樣。某個部落的酋長會走到某棵樹旁——每個部落的帳篷旁都有一棵被催眠的樹。樹可以被催眠；它們是非常敏感的存在。他走到樹旁對它說話，要它和另一個部落的某棵樹連結，也許是五十哩外的部落：「我要傳訊給那兒的某個人。告訴酋長，讓他去找那個人。」

那個部落的酋長會收到訊息並告訴那個人。他會進入催眠的恍惚狀態。某件事正在發生——另一個部落的酋長在樹旁進入催眠的恍惚狀態，被傳訊的人則坐在那兒，然後酋長開始念誦那個訊息。這就是他們傳訊的方式，而且他們是完全準確的。「你母親生病了，要你回家」——簡易的電報，但方法是奇特的。樹木被用來做為溝通的媒介。

是因為梅斯莫（Mesmer）使西方人知道催眠術（mesmerism）——和催眠療法是同樣的東西，但因為他是西方第一個使用催眠的人，所以就用他的名字命名。他的花園裡有一棵美麗的樹，他催眠了它——這是近代的事；不是很久以前才發生的。他對那棵樹催眠，讓它以為它可以治好各種疾病。那是他每天早上的工作，第一件事，催眠那棵樹：「人們會來訪，你可以治好他們。」

然後人們會來到。他們只是握著那棵樹的樹枝，然後很多人會進入恍惚的狀態，幾乎像被催眠。很多人被治好。只有那些沒進入恍惚狀態的人沒有被治好。那些人是固執的人、自我主義者——認為自己不會被催眠。事實是他們是笨蛋，而笨蛋無法被催眠。完全沒辦法催眠愚蠢的人；沒有任何辦法，因為蠢人沒有智慧了解催眠師給了他什麼指示。樹木比蠢人還要聰明——它們不愚蠢。鳥兒是更聰明的，動物是更聰明的。

那些進入恍惚狀態的人會發抖、跳舞或唱歌，他們的手會保持握著樹枝，好像他們被黏在樹枝上，而他們的疾病會消失。

醫生們非常反對梅斯莫——可以理解，因為他們少了很多病人，而且那些病人不用花錢就把病治好了。所以他上了法院。現在這些是無法證明的。他能證明什麼？——催眠術是什麼？樹木做了什麼？他無法證明任何事，他被判敗訴，因為他必須用醫學理論證明人們被治好了；否則他只是個江湖術士。

但奇怪的是，他沒有傷害任何人。他也許是一個江湖術士，有執照的。但如果數百個人被他治好，那有什麼不對？也許他是不太科學，但是被治好的人對科學沒有興趣，他們只對被治好有興趣。

事實上這些人之前被醫生用一般的藥物治療過，但沒有治好；抱著一線希望，他們去找了梅斯莫，因為那是很丟臉的——在那時候的社會，去找梅斯莫被認為是很丟臉的。如果他治好了這些無法治癒的人，那他並沒有造成任何傷害。而且他沒有索討任何東西；他只是一個學生，試著要恢復一個在西方完全失去蹤跡的科學。

無論我們在哪兒設立神祕學校，我要樹木被催眠，用來治療人們。也可以根據其他目的來催眠樹木——幫助人、鼓勵人。如果人們在學音樂，它們可以幫助他們快速學習，以便他們有更大的進展。如果他們在學數學時遇到困難⋯或者他們覺得無法學習任何東西。催眠可以毫無困難的移除任何障礙。

這是一個非常奇怪的世界。這兒沒有人想要去了解某些東西可以帶來的幫助。每個人只在意他的職業，他的既得利益。

有一天阿南朵給了我一份報告，歐洲天主教教會的人和「耶和華的見證人」及克理虛納運動的人幾乎要打起來。因為他們百分之十八的生意被這些人拿走了。這是一門生意。天主教教會百分之十八的生意被這些人奪走了，所以雙方正準備開戰。他們無法容忍這些競爭者——必須摧毀他們。

我不是說他們是對的；他們和天主教教會一樣愚蠢。但是他們都在做同樣的生意。所以天主教教會有什麼權利不讓別人做一樣的生意？

這件事清楚的顯示出這些人的宗教只不過是一門生意；他們不想要有任何競爭者，他們要獨占。正是這些人摧毀、活活燒死女人——數千個——在中古時代，譴責她們是女巫。那些女人實際上是在進行催眠和其他古老的方法。她們當然能比教會帶給人們更多的幫助。

那些女人對於教會的存在是不利的，於是教會捏造了一個故事，說她們和惡魔共謀、和惡魔性交。他們殘酷的折磨那些女人以致於她們必須承認她們和惡魔性交，否則酷刑會繼續下去。沒有別的辦法——她們必須接受。

一旦她們接受了、承認了，那教會就能懲罰她們。那個懲罰就是活活燒死——不是一個，而是數千個女人——以宗教之名！但事實上那是一個生意上的問題。

為什麼是女人？——因為女人可以更容易被催眠，也可以很容易的催眠別人。她們擁有更多催眠的能量，所以她們自然朝這個方向發展。而且她們是在幫助人，她們沒有摧毀任何人。她們沒有創造任何宗教和組織。發展了好幾世紀的一切跟著她們被摧毀了。我們不知道那些可憐的女人對人腦奧秘的了解、對人腦運作的方式。

世界上所有的宗教反對我的原因都一樣——完全和宗教無關。他們不是宗教性的，他們只是掛著宗教名字的生意人；在某個宗教之名的背後做著他們的生意。所以我自然是不利於他們的——全部——因為我吸引了他們的年輕人、他們的精華、他們裡面的聰明人。如果這場火散播開來，那他們的未來會是黑暗的。

但這是一個令人感傷的事件，以宗教之名，以科學之名，許多美麗的東西都被摧毀了。必須讓它們復甦。它們沒有傷害任何人，而且它們會是很大的幫助和祝福。

第二十四章
跟隨存在

奧修，當我第一次聽你說：「靜靜的坐著，不做任何事，當春天來到，綠草會自行生長，」我西方的頭腦以為這是個譬喻，想要了解它的意義。後來我發現你的意思真的是靜靜的坐著——我感覺不可能做到。現在，和你一起靜靜的坐著，不做任何事，我發現這才是真正的快樂——綠草會自行生長。鍾愛的師父，我感到很驚奇，我的感激是無法形容的。

東方和西方離彼此已經越行越遠，因此總是會產生誤解：東方不了解西方，西方也不了解東方。但是總的來看，西方會是輸家。

一萬年來，東方選擇了一條不屬於頭腦的路——不是智力的、不是理性的、不是邏輯的、不是科學的。而西方選擇的剛好相反。

在這個理性的航程中，西方距離最終的高度還很遙遠。也許它將永遠無法到達盡頭，因為它探求的是外在的客體。宇宙是無限的，科學越深入就越覺得它什麼都不知道。它所知道的就是它還有很多需要知道的，一切看起來似乎是無止盡的。

另一方面，東方則抵達了目的地：它達到了最終的意識。就某種程度而言，它達到了完美的內在。這帶來了新的困難，因為東方從達成的最終高度來談論，而西方只能理解相對性的事實，而那些事實每天都在改變。

它們也用不同的方式來談論。東方用詩意般的譬喻；而西方則使用數學性的詞語。東方透過直覺來談；西方則只是透過理智來談。

這是最大的問題中其中一個要解決的——東方和西方如何合併。它們的會合是絕對需要的；否則，無論東方或西方達成了什麼，都會在核武中消失。

我可以了解妳的問題。第一次聽到這個著名的俳句詩——「靜靜的坐著，不做任何事，當春天來到，綠草會自行生長」——自然會以為這是首詩，象徵性的表達。西方的方式所訓練的頭腦不會想到別的。不可能想到這是對實相的描述。

裡面沒有任何譬喻。它不是詩。俳句詩不是詩。它的構成是詩意般的，但是它的內涵則是實相。只有它的容器是詩意般的，但內容則是絕對的實相。

但是很困難，原因很簡單：首先，靜靜的坐著違反了西方的頭腦。西方有句諺語：「空的頭腦是惡魔工作的地方。」靜靜的坐著，你將會空掉。從童年開始，你就聽人說空的頭腦是惡魔工作的地方。東方所知道的則是完全不同。它是工作的地方——但不是惡魔工作的地方，而是神工作的地方。

第一句話創造了很大的困難。西方的每個人都被教導要思考，思考對生活有幫助——靜靜的坐著則不然。它不是一個資格證明；也許可以被稱為不符資格的證明。如果你應徵工作，對雇主說你的資格證明就是靜靜的坐著，不做任何事，當春天來到，綠草會自行生長，他會很驚愕！他們會把你扔出辦公室——「你去坐在別的地方，因為我們不想要綠草在我們這兒生長！」在他們眼中，你一定瘋了。

西方從未發展出任何靜心——它在那方面是非常貧乏的，非常貧乏。它只知道祈禱，甚至不算是靜心的遙遠回音。甚至連所謂的先知、救世主和彌賽亞都沒有超越祈禱——祈禱是最終的，因為上帝是最終的目標。

靜心是宗教的革命。

它直接扔掉神，甚至不去反對祂。甚至不值得這麼做，因為那是一個假設——沒有被證明的，沒有被經驗過的；不值得考慮祂。

我有個朋友，威爾遜教授，在賈巴爾普爾的一間神學院教書。他無法了解為什麼會有宗教沒有任何神和祈禱。西方在近四、五百年內，從未發現到宗教是可以沒有神和祈禱的。事實上，沒有它們才是合理的。它們是通往宗教革命路上的打擾和障礙。它們是敵人。

惡魔在這個世界上並沒有做任何錯事——因為它不存在。神也不存在，但是祂造成了很大的傷害。神使人的頭腦聚焦在某個外在的東西，當你聚焦於外在，你就仍然待在頭腦裡。靜心無法聚焦於外在；只有頭腦擁有聚焦於外在的能力。頭腦無法聚焦於內在；只有靜心可以。所以靜心和頭腦的方向剛好相反。

靜心者把他們的方法稱為沒有頭腦的方法不是沒有原因的。隨著頭腦被拋棄，神、各種神學理論、惡魔、天堂、地獄、善惡的概念——都被拋棄了，因為它們都是頭腦的一部分。西方仍然執著於頭腦——好像人只有頭腦，沒別的了，你的存在是由頭腦—身體構成的，那就是全部。

受到西方的方式所訓練，妳以為那一定是某種譬喻，或者裡面有某個含義。「含義」是頭腦的用語：如果它有某種含義，那就思考那個含義，找出它的含義。

妳無法在它裡面找到任何含義。它來自妳存在的內在源頭，在那兒，含義本身是沒有含義的，一切就只是存在著——帶著巨大的壯麗和美，但沒有含義。含義是一個邏輯的概念，而邏輯是頭腦的產物。存在對它一無所知。

所以妳以為這是個譬喻。顯然那是因為妳西方的頭腦。但譬喻仍然是有某個含義在裡面。它一定意有所指；一定是個譬喻或什麼的，一個表示，一個暗示。但是它有什麼含義？帶著某種假設去了解就是在尋找某種含義，俳句詩是沒有含義的。它是一個經驗。實際上它描述了發生在意識上的一切——只是透過幾句話。

那正是俳句詩的美。它使用最少的文字。你無法再拿走任何字，能拿掉的文字都被拿掉了：只有主要的精華留了下來。

靜靜的坐著——有五個字。一開始先坐著，先從身體開始。如果身體可以安靜的、放鬆的坐著，那對於讓頭腦安靜下來會有很大的幫助。如果身體是煩躁的、緊張的，那頭腦就無法安靜下來。所以俳句詩從根本開始：「坐著」的意思是放鬆的、安靜的、自在的、如同在家一般、沒有任何緊張。

你可以在全亞洲發現數百萬個雕像——然而佛陀涅槃前說：「不要製作我的雕像。」三百年來，一代接一代的弟子們，忍住了那個誘惑。但是當佛陀的逝去越來越久遠——四百年、五百年——至少有一個如同佛陀坐姿的大理石雕像的誘惑…是否有依照畫像來製作並不重要。重要的是那會鼓舞你，讓你了解如何坐著。

為此，大理石雕像甚至比真的佛陀還適合，因為它是完全放鬆的——沒有任何緊張和移動。他們製作出來的雕像，如此適合的比例、如此的美和藝術的感受，以致於如果你坐在佛像旁，你會想要用同樣的方式坐著。奇妙之處在於當你用同樣的方式坐著，你會感覺到頭腦開始靜了下來⋯就好像到了傍晚，鳥兒回到牠們的家、牠們的樹。夜晚很快就會來到，鳥兒將會在牠們的巢裡安定下來，進入夢鄉。

如果你很幸運，和這樣的人在一起，覺醒的人，他平靜的身體將會在你的身體裡創造出一種同步性，因為都是同樣的組成。所有身體的組成都是相同的，在相同的波長下運作著。

如果正確的坐著，寧靜會籠罩住你，就如同傍晚來到，一切都變暗了。

靜靜的坐著⋯第二件事是頭腦。身體應該是不緊張的，而頭腦應該是沒有任何思想的。靜靜的坐著，不做任何事⋯這是非常重要的，必須了解。即使那個你在進行靜心的想法也是一個打擾，因為每個作為都會使頭腦是活躍的。只有當你處於一個無為的狀態、不做任何事的狀態，頭腦才會是沒有活動的⋯

這個短短的俳句詩涵蓋了整個東方方法的原理。那甚至不是靜心；你沒有在做任何事，你只是喜悅的休息著。你享受那個自行來到的寧靜，那不是你的作為造成的。你只是等著，不做任何事⋯等待事情發生。不急不忙的，不擔心的。

當春天來到⋯記住，存在沒有義務要實現你的慾望；所以當春天來到⋯你可能處於不同的季節，綠草可能不會生長。不要抱怨「我靜靜的坐著，而綠草沒有生長。」你並沒有和存在處於和諧一致的狀態。

你必須跟隨存在。當春天來臨——你必須等春天來到，你不能把它帶來，你無法製造出春天；那不是你能掌控的。當春天來到——它來了——綠草會自己生長。然後一切突然變得綠意盎然；所有的綠草突然都在生長。沒有人做了任何事，只是春天的來到，它的來到就足以讓綠草開始生長。

你靜靜的坐著，不做任何事，只是等著春天來到。當外在的春天來到，內在的春天也會來到。內在的生命季節存在著。所以不用擔心——春天一定會來到。

在這首俳句詩被寫下來的那個時候，春天都會在每年的同一天來到；好幾世紀來都是這樣。我童年的時候，印度的每個季節都會在同樣的日子來到。不會有人問哪一天會下雨，雨何時會停。但由於原子彈的爆炸⋯已經影響到整個生態。現在沒有任何事是確定的：有時候會下雨，有時候完全不下雨；有時侯下太多雨，太早下雨。原有的步調、原有的平衡，已經不存在了。

但幸運的，原子彈的爆炸無法影響你內在的世界。它們無法進入。在那兒，一旦你準備好，春天就會來到。埃及有句諺語：「當弟子準備好，師父就會出現。」當弟子準備好，師父必須出現。弟子不需要擔心師父，他只要做好準備。他的做好準備就足以呼喚師父來到。

這是完全正確的：當弟子準備好，師父就會出現。靜靜的坐著，不做任何事，你做好準備。沒有慾望，不去擔心春天是否會來——它一定會來，它從不會不來。當你準備好的那一刻，它就已經在那兒了。

當春天來到你內在的世界，如同數千朵花綻放，整個氛圍都改變了：它是新鮮芬芳的，鳥兒開始唱歌。你內在的世界成為它自己的一段音樂、一種芬芳——然後綠草開始生長。

「綠草」指的是你的生命，你的生命力。綠意代表充滿生氣的。透過和春天連結，一切都變得綠意盎然。一旦你經歷過，你就知道了最偉大的秘密——有些事你無法做什麼，你只能讓它發生。

所以那是可能的：坐在這兒，不做任何事，春天隨時都可能來到，你第一次了解到俳句詩的重要，因為你裡面的某個東西開始成長，非常活生生的——它是純粹的生命。它就是你，你的存在。但是無法透過理智來了解它。

在東方，數千年來，弟子們一直坐在師父旁邊，不做任何事。對西方的頭腦而言，這看起來很奇怪：坐在那兒的意義在哪兒？如果你去參加一個蘇菲聚會，師父會坐在中間，他周圍的弟子靜靜的坐著——沒有任何事發生，師父甚至不說話。持續了數小時…

但是某件事發生了——他們都感覺到一種達成感。當他們出來，他們是光芒四射的。師父沒做任何事；弟子也沒有做任何事。他們只是處於和諧一致的狀態，因為雙方都沒做任何事，雙方都是安靜的。

現在你可能可以了解俳句詩了。每天坐在這兒，只是聽我講話，一股寧靜籠罩著你，春天突然來到，綠草開始生長。

必須用東方自己的方式來了解它。如果某個人試著透過理智來解讀，那他從一開始就錯過了。

奧修，你的講道就像一個深入的內在清理。當我聽你講道時，無論我有多大的痛苦、憤怒或任何負面感受，當講道結束後它們都消失了，我感覺整個人變得很輕盈、恢復了精神。有時候，沒多久我又創造出另一個負面感受，但我知道，它最多只會持續到下次講道結束。但是當我遠離你，雖然我每天靜心，讓負面感受消失的時間卻需要更久。是否可以請你評論？

那是同樣的事…遠離我，你試著靜心，那個做者會是你的干擾。和我在一起…我甚至不會要你靜心。我只是對你說話，並創造某種氛圍使您進入靜心的狀態。

所以當你在這兒，了解作為和發生的差別。自己一個人也一樣，讓它發生。如果你習慣聽到我的聲音，也許你可以錄音：忘掉靜心；你只要聽，靜心會來到。然後慢慢的，這個靜心的來到可以和聽我說話分開來。

你可以坐在海邊，聽著海浪拍打岸邊——它們如此喜悅、跳著舞來到，幾千年來它們一直在這麼做，而且沒有感到厭倦。只要聽著它們的拍打聲。或者坐在樹下，只要聽著鳥叫聲，或者風吹過樹的聲音。

慢慢的，不用再透過聽。只要靜靜的坐著——因為那個聽只是一個設計。這只是一個幫你避免有任何作為的設計。但是這個設計只能在一開始使用；你很快就得拋棄它，然後無論你在任何地方，它都會發生，它會用和這兒同樣的方式清理你。

還有記住一件事：如果它清理了你的內在，那不表示你可以很輕率的又去收集那些垃圾，因為你認為透過靜心，它會被清理掉。你把靜心用來做這件小事。靜心不是用來做這件事的。

我聽說——二次大戰後的緬甸——有架小飛機被遺留在森林裡。日本人投降了，但少數固執的陸軍將領仍想要對抗，於是他們搭那架飛機逃走。並把飛機留在森林裡，然後躲在森林裡的某處。

但是那兒住著一個部落，非常原始的部落。他們看過天空中的飛機，但他們沒想到森林裡的那架飛機正是他們所謂的「巨鳥」。他們試著了解：「那是什麼？它有輪子，所以有一點可以確定，它是一個運載工具。」

他們用兩匹馬拉著它，把它當成一部馬車。它用起來很令人滿意，他們很高興：「這太棒了！」

有一個去過市區的人說：你們不懂——這不是馬車，它是汽車。只不過⋯⋯我不了解為什麼會有這些翅膀，讓我試試⋯⋯」他試了一會兒，然後它被發動了。

然後他們把它當成汽車來用，那個人說：「你們會需要燃料，所以某個人得去市區買些燃料。不需要馬或馬車，只需要加油，把它當成汽車使用。」於是他們非常高興。

後來有一個待過軍隊的人經過，他說：「你們在做什麼！把一架小飛機當成汽車？它是可以飛的。」

他們無法相信。他們問：「它是巨鳥嗎？」

他說：「是的，」他是一個飛行員，於是他為他們展示如何讓它起飛。

靜心可以被當成馬車使用——那就是你正在做的，只是在清理你累積的垃圾。但是你每天都在累積垃圾，所以你每天都必須清理它。靜心是一隻巨鳥，但是你把它用在別的地方，雖然它也可以完成那個工作。

所以當它清除掉你的負擔，小心不要再收集那些垃圾。有什麼必要去收集那些負擔？——只是你沒有察覺到。而你所收集的一切都是垃圾。你知道的——那就是為什麼靜心後，它們被清理掉了，你感覺精力充沛。所以何必摧毀那個充沛的精力？不要去收集它。方法就是更警覺、更靜心的，即使你在做別的事也一樣。它有很大的保護效果，不會允許你收集任何垃圾。慢慢的，你收集的垃圾會越來越少，有一天你會發現，在兩個靜心的間隔中，你不再收集任何垃圾。

現在馬車變成了摩托車——而這兩者有很大的差距。現在你不再需要馬車或馬來運送它，而且它現在可以跑得更快。現在你擁有更快的速度；否則你每天都在做一樣的事，當你死時，你的狀態仍然一樣。

一旦沒有任何東西要清理，那麼靜心，你的能量，會開始上升，因為地面上不再有需要處理的工作。你可以起飛了。你可以變成內在天空的一隻小鳥。然後它不再只是讓你精力充沛，它將會使你成長。你會成長、成熟、更位於中心的、更像個體的。當你上升的越高，你就越來越容易看到新的事物發生在你身上——春天降臨於你，四周開始長出綠草。生命變得非常有生氣，充滿了活力。你已經找到方法——現在繼續下去。有這麼多可以發現的東西。那是你遺忘的個人領土，你遺忘的私人帝國。記住它。那個記住也會自行來到。

所以發生在你身上的一切是好的，但還不夠好。你還可以更好。不要滿足於此。

除非你到達一個感到完全滿足的狀態，否則不要停下來。那會是進化的最高潮，那時，每個個體都變成了神。

奧修，我無法想像沒有你的生活。同時我也無法相信我在這兒和你在一起——我，跌跌撞撞了十年，沒有任何用處，你仍然對我注入你的愛。如此巨大的寶藏就在面前，我卻持續做著愚蠢的事情。鍾愛的師父，我不斷咬著你的手指。每當我發現我在這樣做時，我覺得我在傷害你：我是一個無助的弟子。在過去，我是否在重複做著某件事或某種模式？

不，那和過去無關。

這是妳第一次成為一個求道者。所以要感到高興，因為妳在妳的警覺中有所成長：妳可以看到妳的跌跌撞撞，妳可以看到妳的愚蠢。

只是看，那會是一個擺脫它們的方式。清楚的看，但不要試著擺脫它們。試著擺脫某個東西的人……那只是表示他們的看還不夠強烈，他們試著藉由做某件事來補償它。

如果「看」是夠強烈的、全然的，那它會是一把火。

所以第一件事：不要擔心前世。這是一個全新的冒險，妳並沒有在重複任何模式。否則會很難擺脫它，因為妳已經重覆那個模式很多次以致於它幾乎變成妳的第二天性。當妳是煥然一新的，一個新的求道者，那事情會很容易，因為妳沒有任何可以重複的模式。

只要保持警覺，繼續如實的看待一切。如果它是個錯誤，了解到它是錯誤就夠了：妳不會再去重複它了。妳甚至不會決定：「我將不再犯同樣的錯。」只是看著它……一旦妳了解到二加二等於四，而不是五，妳就不會再決定「我將不再犯同樣的錯，不會再認為二加二等於五。」沒有必要——妳已經了解到它是個錯誤，它消失了。

去看看使妳跌跌撞撞的地方。也許路上有顆石頭——把它當成墊腳石。一個人必須利用一切使自己成長——錯誤、跌跌撞撞、石頭，每件事都是個學習，妳只需要保持警覺。

妳不是毫無用處的。沒有人是。存在不允許任何人是毫無用處的。雖然我們可能會認為某個人是毫無用處的，但他一定有其價值，因為存在仍然在給他養分、幫助他、希望他會改變。沒有人是毫無用處的。

妳不需要感謝我或感激我。我是妳師父。如果妳達成了，我就達成了；如果妳失敗了，我就失敗了。這是妳我之間的合約。所以我的榮耀就在妳的榮耀中；在妳的覺醒中，我會再次覺醒。

隨著每個弟子的覺醒，我將會不斷的覺醒。

所以不用擔心任何事。將妳所有能量傾注到為意識所做的工作上…妳有那個能力。這個問題來自於吉蹉。我必須在心裡不斷默念：「讚頌克理虛納，讚頌克理虛納。」以便記住她的名字！

妳有那個能力，妳是非常有價值的。拋棄那個毫無價值的想法，因為那是社會教給每個人的想法：「妳是毫無價值的，妳的一生將一無所成。妳必須證明自己。」

對我而言，情況是完全不同的。每個人生下來都是有其價值的。是我們把他推往錯誤的方向而使他變得毫無價值。毫無價值是某個壓迫著我們的東西——我們生來就是有價值的。

我不強迫任何人做任何事。我只是帶妳回家，回到妳自己。

第二十五章 竊取真理

奧修，當你在回答這一切是否會使觀照的意識感到好笑的問題時，我深入看著你的眼睛，發現我落入到一個觀照的空間，並感到會合發生了。那是如此透徹、涼爽的會合，而且比較之下，我了解到我對你的情感是多麼的黏稠、笨重和受限，我以為可以透過這些情感和你會合。在普那的日子裡，你曾經對我們說你必須傷了我們的心。那時我以為你的意思是當我們的心再也無法挽回你的心，我們才有可能和你會合；除非我們落入到最深的愛，才有可能和你會合。但是在最近的經驗裡，愛——甚至信任——似乎連橋樑都算不上。然而它們在師父和弟子的關係中卻是重要的一部分。你是否可以談談這部分？

愛和信任在師父和弟子的關係中確實是重要的一部分。但那只是墊腳石。一個人必須超越它。

愛是美麗的，但還不夠。

信任是更好的、更牢靠的、更堅固的。

愛是情感面的：信任是直覺性的。

情感在每個片刻不斷改變著——它們是流動的；你不能依賴它們——但信任可以成為一個很好的基礎。愛幫助你到達可以信任的狀態。沒有愛，信任是不可能的。愛就像一座隨時會垮掉的橋，但它仍然是一座橋。如果你使用它，它可以帶著你到達信任的狀態；沒有愛，你就無法直接到達信任的狀態。所以愛是必須的，但只有愛是不夠的。它是被用來當成工具；為了達到信任的狀態。

如同愛是用來達到信任的狀態，信任則是用來達到某個超越的——沒有任何語言可以形容的。那是一種經驗。看著我的眼睛，一定有某個片刻發生了這樣的經驗。那不是一個愛的問題，不是信任的問題，而是某個頭腦完全不知道的東西。愛和信任幫助你到達它。但是記住，它們只是手段，用來到達那個沒有名字存在的終點。當信任是全然的，你可能會突然瞥見到它。它是壓倒性的。在它裡面，你消失了。

愛需要兩個人。信任也需要兩個人。就愛而言，愛人間的距離是比較遠的，因為它是某種生理上的東西；它不是人類的特權。信任是一個特權。那個距離是比較短的。在師父和弟子之間的距離則是更短的，但距離畢竟是距離，不管有多少。它造成了分別；二分性仍然存在。

全然信任的引領下而發生的無法形容的現象不是一種關係。它是處於一的狀態。二消失了。難以決定誰是師父，誰是弟子。它變成一個圓，一個極點。它總是在沒有任何通知下來到，突然的，就像微風。然而一旦你嚐過它，你感覺愛和信任似乎是非常貧乏的；因為你已經知道了富有。也許只有幾秒鐘，但那不重要。

有一個古老的故事。有個國王非常愛他的侍衛。那個侍衛是如此美麗的人，如此的愛國王、信任國王，如果有必要的話，他可以隨時犧牲自己的生命。他準備用任何方式為國王奉獻自己。他們總是在一起——打獵或打仗，或者在花園散步。侍衛總是和國王在一起，所以有了某種友誼。

有一天國王說：「你想過要當一個國王嗎？」

可憐的侍衛說：「我是如此貧窮，不敢作這麼奢侈的夢。我會夢到平凡的事情，但我不能夢到當一個國王。」

國王說：「那我要給你二十四小時，讓你當一個國王。你有二十四小時是一個國王，而我是侍衛。」

侍衛試著說服國王：「不要這樣做。不要這樣對我。我無法想像。我無法理解——你當我的侍衛。」但國王堅持，於是這件事就這樣決定了。侍衛當了二十四小時的國王，而國王變成侍衛。這個故事是非常有意義的，因為當了國王的侍衛所做的第一件事就是下令把國王處以十字架刑！

國王無法相信；沒人相信發生了這樣的事。他是一個如此值得信任的人，他發生什麼事了？但是命令就是命令，所以真的國王被處以十字架刑。現在沒有二十四小時的問題了；他會永遠是國王。

這是一個蘇菲的故事，蘇菲教徒說愛和信任可以變成背叛——它們只是需要機會。甚至信任也可以變成背叛，只是需要一個機會。只有一個東西不會變成背叛，就是那個無法形容的、超越的——二不再是二，在那兒會經驗到一個靈魂兩個身體的狀態。剛開始只有幾個片刻，因為那經驗很奇特，很奇怪，你需要一點時間才能再去經歷。慢慢的，它會開始成長。然後會有一個片刻來到，那時它會變成你的生活方式。

我看過愛變成背叛。那是很簡單的。要找到不會背叛的愛是困難的。信任變成背叛是困難的，但不是不可能。只是需要機會：例如，我愛過很多人，我把我全部的心給了他們，無條件的。但現在全世界都在反對我——這是遲早有一天會發生的——即使是那些以為他們信任我的人也背叛了。一旦信任變成背叛，它是非常醜陋的。

愛是可以被原諒的，因為它是生理上的。它一定會改變。信任不是生理上的；它是更高層次的現象。但即使是那些認為自己信任我的人——而且他們並不是被自己愚弄，他們真的認為自己信任我——他們只是還沒遇到背叛的機會。現在他們有機會了。

親近我、信任我對他們是有利的，現在信任我則是危險的。現在是不利的。

阿南達提爾莎寫信給我：「我們設立了一間靜心學院。」德瓦吉特在那兒——他很努力去找地方和籌錢。德瓦吉特對那間學院的設立有很大的幫助，他堅持我的名字必須出現。但是沒有任何治療師建議我的名字應該出現。提爾莎寫信解釋：「我們並沒有在學院裡提到你的名字，我們沒有在任何地方提到你的名字，因為你的名字會帶來危險。如果提到是你的治療，人們會害怕來參加治療團體。政府也不會同意……」

所以現在是有利的……他們放棄了他們的名字，第一個字不再是「Swami」或「Ma」；他們只保留「提爾莎」、「拉傑」。那個方式是狡猾的。那為什麼不用原本的名字？——因為原本的名字沒有任何名氣，他們想要兩邊得利。他們想要利用桑雅士的名氣，同時在治療團體中完全不提到我的名字以及和我有關的一切。

他們來找我的時候正處於失敗的狀態。他們的治療法在美國和歐洲快要消失了，因為做過的人們發現它只是個遊戲。我使他們成為世界知名的治療師，改變他們治療法的架構，加入靜心，使他們成為世界頂尖的治療師。他們來找我的時候身無分文、瀕臨破產。他們全都忘了。現在他們認為我是個危險。和我在一起不再是有利的；最好還是靠自己。

但是他們也無法忽略桑雅士，因為如果你完全靠自己，沒有桑雅士會在意你。所以宣傳的時候，他們會穿紅色衣服；戴著有相片的項鍊。但運作時，他們不會穿紅色衣服，不會戴著有相片的項鍊。這是什麼樣的狡猾…？似乎不只是政客…也許每個人裡面都有一個隱藏的政客。

德瓦吉特告訴我，為了在宣傳簡介裡面放一張我的照片，他幾乎要和人打起來，因為他們只放了自己的照片。克服了很多困難後，他們同意了，但他們放了一張非常舊的照片，這樣就沒人會認出來那是我的照片。而且他們並未在照片下方標示我的名字。他們的照片下面有他們的名字，但我的照片下面則沒有名字。而且這張照片一定是某個不會拍照的人拍攝的；沒人知道這是誰的照片。

昨天，烏拉圭的三個政黨全體一致同意要我留在這兒，他們歡迎我和我的人。總理、外交部長、內政部長——簽署我的永久居留權需要這三個人，他們完全同意沒有任何反對我的問題。然後來自不同國家——英國、西班牙、美國、印度、希臘、義大利、德國——沒有任何反對我的理由；但卻反對我留在這兒，因為人們會來這兒找我。

他們的聲明是奇怪的！其內容是在反對跟隨者，因為有一個人攜帶毒品…但這邏輯很簡單：那個攜帶毒品的人曾經是個基督教徒或猶太教徒，他當了一輩子的基督教徒、猶太教徒或印度教徒。現在他才當了一年的桑雅士，我卻被譴責！但沒有人譴責基督教、耶穌、教皇…連提都沒提過。

事實上，世界上所有的罪犯都屬於某個宗教。所有謀殺犯、強暴犯都屬於某個宗教。如果這是他們決定的方式，那所有宗教都應該被譴責。它們不值得被尊敬，不能讓它們興建廟宇、教堂、會堂，不能讓它們傳教，因為它們的宗教是危險的。它創造出謀殺犯、強暴犯、小偷和強盜。

所以那是一段奇怪的聲明。當某個人做了某件事，那是他要負責任。而我甚至沒有創立任何宗教。我不用為任何人負責。各國政府都在要求不能讓我留下來，他們很清楚沒有任何反對我的理由。

如果某個人做了某件事，那應該懲罰他；而不是迫害我、懲罰我。

烏拉圭政黨一致同意——這是一個很難得的情況。因為這是一個聯合政府，不是單一政黨的政府；而是三個政黨共同組成這個政府。要得到全體同意的決定是很難的事，但是他們做了這樣的決定。而內政部長甚至通知媒體「歡迎奧修留在這兒，在這兒進行他的工作。」

但是他們不了解我們生活在什麼樣的世界。美國大使一定是立刻通知雷根，而雷根一定有致電烏拉圭總理：「如果你讓奧修留在烏拉圭，那我們提供的貸款，有好幾十億，將會中止。此外，過去所有我們提供的貸款——利息將會提高，否則你要立刻付清：由你決定。」

現在，一個貧窮的國家，一個小國家⋯⋯而你們說美國是民主國家，自由的國家。這個國家的總統，這個國家的政府，所做所為卻是在勒索。這是勒索！他們沒有反對我的理由。問他們：「你為什麼不讓他留在這兒？」他們的回答會是：「那不重要。我們只是不想讓他留在烏拉圭；否則你會了解我們的能耐。」現在，這些可憐的人清楚的知道這是勒索，但是他們無能為力。

如果只有政客在勒索，那是一回事——但現在每個逮到機會的人也會這麼做。西伐寫了一本反對我的書，充滿了謊言。我不得不叫英國的桑雅士控告他，因為他說的一切完全是胡說八道。你們可以了解他的狡猾。在普那，每個晚上都會有個點化的聚會。那是一個公開的聚會——幾乎六十、七十個人，有時候會有一百個人在場。會有十幾個人被點化。然後做為媒介，有十個桑雅士會跳舞，以便創造出一股震動的能量。

而西伐在他的書中說我每天晚上需要十個女人，但沒有提到那十個女人是媒介，她們會在一個有一百個人觀看的開放場所跳著舞，在場的十幾個人會被點化。他沒提到這些；他只說每天晚上我需要十個女人。

你看出來了嗎——一個人還能多醜陋呢？而他曾經非常信任我以致於他常說他可以奉獻他的生命——而這就是他奉獻的！而且書裡面有無數的錯誤、謊言和虛構，都是他編造出來的。

當愛還在，它是美麗的，但很快它就變成了仇恨。

當信任還在，它是美麗的。但是當某個情況發生，如果你繼續信任，你將會使自己處於危險中，一切不再是對你有利的，這會考驗你的信任。那時，信任會變成它的對立方；它會變成報復。它會辯解以便安慰自己：「我沒有背叛：事實上，我的錯是信任了那個人；那個人是邪惡的。」現在他必須向自己和別人證明那個人是邪惡的：「我沒有背叛，我只是發現到那個人是邪惡的。」

只是為了讓自己沒有罪惡感。為了掩蓋真相，洗淨你沾滿血的雙手。但是沒有任何謊言或辯解可以改變你背叛的事實——在背叛中，你無法傷害我。沒有人可以傷害我。你只是在傷害自己。現在你摧毀掉自己去信任別人的能力，如果信任之橋被摧毀，你就永遠無法再超越它了。

而且這很奇怪：像西伐這樣的人，和我在一起生活了六、七年——如果他們當時無法發現到那些現在他們才「發現」的事，那只證明一件事：他們是智障。花了七年才發現？——你現在講的這些事應該在五年前就「發現」了。而你沒有在那時揭穿它們？⋯⋯那時才是正確的時機。

這是一個需要去了解的心理問題。會有更多這類的書和文章被桑雅士寫出來——因為他們曾經信任過，現在他們背叛了。一定要有些理由，所以他們才會離開我。如果沒有任何理由，他們會有罪惡感，如果沒有理由，他們就得發明出理由。他們必須創造謊言。

愛不是很可靠的，但它是有用的。

使用它，向信任移動。

但信任也不是百分之百經得起考驗。

超越它。

然後你就無法墮落了；再也無法回頭了。你將會分享到永恆的一部分。

奧修，我昨晚在床上看書，突然有個念頭一閃而過：「師父無法給你真理，你必須去竊取它。師父不會因此而失去它，他會比你更享受你的竊取。」然後我立刻想到也許那就是至尊奧義書的主經文的意思——來自於整體的整體，並不會使原本的整體有所損失。有幾個片刻，我感覺陷入了深深的寧靜。奧修，請再多談談那段經文。

至尊奧義書的經文是有史以來其中一個最重要的陳述：整體來自於整體，仍不會使整體有所改變。整體失去自己而進入了整體，然而整體仍然保持不變。

這就是整體的本質。它不會變多，也不會變少。你可以從它裡面拿點東西，或者放些東西到它裡面：它仍會保持不變。它是不變的、永恆的真理。其他的一切都在改變——如果你從它裡面拿些東西——那它將會失去某些東西；如果你放某些東西到它裡面，那它會得到某些東西。

用師父和弟子的情況來說明會使這段經文更清楚。數千個弟子可以從師父那兒拿走真理，但是師父的完整性仍然不變；並不會因為你拿走他的寶藏就會使師父變成一個乞丐。

在平常的世界中，經濟學的原則並非如此。乞丐向一個富人乞求：「請給我一點東西。我已經餓了三天。」

富人拿了一百盧比給那個窮人。窮人不敢相信。因為他是在說謊。他一直對每個人說他已經餓了三天，但是沒有人會給他一百盧比。於是他猶豫了一下。富人說：「不夠嗎？你還要更多？」

他說：「不，不是這樣。」

富人說：「那是為什麼？你似乎覺得不夠。」

他說：「不，實際情況是，你很快就會和我一樣。我也曾經富有過，我也曾經給過乞丐一百盧比，所以我才會有今天的局面，必須整天說謊和乞討，並想辦法得到食物和衣物。我真的對你感到很抱歉，如果你一直這樣下去，你將無法富有太久——把一百盧比給予我這樣的乞丐。你很快就會變成我的同伴！」

他說的沒錯。那是一般所知的經濟學。無論你有多少錢，如果你持續給予，你很快就會變窮，你很快就會變成乞丐。但是內在生命的富有是完全不同的現象：並不適用一般的經濟學原則。你給的越多，你就擁有越多。就這個情況而言，至尊奧義書有其重要性。

即使師父把他全部的心給了你，整體仍不會有所改變。即使弟子因為感激而把他全部的心給了師父，師父不會因此得到任何東西，弟子也不會因此失去任何東西；整體是超越得失的。你在問的就是從師父那兒竊取真理……

那就是為什麼葛吉夫常對他的弟子說：「除非你準備要竊取它，否則你永遠不會得到它。」

而且當你在竊取真理，師父會比你更高興；事實上，他付出所有努力以便你可以竊取它。它無法被給予。從另一個角度來看：真理無法被給予，但是它可以被拿走。我無法告訴你什麼是真理，但是你可以聽見它。我無法為你顯示真理，但是你可以看到它。那就是「竊取」的意思。而不是一般你對竊取的了解。

葛吉夫的意思是師父是任你取用的。你必須夠勇敢才會去拿。他已經讓所有的門打開了。你必須夠勇敢才會進去拿走寶藏。而師父看著這一切，享受這一切。如果你不進房子，那他將會感到難過——因為還能做什麼？門是打開的；你已經被邀請了數千次。寶藏並沒有被鎖起來，但是你沒有足夠的勇氣進入師父的房子把它們拿走。那不是真的要你去偷竊。

真理不是任何人的財產。

你的真理就跟其他人的真理一樣。

師父並沒有擁有它；它是一個達成，不是一個所有權。但是他不能強迫你去拿走它，因為那就失去所有的意義。

有些東西必須你主動去取得。你擁有得到它們的能力。師父可以使你想主動去得到它，師父可以鼓勵你，但是他不能把它給你，因為就算他把它給了你，你也會失去；你會在某個地方忘掉它。

有一個古老的故事。有個貧窮的傢伙從市場騎著驢子回家。他是一個陶匠，在印度只有陶匠會用驢子載著陶罐從這個地方到另一個地方。他賣掉所有的陶罐，但是他在路上看到一顆鑽石，沒切割過的、沒拋光過的。他對鑽石一無所知；他只是想到它很適合讓小孩玩。「它看起來很美，閃閃發光。或者我把它掛在驢子的脖子上也很好看。」

於是他把它掛在驢子的脖子上。有個珠寶商騎著美麗的馬經過。他突然停了下來。他無法相信：他從未看過這麼大的鑽石。而且是被掛在驢子的脖子上！他問了那個貧窮的傢伙：「要用什麼才能跟你換那顆石頭？」珠寶商理解到他不知道那是鑽石。「要用什麼才能跟你換那顆石頭？」

那個貧窮的傢伙努力的想。最後他說：「一盧比，但我想我的小孩或驢子會想要留著它。」

珠寶商說：「一塊石頭要一盧比？你瘋了嗎？」他變得很貪婪：「這個人一無所知。他要把價值一百萬盧比的鑽石用一盧比賣掉！可以再殺價。」於是他說：「不，我只能出價四安那，」然後他慢慢騎著馬離開。

但是剛好有另一個珠寶商坐馬車經過，他是一個更富有的珠寶商。他也停下來了，他問：「那顆鑽石要多少錢？」

那個傢伙說：「本來要一盧比，但現在要兩盧比。似乎有很多買家；價錢提高了！」珠寶商給了他兩盧比，拿了鑽石離開。

那個騎著馬的珠寶商又回頭了，因為他心想：「一盧比還殺價實在太蠢了。應該直接給他一盧比然後拿走鑽石。」

他說：「不用擔心，我會給你一盧比。」

陶匠說：「但是鑽石已經賣掉了。」

珠寶商說：「鑽石？」

那個人說：「我是一個貧窮的人，但是我可以了解——誰會對石頭有興趣？而且我把價錢加了一倍：兩盧比。」

珠寶商說：「你瘋了。我可以給你十盧比！」

那個人說：「但是你太晚了。永遠不要太貪婪。我本來打算用一盧比賣給你。當另一個人坐馬車經過時停了下來，我知道它一定價值數千盧比，但是我要數千盧比做什麼？兩盧比就夠了。我是一個貧窮的陶匠：兩盧比就能對我的生意有很大幫助。我不再需要任何東西了。」

珠寶商很生氣。他說：「你這笨蛋！價值一百萬盧比的鑽石被你用兩盧比賣掉！」

貧窮的陶匠說：「不要生氣。事實上你才是笨蛋，因為你知道那是鑽石卻不肯用一盧比買它。我是個窮人。我本來不知道它是什麼；我沒看過鑽石。我用我所知道的最高價賣給你；我沒看過比一盧比還要多的錢。所以你覺得誰是笨蛋？現在回家抱頭痛哭吧。就我而言，兩盧比就夠了——有沒有鑽石都一樣。對我而言，兩盧比就非常多了。」

人們活在貪婪中。他們貪求世俗的東西，所以當葛吉夫對他的弟子說：「你們必須竊取真理，」他們以為葛吉夫要他們去當小偷。葛吉夫被誤解了。葛吉夫的意思是師父不能把它給你，那樣你不會看出它是一顆鑽石。你會以為它是一顆石頭——除非你付出努力去得到它。在那個竊取的努力中，你將會發現你找到某個有價值的東西。

你們聽過一句有名的諺語：「偷來的吻是甜美的。」為什麼偷來的吻是甜美的？——為了那個竊取，你付出了努力。那個努力使它是有價值的。付出的努力越艱辛，你將要得到的東西就越有價值。

葛吉夫是對的：你是可以竊取真理的。而且不會有人比你的師父更高興，因為他不會有任何損失，而你將會得到全世界。

第二十六章 臣服的本質

奧修，你在普那的講道中，你常常提到臣服。在你保持靜默的那段期間，為了使人們服從，席拉濫用臣服的意義，以致於後來只是聽到「臣服」這兩個字，就使我們感覺自己封閉了起來。現在和你在一起，「臣服」這兩個字不只進入了我的頭腦也進入了我的存在，在臣服真正的意義中使我感覺很舒服。是否能請你談談臣服？

不只是「臣服」這兩個字…還有很多字，聽到它時是一種意義；經驗過它則是另一種完全不同的意義。問題在於如何使你透過它而了解經驗到它的意義。它也許是臣服、也許是愛、也許是信任。

你聽我談過臣服。「臣服」的意義似乎是屈服，一種心理上的奴役，你對自己的生命甚至沒有發言權；它是受別人控制的。那麼，「臣服」的意義會是遵從、相信、不懷疑、不詢問。它是傷人的。這些意義都是傷人的。它們傷到你的個體性、你的自尊、你的自由。那就是為什麼當我在社區保持靜默的那段期間，「臣服」這兩個字會被濫用的原因。

但是當你在我身邊——我完全沒有談到臣服——你的親近，我的存在和你的存在，落入到一種同步性中…

這兒有兩個燈泡，分開來的，個別的——但它們的光在這個房間的每個地方會合，它們的光填滿了這個房間，合而為一。

你和我的存在就像那樣。它不是物質；如果它是物質，那就會有碰撞。這兩個燈泡的光並沒有在彼此之間劃一條線：「這兒是我的領域，不要侵入。」它們沒有領域的分別。你可以擁有數百道光芒，不會有任何衝突、爭吵，因為光是一種特性。所以不會有任何衝突。

任何物質都會佔據特定的空間；無法再有其他東西去佔據相同的空間。如果椅子在這兒，就無法再有別的椅子佔據同樣的空間。但光不一樣——空間是相同的。同樣的空間可以被數百道燭光佔據著——不是蠟燭，而是燭光；不是你的肉體，而是你的存在。

我沒有談論臣服，但是你正在經驗它。它對於你的自尊、個體性不再是摧毀性的。它和服從無關；它和任何屈服無關。

「臣服」這兩個字來自於某個和戰爭相關的單字。當兩國交戰，戰敗國必須投降。那不是一個美麗的單字。那個相關性是醜陋的。一方勝利了，另一方則輸了、被抹除了。

亞歷山大大帝征服了印度擁有的島嶼。和他對抗的人是一個擁有極大洞見和極大力量的人——不是實質的力量。亞歷山大有一個數量更多的軍隊，更具破壞性的技術。

波拉斯——那個鎮守印度邊疆島嶼的人——他是一個勇敢的人。他的名字「波拉斯」的意思是一個真正的人，有權威的人。而亞歷山大第一次感到害怕；雖然他擁有更多的軍隊，但是他沒有波拉斯那樣的精神特質，那種靜心品質、那種存在。

亞歷山大聽過很多關於波拉斯的故事：曾經有更龐大的軍隊攻打過，但沒有人可以征服他的島嶼。那個人有某種特質，他的存在使他的軍隊強大了十倍。他的人認定他們的勝利是確定的，因為波拉斯在領導他們，波拉斯從未輸過。

亞歷山大的內心第一次感到焦慮，他的行為首次像個政客——醜陋的。在那之前，他一直是個偉大的戰士，但聽到波拉斯，他想：「他是一個更偉大的戰士，不只是體能上，還有精神上也是；只靠軍隊不會有用。」於是亞歷山大用了一個狡猾的詭計。

在印度雨季中的沙羅伐拿月，有一天是兄妹節。女性會在男性手腕上綁一條繩子，稱為rakshabandhan，一個「你將會保護我」的約定。男性承諾女性，他會犧牲生命來保護她。

亞歷山大派他的妻子在那一天去波拉斯的皇宮。當然她是帶著極大的榮耀前往。每個人都很驚訝她的來到，因為在印度河的另一邊，亞歷山大正等待適合的進攻時機。而他的妻子卻獨自到來。她說：「我想要見波拉斯。」

波拉斯沒有姊妹。她見了波拉斯，她說：「你沒有任何姊妹；我沒有任何兄弟。我想要和你結拜。」她帶了傳統用的繩子。

她綁在波拉斯的手腕上，波拉斯觸碰了她的腳後說：「你不用擔心任何事。只要我活著，我就會一直保護妳。如果妳要任何我可以給的東西，那會是我的光榮。」她說：「當戰爭發生，請不要殺掉我的丈夫；他是你的妹婿。那將會摧毀掉我的愛人。記住這條繩子。你承諾要保護我的。」

波拉斯可以了解那個詭計，但他是一個信守承諾的人。他說：「不用擔心。」然後她在侍衛的保護下返回另一邊的軍營。

這就是波拉斯被打敗的原因。西方人沒有在史書中寫下這件事；那不是亞歷山大的勝利，而是波拉斯的勝利。

有一次波拉斯攻擊亞歷山大，而亞歷山大從馬上摔下來。波拉斯騎著大象——印度的軍隊是騎大象——他正要殺掉亞歷山大時，看到了手腕上的繩子。他把長矛收回，波拉斯對亞歷山大說：「我不能殺你。我已經答應你妻子，我不會做任何傷害她的事，我會保護她。」

這就是波拉斯輸了戰爭的原因。但亞歷山大不了解，因為他不了解東方的方式，和西方人的想法完全不同。實際上對波拉斯而言，那是一個心靈上的勝利，偉大的勝利。

波拉斯被上了手銬和腳鐐，帶到亞歷山大的皇宮，但是他像隻獅子一樣前往——當然，被關在籠子裡。

接下來就是我要你們了解的。亞歷山大對他說：記住波拉斯這樣的人是很少見的：他的矛就要碰到亞歷山大的心臟；再一秒鐘他就死了，而波拉斯收回了長矛，因為他對一個不認識的女人做了承諾。

亞歷山大問波拉斯：「你要我怎麼對待你？」

波拉斯笑了，他說：「就像一個國王對待另一個國王。」

大廳突然安靜了下來。他們從未在亞歷山大的皇宮聽過這種事——一個已經是囚犯的國王居然大笑並說：「這算什麼問題。你應該學點禮貌。對待一個國王就該像國王一樣的對待他。」

亞歷山大猶豫不決，但是他好的自我戰勝了。他想起來了，因為看到波拉斯手腕上的繩子⋯它還在那兒；它仍然沒有被拿掉。

他對大臣說：「把他放了。把他的王國還給他。我們不能再深入印度了。那是危險的。如果在邊疆就發生這樣的事，那在內陸還會發生什麼我們不知道的事？我們返回吧。我們贏了就夠了。」

「臣服」起源於在戰鬥中戰勝了某個人。它仍然保留著暴力。它是令人厭惡的。但是沒有其他字可以表達你現在感受到的經驗——特別是英語，它沒有這樣的字。

這個經驗是非常重要的。沒有人戰勝你，沒有人被你打敗。你不屈服任何人。沒有任何失去。你的自尊沒有受到影響。事實上，一切反而變得更強大、變得更堅固。你來到比以前還要好的狀態。那是非物質的存在之間微妙的會合和融合。

所以你在這兒所感受到的，事實上正是我所謂的「臣服」。我試著藉由文字和經驗向你解釋，現在你知道那兩個字是不適合的——不只是不適合，而且是醜陋的。

同樣的情況會發生在很多層面。你會發現到一種你從未聽過的愛，你從未經歷過的愛。它是無法形容的，但是你會感覺到。幾乎如同實體一般——沒有任何文字，而是一個無以言喻的實相。信任也是一樣。

超越了愛和信任後，會有一個沒有名字的東西。它只能在一體性的緊密感受中、寧靜中經驗到，沒有任何努力和條件。不是你在做它——如果是你在做它，那你會錯過它。它是某個發生中的東西。你只是一個觀察者。無論發生任何事，你保持只是一個觀照者，保持是心靈成長的一部分。

但是當我們用文字敘述這些經驗，那我們就從遙遠的星星下降到充滿泥濘的地面上，而且過程中就失去很多了。一旦你使用俗世的語言，如果你知道那個經驗，你將會感到驚訝，那些文字裡面甚至沒有任何實相的回音。

但這就是全世界的語言會有的問題，因為語言是人類為了一般的目的和世俗的用途所發明的。它不是覺醒的人發明的，而且覺醒的人也不會去發明它，因為他們彼此之間不需要說話。他們的沉默就是一首歌，他們的存在就是一個訊息。只要看著對方的眼睛就夠了，或者握著對方的手就夠了。

所以永遠都不會有覺醒者用的語言。他們不需要。而需要的人沒有經驗過。如果你使用他們的文字，那些文字自然會背負許多錯誤的聯想。所以這是好的，你感受到臣服的本質，雖然我們在這兒沒有談論過它。我甚至沒提過這兩個字。

這將是你經驗到很多事的方式，那些我沒提過的事。我要你真的經歷過它、感受它、成為它。我要你提醒我——「也許這就是你以前在談論的，但我們一直無法了解。」

奧修，有時候我感覺強而有力、光芒四射。無論周圍發生什麼事，都不會真的影響到我。我感覺和那些事件之間有一段美麗的距離。但是有時候，我覺得我的皮被剝掉，每件事都能深入到我裡面；表面上不友善的話語或動作就能讓我難過好幾小時。我感覺非常虛弱，想要躲在某個角落。當我處於一種可以創造出深厚喜悅的心情時，我也會在周圍經驗到一種充滿愛意的氛圍。但是我常常不想走出我的角落。我很清楚的知道我退回到這些狀態中，但這常常是一個智力上的理解，對這些疾病並沒有什麼幫助。我不喜歡這麼幼稚，但為了有所成長，顯然我必須面對它。你可以幫助我嗎？

這個問題是重要的，裡面有很多含義。首先，當你感覺良好，光芒四射，沒有任何事能影響到你。那表示過去沒有任何事能真的影響你。那只是因為你失去了你的光芒，你失去你的覺知，你的漠不關心。所以與其變得太執著負面的部分、退回到幼稚的狀態、躲在角落而且不想離開——還不如想想如何面對它，拋棄它——不要關注它。

當你知道在某些片刻中，你不會被任何事影響，那就專注在正面的部分，散發那個光芒，那個漠不關心，那個覺知，然後你會越來越被它們覆蓋住。不好的部分會自行消失。你甚至不需要擔心它。

這是心靈成長中的其中一個基本原則：一旦你對某個東西感到困擾，即使是非常小的東西看起來也會變得非常巨大。你有一個小傷口，你開始玩弄它，你不讓它痊癒——但你又想要它痊癒。但是一再的觸碰傷口並關注它不會使它痊癒。把它們全都忘掉。身體有自己的智慧；身體會治療它。不要干涉身體的運作。

頭腦有自己的運作方式。退回到幼稚的狀態是一個頭腦的問題，你感覺到的光芒則是你存在的經驗。要記住更高層次的。讓更高層次的部分越來越填滿你，較低層次的部分會自行消失。不要關注較低層次的部分⋯那些關注會使得較高層次的部分無法出現，你會發現較低層次的部分會越來越強壯。

想要扔掉它的想法是危險的，因為每當你想要扔掉某個東西，那表示你對它非常依戀。如果某個人每天早上出門前，清理了房子並收集了所有的垃圾，然後對鄰居大喊：「我想要扔掉它。我真的想要扔掉它⋯」而他卻一邊大喊一邊緊緊抓著那些垃圾：「我想要扔掉它。我真的想要扔掉它。」沒有人阻止他，沒有人在乎。那只是垃圾。不需要大驚小怪，直接扔掉它就好了。

但只有當你處於一個更高的狀態，你才會直接扔掉它。那時你會了解到那只是垃圾。但如果你停留在它的狀態，你就無法扔掉它。

記住，「我想扔掉它」的想法其實是一個保護它的方式。或者「我不想要它。」喊叫著你要扔掉它的瘋狂程度正是顯示出你根植於它的程度。

沒有要扔掉任何東西的問題。我的了解是，與其扔掉任何東西，何不離開它？

這是不同的兩件事。

你站在梯子的某一梯級上。你想要扔掉它，但你正站在它上面。如果你扔掉它，你會躺在地上。唯一扔掉它的方式就是移動到更高的梯級，然後下方的梯級就不再有影響。你越遠離下方的梯級，就會有越多的梯級消失在黑暗中。

所以隨時記住，永遠不要關注負面的部分。

但是所有的宗教都在對人們教導負面的部分。他們要對人類的悲慘和進化的中止負責。甘地有五個基本的原則，印度所有的宗教也認同它們。但是看看那些基本的原則，可以了解到最重要的是，它們都是負面的。

Ahimsa，非暴力——那個「非」顯示出一個負面的態度。事實上他們要關心的應該是暴力，因為那才是真正的問題。當他們說非暴力，那是在說：「我們不要暴力，不要任何暴力，非暴力。」

Asteya，不要非真理；他們不能說只要真理。他們必須繞個圈子：「不要非真理，」為了使它是負面的。但焦點變成在非真理。必須拋棄非真理；而不是你必須發現真理，非真理將會消失。

Aswad——只是進食，不要品嘗——「a」在梵語中的意思是「非」、「不」；都是負面的。

Ahimsa、asteya、aswad：一切都必須是負面的。所有宗教都認同這五個原則，但從來沒有人指出一個簡單的事實：如果有些可以是正面的，他們為什麼還要讓它們都是負面的？那並不是偶然發生的。

那就是我們的頭腦運作的方式。只是一件小事，然後頭腦會使它變得很巨大，關注它，想要扔掉它，開始和它對抗，然後它會因為對抗而變得更巨大。你越是和它對抗，你就給它越多的能量；而它擁有越多的能量，你被它打敗的次數就會越多。

所以創造出一個奇怪的惡性循環。你對抗，然後你失敗：每次你失敗，和它再次對抗的勇氣就變得更少。你知道那不是一個簡單的工作，你以前對抗過；所以失敗越來越深深烙印在你的腦海中——無論你做什麼都將會失敗。你可以再試一次，但你會失敗。在和任何負面的狀態對抗中，沒有人贏過。

所以不要去思考如何不退回到幼稚的狀態。你已經知道在某些片刻中，你不會退回去，所以何不關注那些狀態，讓它散播到你全身上下。關注正面的部分，那個退回去的現象會消失，因為它只是一個記憶。你不再是一個小孩。那並沒什麼值得關注的，只是在水面上寫字。

你已經離那個小孩很遙遠。那只是一個記憶。不要藉著和它對抗而強化它。你能做的就是忽略它。不要給它任何養分。即使這個情況偶爾會發生，忽略它；讓自己清楚知道它只是一個記憶，沒別的了。你無法退回去，那只是一個兒時的記憶。你無法變成一個小孩，但是記憶還在那兒。

在小時候，每個小孩都有過無助的片刻。他是幼小的、依賴的；每個人都是高大有力的，於是他找到屋裡一個小小的角落並躲在那兒，在那兒哭泣。那段記憶還在，但那只是記憶。它是可以被抹除的，而抹除它們的簡單方式就是：你散發光芒的片刻是一個實相，不是一個記憶；它們現在正在發生。它們是強大的。散播更多這樣的片刻。

去了解那些片刻，是什麼會觸發它們、帶來它們。去沙灘上走走會有幫助，去游泳會有幫助，靜靜的坐在樹下會有幫助，彈吉他會有幫助。任何有幫助的東西，把它們找出來，讓它們越來越強大。記憶沒有力量；那是你給它們的。它將會消失。

我不會要你拋棄它。我要它自行消失。它甚至不會留下任何痕跡。如果你扔掉它⋯首先，從沒有人能夠拋棄任何東西。

我要明白的聲明：歷史上沒有任何人能夠拋棄任何東西。那些嘗試過的人都失敗了。如果他們透過某些方式拋棄了某個東西，那他們就必須用某個類似的東西來代替。某個人戒菸後開始嚼口香糖。沒有任何東西可以被拋棄。人們在拋棄——至少他們相信他們拋棄了一切、放棄了一切——但是在某些情況下，他們的想法會突然蹦出來。

拉瑪提塔，一個非常著名的印度桑雅士，在世界各地旅行，人們非常尊敬他。他是一個很優秀的辯論家，一個很出色的人。但是受到全世界的尊敬，因為他對基督教徒稱讚基督，對猶太教徒稱讚摩西，對回教徒稱讚穆罕默德並談論可蘭經。所以他自然受到尊敬。他以為大家都尊敬他，那就是他搞錯的地方。如果他批評穆罕默德，同樣尊敬他的回教徒會殺了他；那時他才會發現實際被尊重的是什麼。那些回教徒很高興一個印度桑雅士在稱讚可蘭經的偉大、他們的聖書、他們的先知、他們的神。他們自然會尊敬他。那是互相的。

拉瑪提塔在世界各地旅行後回到印度，他的內心在期待，如果他在別的國家非常被尊敬，那在印度應該會被更加的尊敬。他想要從印度宗教的中心，瓦拉納西。開始推動他的理念。

當他起身正要演講時，有個婆羅門站起來說：「在你開始說話前，我有兩個問題。首先，你懂梵語嗎？」

拉瑪提塔是在印度邊境的省分長大的，現在是屬於巴基斯坦的國土，那兒使用的語言是波斯語和烏都語。

他說：「不，我不懂梵語，但是我看過所有翻譯成英語、波斯語或烏都語版本的梵語經典。」

那個學者笑了，他說：「那請先研讀梵語，因為它是沒有辦法翻譯的。那是神的語言，你不能用普通的語言翻譯它。請先學習梵語後再來這兒。」

「其次，是誰點化你成為桑雅士的？」

拉瑪提塔沒有被任何人點化過。他是拉合爾大學的教授，那時味味克阿南達正從美國回來，在印度各地旅行。味味克阿南達在拉合爾大學演講，拉瑪提塔是數學系的教授，他因為聽了演講而感動，放棄了他的工作，直接換掉他的衣服。拉瑪提塔不知道需要被點化才能成為桑雅士。他直接換上橘色的衣服，聲稱自己是桑雅士並前往西方，而味味克阿南達已經從那兒回來了。所以開始有少數人對味味克阿南達感興趣，於是他們立刻去聽拉瑪提塔的演講。

拉瑪提塔說：「我沒有被任何人點化。」周圍的人都笑了。

他們說：「看看這個笨蛋。他不懂梵語也沒有被點化。你應該要感到羞恥。而你還成了印度教對世界的傳訊者！」

拉瑪提塔在印度之外的地方遇到這種情況很多次，但是他們從沒有對他動過手。他沒有受過傷。人們侮辱他，向他抗議，狂熱的基督教徒拿著標語牌向他抗議，但是從沒有人對他動過手或扔東西。然而有一天事情發生了。他感到非常的痛苦以致於回到家後扔掉橘色衣服，換上了一般的衣服，並請一個婆羅門來教他梵語。

如果他真的達成了，他就會告訴他們：「沒有任何語言是和神有關的。沒有任何語言是屬於神的，雖然所有的語言都宣稱它們是神的語言。」

「語言和經驗沒有任何關係。懂梵語就表示你達成了嗎？那樣的話，所有梵學家都達成了。佛陀和馬哈維亞則是沒有達成的，因為他們不懂梵語。」

「而且你認為有誰點化佛陀嗎？無論是否點化，桑雅士是你的決定。你可以從某人那兒取得，你也可以從自己身上取得。」

但是他無法說出這樣簡單的道理。他在那些平凡的梵語學者面前感到羞愧，但那些學者對達成或桑雅士根本一無所知。他搬到喜馬拉雅山上，但因為受到的打擊太大，他終於自殺了——從喜馬拉雅山上跳入恆河。

他在備受尊崇的禮遇下回國，原本可以成為本世紀最偉大的印度人——但實際發生的情況剛好相反。

拉瑪提塔的跟隨者說他在恆河達到了三摩地。那不是三摩地；只有當你成道了，感覺不再需要身體，感覺到身體已經完成工作，該讓它休息了，才可能來到三摩地。那是因為達成所做的決定，不是因為挫折、沮喪、失敗。但那時拉瑪提塔並不是喜樂的。他所有的喜樂都消失了。他變得非常痛苦、憤怒，因為羞愧而自殺。

但仍然有一小群人依照拉瑪提塔的書修行著。我看過那些書。不值一提；他只是一個優秀的辯論家。沒有任何一句話可以看出他已經成道了。

從結局可以看出來他的一生只是…他是一個優秀的教授，善於言詞的——他很會說話。看到味克阿南達成了一個偉人使他有了雄心壯志。這是一種野心。

人們說他放棄了他的家庭。我不會這麼說，因為當他妻子去喜馬拉雅山上看他時，拉瑪提塔對他的朋友普蘭說：「關上門，我不想看到那個女人。」連普蘭都無法相信。他的日記裡寫到：「我對他說，如果你已經放棄了你的妻子，那你怎麼會認為她是你的妻子？如果你已經放棄了，就不會有這樣的問題；所有女人都是一樣的。你已經見過各種女人了，而且你看不出她從很遠的地方過來嗎？」

「她必須賣掉所有珠寶——你沒有留給她任何錢——長途跋涉只是為了來看你、觸碰你的腳，而你卻如此殘忍。所以如果你要我關上門，那我要離開你了。這太過分了！你在瓦拉納西和在這兒所做的一切足以讓我了解到你只是在演戲、裝模作樣。否則就讓那個女人進來。」

話剛講完，拉瑪提塔就立刻跳入恆河。

如果你放棄了你的妻子，那她就應該和一般女人一樣；你不會有任何分別心。如果你有任何分別心，表示那個放棄是假的。

我的了解是，每個拋棄都是假的，除非事情自行終止——無論是金錢、某個童年的回憶、某個心理問題。不要試著拋棄它們。試著拋棄它們就是給予它們一定的重要性。必須忽略他們。

把你所有的能量投入到你裡面的那個成人，那個一直在成長的。一旦沒有任何能量留給你的童年記憶，它們將會消失。不需要直接做什麼。

讓我再重複一次：不要對任何負面的事物採取任何行動來反對它們；否則你會陷在裡面。專注在正面的、積極的事物。它們將會使你自由，不再被這些問題束縛。

奧修，如果心無法發問，那我之所以發問是否因為我的頭腦像心一樣在流血？

心無法發問，但是它可以觸發頭腦為它發問。心沒有語言，但是它有自己的方法，可以觸發頭腦為它發問。當然在這個心到頭腦的轉換過程中，問題的形式會改變；它不再是一樣的問題。有時候甚至會是相反的。

那就是為什麼心會哭泣。它感到無能為力。它無法發問。它必須使用頭腦，而頭腦只能用頭腦的方式來發問，而不是心的方式。

就像你把一首詩給一個數學家，要他把詩翻譯成數學。如果數學家是聰明的，他會拒絕：「這是胡說八道。無法做到的。詩要如何翻譯成數學？」但如果他是某種古怪的數學家，他可能會去翻譯。那會是一份屠夫的工作。

有件事會讓你感到驚訝，有些梵語書是用詩的方式來解釋醫學和文法。現在，文法和詩有什麼關係？醫學和詩有什麼關係？

我小時候曾經很困惑。在那個小城市裡有幾個阿育吠陀醫生，他們在排班板上寫名字時都會在前面加上 kaviraj 這個字。意思是詩人、詩王。我不了解一個醫生…為什麼？——全部都是？一個醫生確實有可能也是詩人。但那是一個學位。你需要先取得幾個學位，最後才能拿到這個學位。就像現在的醫生會在名字前面註明「doctor」一樣，他們也會在名字前面註明「kaviraj」，意思是詩王。

我年紀還小時就在擔心。我告訴我父親：「一切都沒問題，但如果我生病了，請避開這些 kaviraj——因為醫學和詩人有什麼關係？」

他有一個朋友是一個非常著名的醫生。我常去找他。我問他：「告訴我你寫了哪些詩。我想看。」

他說：「哪有什麼詩，那只是以前的傳統。」

在過去，醫學和醫書都會用詩的方式寫下來，所以它們才結合在一起。只有詩人會用詩的方式來寫書。當然他們是詩王，因為一般的詩人無法用詩的方式描述醫學。你和敘述各種草藥、草根和其混合物的醫學能產生什麼浪漫的愛情？但語言上是可以處理的：不用散文的方式寫出來，你可以想辦法用詩的方式來描述。

於是他說：「那只是以前的傳統。不要以為我們是詩人。我們對詩一無所知，但是在過去，最古老的書都是用詩的方式寫出來的，而不是散文的方式。所以寫出那些書的人真的變成了詩王。現在它成了一個令人尊敬的學位。研究那些古書並完成論文可以拿到kaviraj學位。但它是很愚蠢的。」

心會哭泣，因為它不是很清楚如何發問。它甚至不清楚問題是什麼。也許那不是一個問題。也許它只是想要表達它自己、它的感激、它的愛、它的信任、它在我的存在中所感受到的一切。在轉換到頭腦的過程中，頭腦會根據這個過程形成一個問題。頭腦是一個問題製造工廠：你放任何東西進去就會產生一個問題出來。

我聽說有一個窮人到了大城市。他很老了。從未去過大城市，從未看過電梯。他看到一個老女人，一個非常老的女人進了電梯，然後電梯關上。他站在那兒看著，老女人不見了。電梯一邊上升一邊消失了。他說：「我的天，那個老女人發生什麼事了？沒有人可以幫她，她能站在哪兒？會發生什麼事？」

幾分鐘後，電梯回來了，一個美麗的年輕女人走了出來。他說：「現在我知道了。我太蠢了。我把妻子留在家裡！所以這是一部機器：你把一個老女人放進去，五分鐘後，它會改變，一個年輕的女人會走出來。我年老的妻子一定會愛上它。」

「下一次，」他說：「當我來這兒時要帶她來。」他沒有考慮到自己，因為他站在電梯前面，上面寫著「僅供女人使用」。他以為這部機器只適用於女人，而不是男人。但沒關係；至少我的妻子可以變年輕，也許某個地方會有某部機器也可以使男人變年輕。

頭腦不斷創造問題。當它得到某個來自於心的振動便立刻把那個振動轉變成一個問題。而心則是先哭泣，因為這不是它想要的。

但是你不用擔心。我不回答你的問題，我回答你的心。所以我試著了解你的頭腦用這個問題造成了什麼傷害，然後我試著取出心真正想要表達的精華部分。

所以不要哭泣。這個問題來自於切塔娜——她是一個適合哭泣的人。只要等待我的答案；不要因為這個問題開始哭泣。頭腦什麼事都不能做。

第二十七章 未來的宗教

奧修，你在成道後的那幾年做了什麼？

這是個困難的問題。第一件事就是極大的沉默，幾乎是無法打破的，只能跟隨著經驗，彷彿頭腦停止運作了。沒辦法做什麼——除了觀照之外。這對我的家庭和朋友是不容易的。顯然的，他們以為我發瘋了。

我的家人一直在擔心我，擔心我又不依常理進行危險的實驗；發瘋的危險性是很容易想像的。當我停止說話——最好還是說「說話自行停止了」，我沒有參與它——人們會問問題，而我甚至無法回答簡單的問題。

幾乎有二年，內在裡是極大的歡欣。外在則是一堆麻煩。那些以為在幫助我的人事實上是在製造麻煩。應該放著我不管。但是他們擔心我的發瘋會越來越嚴重。

他們也能感覺到我不是痛苦的，我是非常快樂的。但是瘋子通常是快樂的，很少是痛苦的。所以那並沒有影響到他們認為我發瘋的想法；相反的，那支持了他們的想法，讓他們認為應該為我做點事。

他們帶來一些他們知道的智者，我很驚訝，這些智者甚至不算正常人。他們滿腦子都是經典的垃圾。

有一個人，不被認為是智者，我和他在那些日子相遇——在我保持沉默的那兩年中，他是唯一神智清醒的人。他是一個奇怪的乞丐——奇怪是因為他被很多人尊敬，但他是一個乞丐。他身上唯一有的東西是一個小杯子。因為那個杯子，他被稱為馬加巴巴。人們會丟錢、食物或任何東西到他的杯子裡。而且他不會阻止別人從他的杯子裡拿走那些東西。他很樂意讓那些人拿走⋯⋯

我的一個叔叔認為這個人也許可以幫助我。他是沉默的，或者有時候會胡言亂語。你無法了解他在說什麼。甚至沒有人知道是什麼語言；那算不上是語言。他就像小孩第一次說話——不斷說話、重複說話。

但那個人擁有某種吸引人的特質。在下雨的夜晚，他會躺在商店的雨棚下。我看過他幾次，每次我看到他，他都會面露微笑——他待的地方離我家不遠。他的微笑中帶有極大的智慧。

我叔叔認為把馬加巴巴帶來會有幫助，「看看他會怎麼做，」於是馬加巴巴被帶來了。必須用特別的方式把他找來；你不能邀請他，因為他不會和任何人說話。他不會說「好」或「不好」。你直接找來一台人力車，並抓住他。他不會拒絕。過去他至少被偷了三次，因為他在其他村莊的跟隨者只是直接把他帶走。他們會讓他坐在人力車上——他不會有任何不情願，不會抗拒或做任何事。他會享受那趟旅行，然後到了那兒。但是在這兒的數百個跟隨者會想念他。

所以我叔叔和幾個朋友去找他，讓他坐進人力車，把他帶來這兒。他靠近我，在我耳邊小聲的說：「這就是了。不用擔心這些人；他們都瘋了。」也許這是他第一次對人說話而沒有胡言亂語。大家聚在那兒。對他們而言很難了解，因為馬加巴巴不會說他說了什麼，我也不會說他說了什麼。但是他們感覺到馬加巴巴和我在一起非常高興。他抱了我，然後離開了。

我的家人和朋友心想：「也許有些事是我們不了解的」——但其他人則認為兩個人都瘋了。「他是一個很有名的老瘋子；現在他有了伙伴。」

但那是一個很大的安慰，有個人可以了解我的狀況。由於他的了解，我漸漸可以開始說話——因為也許有少數人是可以被幫助的。也許他們就在邊緣。但是當我開始說話……它來到的方式就跟寧靜一樣，彷彿整個寧靜的海洋……當我開始說話，也發生了同樣的情形。頭腦突然開始運作，我開始不斷的說話。

人們開始來找我，尋求我的建議。人們開始要我去不同城市，去他們的聚會、研討會演講。我有時候一天會有五個演講，幾乎講了一整天，在不同的會議、研習會、學院、大學。而我的寧靜則沒有受到任何影響。

很多年來，我獨自遊遍印度，對各式各樣的人說話。漸漸的，麻煩開始出現。政客開始擔心。他們無法容忍任何人可以影響到數百萬人。對政客而言，要找到幾個人聽他們說話是困難的，而我卻動輒對十萬人或二十萬人演講。這變成他們一個很大的問題，如果這個人從政，對他們會造成很大的危險。

他們開始干擾我的會議。他們開始在會議中製造混亂，關閉道路使我無法準時到達，甚至試著阻止我在車站停留。他們會叫來他們的人，不讓我從火車下來到月台上。這就是他們的目標——火車無法前進——但是他們堅持我應該被火車帶回去，我不能停留在他們的城市。

當情況不可能再繼續下去，我放棄了旅行。我已經有足夠的人，於是我開始了一個新的階段：

為那些想和我在一起二十一天或七天的人，在山上的車站或遙遠的喀什米爾舉辦靜心營——小靜心營或大靜心營。

有一陣子還進行得不錯，因為我沒有進入城市，但政客就是無法安靜的坐著。他們過著非常害怕失去權力的生活以致於他們開始對靜心營製造麻煩。我們訂好了旅館，但是當我們到了那兒，政府早已取消掉我們的訂房。

旅館經理說：「我們沒辦法做什麼，那是上面的指示；政府想要在這七天舉辦一個特別的研討會，所以我們沒有空房可以給你。」

但沒有任何研討會在進行。旅館仍然是空的，只是為了不讓我們舉辦靜心營。後來連靜心營都無法舉行，我便搬到了普那——只是待在那兒。「現在，任何想要來找我的人都得來這兒」——因為他們使我幾乎不可能到其他地方。

在普那，數以千計的人來到，不只是印度——因為我現在定居在一個地方——而是全世界。這甚至對政客更麻煩。我甚至沒有離開我的房子。在普那的那七年，我只有離開房子兩次：一次是在我父親臨死前去探望他，另一次則是在味瑪奇提臨死前去探望他。否則我會一直待在房子裡面，因為現在他們是如此絕望以致於想要殺掉我。現在不只是阻擾我的問題，還有來見我的人們。我沒有去任何地方，所以他們無法對我做什麼。

在一萬個桑雅士面前，他們試著向我扔刀子，想要殺掉我。這在以前從沒發生過，因為從沒有人如此公開的要企圖殺掉某個人——一萬個證人。刀子和二十個高度警戒的警察都在那兒，因為他們在早上接到一個匿名電話：「某人會試著在今天早上的講道殺掉奧修。」

他們趕到靜心村通知我們，然後他們坐在那兒。就在那二十個警察和一萬個人面前，那個人拿出刀子向我擲過來。他沒射中。但是法院……那是刑事案件；我們沒有報案，不需要。警察在那兒——不是一個警察，而是二十個警察。有一萬個證人準備去法院作證，刀子還留在那兒，那個人被當場逮到——但法院放了他並說：「沒有任何行刺的意圖。」

法官一定有罪惡感。他對一個會來聽我講道的醫生說……他們是朋友。他透過那個醫生傳訊給我：「請奧修原諒我。來自中央政府的壓力是如此巨大。我是一個可憐的人，我無法忍受這樣的壓力。我正要晉升，他們威脅我，說我的晉升會中止，我會被派駐到某個偏遠的地區，我一生都不再會有任何晉升。我知道……因為一切都很明顯。沒有任何問題。而且那是一個刑事案件。二十個警察不會毫無原因而說謊。但是我必須釋放他；否則你知道這些人——他們甚至會殺了我。」

所以那個人被釋放了。隨著我到處旅行，危險日益增加。首先是一個政府，一個國家，然後是另一個政府，現在則是全世界。

那是一個奇怪的經驗，人類是多麼野蠻，成為文明人的可能性是如此渺小——因為任何試著要將人類意識提升到更高層次的人就會變成它的敵人。每個朋友都變成了它的敵人，每個讓它留在奴役狀態的人則被它認為是保護它的人；他們是它的聖人，他們是它的領導者。

也許沒有人有過我這樣的經歷，因為在我之前的每個人都待在某些地區。耶穌在朱迪亞，世界的某個遙遠的小小角落，被釘上了十字架，只是羅馬帝國的一個小殖民地。蘇格拉底在雅典被殺害，一個城邦，甚至算不上一個國家。他從未離開雅典過。

所以那些人從未像我一樣去接觸全人類，他們從未看過那些醜陋的面目——因為這些掌權的人非常工於心計，懂得如何隱藏自己。他們是完美的偽君子。

我這一生的經驗將會有助於任何想要喚醒人類的人。他們無法把我釘上十字架，因為我沒犯過任何罪；我也不是和單一的宗教或國家對抗。我的戰鬥是世界性的。不是特別針對任何宗教或政治理念。而是在對抗每個人類裡面的野蠻性。

所以他們要摧毀我會有點困難。他們做不到。事實上，他們所有的努力只會越來越暴露自己的面貌。

從另一方面來看，他們的努力也是有幫助的：使我可以看出我的人之中哪些是真的跟我在一起，哪些不是，哪些只是假裝和我在一起，哪些是全心全意的和我在一起…以致於如果我被釘上十字架，將同時會有數千人和我一起被釘上十字架。所以某方面來看，這是好的。對我作的每個攻擊會幫助我擺脫那些虛偽的人。

我很高興找到數千個和我產生共鳴的人，他們對於我的愛和信任使他們無條件的和我在一起。他們的生命被轉化了。即使我被除掉，他們的轉變也將不會停止。那是某種不知道要回頭的東西。一旦它開始，它就會在你裡面不斷成長；就像一粒種子，而你的心變成了泥土。

我很高興儘管有各種反抗、謊言和主張，還是有數千人勇敢的和我在一起。當全世界都在反對你，你實際上能得到的只有被選上的少數人。一般人再也無法接近你；他們無法鼓起勇氣。

所以從各方面來看，那是一個偉大的經驗。我再次進入靜默只是為了看看你們是否能在寧靜中了解我，是否可以在寧靜中和我在一起。你們大部分的人都全心全意的和我在一起，快樂的、喜悅的。我是沉默或說話並不重要。那不是一個頭腦的事件；那是一個心的問題。

人。

我必須離開靜默，因為少數人開始濫權，為了自己的目的、為了自己對權力的慾望而剝削我的社區是一個偉大的實驗，但因為少數的叛徒使得政府可以摧毀社區；否則即使是世界上最強大的政府也無法摧毀它。一直是你內在的叛徒允許讓政治力量去摧毀一切。但就我而言，那部分也沒問題。

任何發生在我身上的事都是好的。也許是因為我看事情的方式使我不會有其他看法。作為我工作的最後階段，現在我們可以在世界各地創造小型的學校。我只是在尋找可以讓我安頓下來的地方，可以有少數人來看我——所以在我再次進入靜默之前，任何還沒有說的話都可以說。然而要說的話太多了。

也許既得利益者在害怕我說出來的話比核武還危險。

有一個荷蘭出版商，在荷蘭出版了我的十幾本講道的書，他在幾個月前寫信給我：「現在你說的話是危險的。我們不能讓公司冒著這樣的危險。我們是商人。我們可以處理你之前說過的話；但現在已經超過我們的能力範圍。所以我不會再出版任何書，我要完全切斷和你的關係。我也不會再出版那些書。如果有桑雅士願意，他們可以用市價買下所有剩下的書；否則我就把它們放在倉庫裡，但是不會賣它們。我不想和你扯上任何關係。」

他說的話是有意義的。這些政府也在害怕同樣的東西。所有宗教都在害怕同樣的東西。他們想要我停止，因為我說的話越來越接近他們對人類隱藏的一切。

關於那部分，我不需要數千人。我只需要像你們這樣的一小群人，可以和我全然的處於和諧一致的狀態，而且我可以說任何我想說的話。很多事情我都有所保留；現在我不想再保留任何東西，不需要——因為他們能對我做的都已經做了。所以我只想要和一個小團體安頓在一個小地方，人們可以安靜的來到和離去。不需要再引起任何注意。

我說的任何話，所需要的就是用各種語言出版。那會是你們主要的工作，因為現在你們會找不到願意出版的出版商。現在我們必須用自己的資源來出版：我們必須自己翻譯、出版和行銷。這個重大的責任會在你們身上。

必須把這些話語散播出去。人們可能今天、明天或後天才能了解——那無所謂——但是他們總有一天會了解的。

有件事是我可以說的，那就是無論我說了什麼，都將會成為全人類未來的哲學、未來的宗教；身為創造出這個環境的一份子，你們是被祝福的。

奧修，當我的頭腦聽著你說話，你的話語就像一把鋸子進入我的內在，但如果我等一會兒——讓這把鋸子穿過身體，然後看看會發生什麼——我會領悟到一種深深的寧靜和信任。鍾愛的師父，瓶子破了，但沒有看到鵝。我站在哪兒？

不用擔心瓶子或鵝。讓瓶子破掉，讓鵝去任何牠想去的地方。我們唯一在意的是你站在什麼地方。

你可以看到瓶子是破掉的，你可以看到鵝不在那兒；只要試著了解是誰在看，誰在看著這一切。

那就是你。然後忘了瓶子和鵝，記住你的意識，你的覺知。那是整個存在裡唯一重要的事情——唯一的寶藏、唯一的富有、唯一的奢侈。

奧修，你常說自己是佛陀、馬哈維亞和蘇格拉底的一個伙伴。我感覺過去偉大的成道師父和你之間的相似性就如同種子和花朵的相似性。但是那個相似性是不足的，因為就種子而言，你似乎擁有比他們更多的東西。

你不只繼承了意識的達成；你還擁有自己的種子以及也許是全新意識層面的開始。我感覺你不只是最善於言詞的、兼容並蓄的、博學的、幽默的、慈愛的、有智慧的人，但大部分不是我能了解的。那些成道的師父無法告訴我們你是誰；而且沒有任何當代的人是了解你的。只有你有資格談論你自己。奧修，你是否可以對我們和將要來到的人談談這個我們所知道的「奧修」？

我確實擁有過去所有的覺醒者繼承的一切，但那還不是全部。我也擁有一些關於未來的部分。可以說我是過去的結束和一種新的覺醒者的開始。換句話說，我可以毫無困難的接受佛陀的一切，但佛陀無法接受我的一切——因為佛陀無法接受左巴。而我這一生的努力就是左巴和佛陀的結合；就我而言，那個結合已經發生了，就你而言，那個結合已經發生了。那將會是未來的新人類。

因此我一開始先讚美佛陀、克理虛納、耶穌和其他數百個成道的師父。但那還不夠，因為他們都反對左巴，而我必須在覺醒者的意識中為左巴留個地方。因此，我也批評這些我讚美過的人。人們認為這是矛盾的；它不矛盾。我已經如實的讚美他們；我批評他們是因為他們只有一半。而他們失去的那一半是非常重要的，因為沒有那一半，他們會是沒有血液的，他們只有骨架。

左巴可以帶來活力，可以成為佛陀的根。他仍然留在地面。也許一般人永遠無法看到他；那是他偉大的地方——他不擔心是否有被注意到，他是否會被膜拜和讚美。被稱讚的花朵裡包含著他的活力，那對他而言就夠了，他們沒有他就無法活下去，他們的生命就是他生命的延續。他們是他在天空伸展開來的雙手，他們是他在風中綻放的精華，在雨中跳著舞的精華。

也許人們永遠不會知道根部，但如果樹開始譴責根部，人們開始切除自己的根，那他們是在謀殺人類裡面某個最珍貴的東西。

過去的諸佛只有一半活著。他們仍然是美麗的。我要他們是活生生的；那時他們的美會是無窮的。

所以你的感覺是對的。我可以和全世界所有的覺醒者有著心和心的深入會合，但對他們而言會很困難。他們會發現很難和我對話，因為他們切除的部分正是我在散播的、鼓吹著要讓它成長的。他們將會了解到他們錯過了某個東西。所以他們有可能會譴責我，說我在做一件過去諸佛從未做過的事；或者他們可以理解我的努力，他們不敢去做我正在做的事。

在印度時，我曾經每天在阿姆利則的寺廟接受錫克教徒的膜拜，幾乎被他們承認是他們的其中一個師父。他們有十個師父。事實上在他們的會議上介紹我的人說他們承認我是他們的第十一個師父。但現在他們不再讓我進入那間寺廟。

那時我保留很多東西。我談過一本小書，靈魂之歌，錫克教徒很高興，因為沒有任何非錫克教的人關心過這本書。而且我對這本小書的解說是他們從未想到過的。但是二年後，當我在他們金廟中的聚會說：「我認為只有那那克成道了；剩下的九個師父只是一般的老師，」他們卻準備殺了我。我說：「你們可以殺了我，但這樣會殺了你們的第十一個師父！」

我知道真正的覺醒者會有勇氣去了解那些他們不敢做的事，也就是我正在做的事。得有人去做，讓覺知是包含一切的，不是部分的，而是整體的——這樣全人類才能像個有體的統一體一樣的成長，而沒有任何殘廢的部分。但這確實是一件危險的事。那違反了他們所有的教導，因為他們都在試著切掉這個、切掉那個。他們在創造某種理想的人類。

我的努力則是顯示出讓人類依照理想而活是在使他成為虛偽的人。人必須沒有任何理想或戒律的活著。他唯一的宗教應該是覺知，無論那個覺知引導他走向哪兒，他都該毫無畏懼的跟隨著，不管後果如何。那就是我生活的方式，我完全不會後悔。

也許那些人無法了解，但我甚至可以了解他們的不了解。我會繼續稱讚他們為這個世界所帶來的任何美麗的東西——但關於他們做了什麼而使你殘廢，我無法欺騙未來的人類。我要全人類成為神聖的存在。

第二十八章
一顆靜靜等待的心

奧修，我收到一封你在歐洲的桑雅士寄來的信。她說她一直和你在一起，沒有去任何地方。同時她很享受自己一個人做著小事情，並感激至少我們都處於同樣的天空下。你是否可以對你所有的桑雅士說說是誰在靜靜的等待？

這是一個偉大的時代，因為這是一個充滿考驗的時代——考驗你的信任、你的愛。靜靜的等待正是我這一生一直在教導的。不要欲求，只是等待。

這是兩個非常重要的層面。當你欲求，你是侵略性的——想要抓住某個東西。在一般的世界裡，欲求是唯一的方式，因為有這麼多人在競爭，追求同樣的東西。此外，外在的世界是量化的世界。它不是取之不竭的；外在的一切是會消耗殆盡的。你不能等，因為當你在等待，別人可能會奪走一切。

內在的世界是完全不同的。在那兒，慾望是一個干擾，一個阻礙，因為在內在的世界中。你是單獨的——沒有競爭的問題。沒有其他人會試著要超越你，沒有人會扯你的後腿。

內在的世界是如此嬌弱以致於如果你是侵略性的，你將會摧毀它。就像是搶著要得到玫瑰花。你可能可以得到它，但它不會是同一朵你所看到的在風中、雨中、陽光下跳著舞的玫瑰花。它會是某個死掉的東西…只是一副軀殼，一個回憶，沒別的了。

內在的實相是更嬌弱的。那個慾望就足以使你無法得到它；因此一個全然不同的方法是需要的：那就是靜靜的等待。

客人來了。

主人必須是耐心的。

在意識的主觀世界中，沒有任何需要奪取的東西。它不是量化的，它是一種特質。如果你靜靜的等待——沒有慾望、沒有期待——會有一個片刻來到，你的寧靜是如此全然，你的等待是如此純粹以致於門開啟了。你被帶入你自己最深處的聖殿。那就是我的教導。

給自己一個機會讓自己靜靜的等待是好的。當你和我在一起，你被我的存在和話語填滿了，以致於你從未想過要等待：我是隨手可得的。現在，在內在的世界中我才會是隨手可得的，而不是外在的世界。這會是一個完全達成、完全喜悅的偉大會合。所以不要感到絕望、不要陷入痛苦中。不要感覺你距離我很遙遠。

只有當你不寧靜時，你才會離我很遙遠。只有等待不存在時，你才會離我很遙遠；否則你是非常接近我的。無論你在哪兒，寧靜將會把你我連結在一起；你的等待將會作為那個會合的基礎，那個會合是非物質的、非空間性的、非時間性的。

利用這個機會。隨時記住無論發生什麼事，都把它當成一個機會。這個世界上沒有任何情況是不能被當成一個機會來利用的。

你因為離我太遙遠而難過；那是自然反應，但你沒有警覺到要利用這個機會。不要把它浪費在悲傷中；否則絕望會變成靈魂之癌。

我已經和你在一起夠久了；是時候讓你知道是否我不在時，你也能和我在一起。如果我不在時，你也能和我在一起，擁有同樣慶祝的心情——即使一開始似乎很困難——你會有一個很大的滿足。那個不在不再是一個不在；無論你在哪兒，你都會被我的存在填滿。那是某個節奏的問題；否則兩個人可以坐在一起觸摸彼此的身體而仍然如同兩顆星星一樣的遙遠。你可以待在群眾裡面而仍然是單獨一人。

所以問題不在於肉體上的親近，而是在於了解到師父的存在中發生了什麼事。你的心開始和師父的心以同樣的節奏跳動著。你的存在開始擁有寧靜之歌，就和師父的存在擁有的寧靜之歌一模一樣。這些就是使你接近他的原因。如果你可以做到這兩件事：你也許在另一個星球，但不會造成任何不同。那和距離無關。

你和我在一起這麼久，你很清楚在我的存在中，發生了什麼事在你身上。只要給它一次機會：閉上眼睛，靜靜的坐著，等待同樣的發生。你會很驚訝，不需要我待在那兒。你的心可以用同樣的節奏跳動著——你會熟悉它。你的存在可以在同樣的深度下保持寧靜——你會經驗過很多次。然後就不再有任何距離。你不再是孤獨的。你會是單獨的——但這個單獨會是美麗的、自由的、深深整合的、處於中心的。

所以無論你在哪兒，全世界的政客都會使你越來越難見到我，不會很容易。我會盡一切努力使我讓你是隨手可得的，但那些政客不知道，即使他們可以阻撓我肉體上的行動，他們仍無法阻止我的人經驗到我的存在。那是超出他們能力範圍的。

在中國，老子——一個偉大的師父——死後到現在已經有二十五世紀，但仍然有一小群跟隨者。他們談到老子時不是使用過去式，而是現在式。對他們而言，老子不可能是過去式的，因為他們仍然可以感受到那個節奏、寧靜、美和平靜。還有什麼需要的呢？

拉瑪克理虛納死了。在印度，每當丈夫死了，妻子就得打斷手鐲，拿下所有裝飾品，把頭髮剪光，只使用白色的沙麗——開始她餘生的悲傷、絕望和孤單。但是當拉瑪克理虛納死後——那是上個世紀的事——他的妻子，莎達，拒絕遵從這已經有一萬年之久的傳統。

她說：「拉瑪克理虛納沒死——至少對我而言。對你們來說他可能死了；對我來說，那是不可能的，因為他的肉體很久以前就是無關緊要的。他的存在和經驗、芬芳已經變成了一個實相——它們仍和我在一起。除非它們離開我，否則我不會弄斷我的手鐲、剪掉頭髮或做任何事，因為對我而言，他仍然活著。」

人們以為她發瘋了：「打擊似乎太大——沒有流下任何淚水。」即使當拉瑪克理虛納的屍體要被送到火葬場，她也沒離開家。她在為拉瑪克理虛納準備食物。人已經死了——他的屍體被送到火葬場——她卻在準備食物，因為現在是他的午餐時間。

某個人對她說：「莎達，你瘋了！他們已經把他的屍體送走了。」

她笑了，她說：「他們帶走了他的身體，但沒帶走他的存在；那已經成為我一部份的存在。而且我沒瘋。事實上透過死亡，他給了我機會，讓我知道他的教導是否有進入我的心。」

她後來活了很多年，每天都重覆同樣的工作：每天會準備兩次食物，而且——當他吃飯時，她會坐在旁邊為他搧風——她會對著空無一人的椅子搧風。拉瑪克理虛納並不在那兒——至少對於那些只能看到肉體的人是這樣。然後她會閒聊鄰居發生了什麼事。她會用和平常一樣的方式去談論所有新聞。到了傍晚，再準備晚餐。到了夜晚，她會幫他鋪床，弄好蚊帳以免有蚊子跑進去，她會觸碰他的腳——只有她看得到，別人看不到——關了燈然後睡覺。

到了早上，她會用和平常一樣的方式把他叫醒，她會進來說：「派拉瑪哈薩德瓦，起床了；時間到了。你的門徒都聚在外面，你得準備了——洗澡，然後喝杯茶。」慢慢的，比較屬於心而不是屬於頭腦的人們，開始感覺到莎達並沒有發瘋的症狀。相反的…但因為拉瑪克理虛納的存在，他們從未在意過她；她一直在背後支持他。

但現在拉瑪克理虛納死了，而她是最資深的跟隨者。他們開始詢問她的意見，而她對每件事提出的建議是如此正確以致於她不可能是發瘋的人。

但是就拉瑪克理虛納而言，一直到生前最後一口氣，她仍能感覺到他的存在。在死前…那是她唯一哭泣的時刻。某個人說：「當拉瑪克理虛納死時，妳並沒有哭。妳現在為什麼要哭？」

她說：「我哭是因為現在誰要來照顧他，為他準備食物？沒人知道他喜歡什麼，不喜歡什麼。誰來鋪他的床？而且蚊子這麼多，如果沒有正確的弄好蚊帳，如果有個足以讓蚊子進入的小縫，那個老人就得忍受整晚——而我快死了。我不會待在這兒。你們都認為他死了，所以我無法依賴你們。」

這就是靜靜等待的心的方式。即使死亡也無法產生任何影響、任何距離。

所以世界各地離我很遙遠的桑雅士不需要想念我。那由他們決定——他們只需要改變態度。

這是一個改變他們態度的好機會。當我還活著，如果他們可以開始在世界各地感受到我的存在，那就沒有任何國家可以阻止我的存在進入他們的領地。沒有任何國家或權力可以阻止我進入你的心。

他們的權力是非常有限的。它也許非常龐大，但卻是非常有限的：因為它是物質面的。而你的能力是更強大的，非常巨大：因為它是心靈面的。所需要的只是覺知到它並利用它。一旦你經歷到它的美，你會感謝所有在我和我的人之間創造障礙的絕望政客。

對他們而言，我可能是一個惡夢——然而我並沒有傷害任何人。但也許他們的懷疑是對的。他們懷疑我有吸引世界上所有年輕人的潛力——改變他們的生活方式，他們的生活態度，將會完全切斷他們的既得利益。他們只了解這麼多——所以才會有這些騷擾。

但是你不用擔心他們的騷擾。他們只知道一種和人們連結的方式；而你知道得更多——一個更深層的方式，一個無形的方式。最有可能的是，你會偶爾來看我，和我在一起。但如果那樣也不可能——他們會努力試著讓這很困難——那也沒關係。

無論你在哪兒，我都是隨手可得的。

無論你在哪兒，我都和你在一起。

只要保持是脆弱的、敞開的、有接受性的。

奧修，我有任何不可告人的秘密嗎(skeleton in my closet)？

你沒有任何衣櫥——所以忘掉骨架！你是一個可憐人；你買不起衣櫥。這是有錢人才能享受的，擁有不可告人的秘密。

你是單純的、天真的。你不需要；就算你需要，你也負擔不起。你是幸運的。

奧修，這兒有一個警衛和我們在一起待了一陣子，他說：「你們是一群奇妙的人。」他很驚訝我們彼此從未有過爭鬥。在這兒的和諧真的是一個奇蹟，卻又感覺如此的自然。奧修，你是否可以再多談談這個奇蹟。是否有任何方式可以使你的門徒在意識的冒險之旅中互相幫助？

人們爭鬥不是沒有原因的。每個爭鬥實際上都是野心的衝撞，一種想要達到別人也在試著達到的競爭。

野心是所有爭鬥和戰爭的源頭。

我的人沒有任何野心。他們沒有掙扎著要透過野心之梯到達任何地方。他們不是彼此之間的競爭者。所以這是一個完全不同的團體，裡面的人沒有互相爭鬥或和其他團體爭鬥。

在印度曾發生過……當印度獨立後，我還很年輕，但是我常常和我父親談論各種事。我們全家曾因為印度獨立受到牽連；他們都坐過牢，他們都受過苦。我的叔叔無法完成學業，因為他們在念書的時候被抓去坐牢。三年後他們被放出來，但那時要繼續學業已經太晚了。

我對父親說：「對我而言，提議讓回教徒和印度教徒各有自己的領土似乎是荒謬的，而且讓國家分割……這個提議是為了不再有任何爭鬥；否則他們會繼續爭鬥，殺掉對方。」

他說：「這個提議似乎是合理的。如果他們有自己的國家，還有什麼需要爭鬥的？」

我說：「爭鬥的原因是更深層的。如果印度教徒和回教徒是分開來的，那你就會看到回教徒自己互相爭鬥。」

有三個問題：回教徒有二個教派，什葉派和遜尼派，他們非常反對對方，就如同他們反對其他宗教一樣。他們會殺害對方。十四世紀來，他們一直為了些小小不同殺害對方——穆罕默德指定他的兒子還是女婿成為他的繼承者？有一方認為是女婿。現在沒有任何紀錄存在。另一方則認為繼承者是兒子，但是他們也沒有任何紀錄。我的感覺是穆罕默德並沒有指定任何人做他的繼承者。而這兩個人，他的兒子和女婿，為了得到同樣的權力，使得回教分成兩半。而他們還在爭執誰才是真正的繼承者。

但是這又如何？你瘋了嗎？你相信同樣的哲學思想，無論是對的或錯的；你相信同樣的道德觀。現在這並不重要。他的兒子很久以前就死了；女婿也死了。

但是那兩個教派彼此差距越來越大，因為女婿指定了他的繼承者，兒子也指定了他的繼承者。所以現在有兩個教派同時存在。

印度的回教徒在分裂之前並沒有彼此爭鬥，因為他們必須一起對抗印度教徒。我對我父親說：「一旦讓他們單獨在一起，第一件事會是什葉派和遜尼派的對抗。第二件事會是：他們提出一個非常奇怪且愚蠢的要求：一半的巴基斯坦人要待在巴基斯坦的一邊，東部，另一半則待在巴基斯坦的另一邊，西部——因為這些地方是主要的回教徒分布區域。」

「所以巴基斯坦會被分成兩塊。東部的人說的是孟加拉語；他們是回教徒，但是他們說的是孟加拉語。西部的人說的是烏都語、旁遮普語、辛德語。這些人很快就會因為語言問題發生衝突，而說孟加拉語的人將會被分散，因為他們的人數較少。他們永遠無法成為巴基斯坦的統治者。將會被說旁遮普語的人統治——那是說孟加拉語的人無法忍受的。」

「這是巴基斯坦的情況，而印度的情況更複雜。印度教徒彼此間並未爭鬥，因為他們必須和回教徒對抗。一旦回教徒離開了，古吉拉特人會和馬哈拉施特拉人彼此爭鬥——他們會為了小事殺死對方。」

孟買市事實上是古吉拉特人和說古吉拉特語的拜火教徒設立的。他們是最富有的人……所有產業和一切。但勞工都是馬哈拉施特拉人。所以主要人口是馬哈拉施特拉人；他們說的是馬拉地語，他們不說古吉拉特語。所以在孟買，說馬拉地語的人和說古吉拉特語的人之間常會發生衝突。他們爭執的是孟買應該屬於馬哈拉施特拉省還是古吉拉特省，因為那些省份將被分開來。

到處都發生很多爭鬥，因為一旦重大的爭鬥中止後，你爭鬥的本能要如何發洩？如果你想要統一，你需要和某個人對抗——需要共同的敵人才能維持統一。如果沒有共同的敵人，你會因為一些小事、無意義的事，開始和自己對抗。

現在他們都在印度爭鬥著。旁遮普省想要分割成一個獨立的國家。孟加拉是從巴基斯坦中脫離出來的。數千人被殺了，但他們最終成為一個獨立的國家。

南印度想要脫離北印度，因為北印度說北印度語，而南印度不說北印度語；他們有自己的語言。你會很驚訝，北印度語很接近英語、瑞典語、瑞士語、義大利語、德語——所有歐洲的語言——因為它們都是姊妹語。它們都來自同一個語言，梵語。德語至少有百分之三十的文字來自於梵語。立陶宛語，有百分之七十的文字是梵語——它超過了北印度語；它是更接近梵語的語言。但是在南印度，他們的語言和梵語無關；他們的起源是完全不同的。

所以他們在爭執，他們不想讓北印度語成為全國通用的語言，因為那不是他們的語言。他們願意讓英語繼續成為全國通用的語言，但只有百分之二的人懂英語。

現在這是多麼荒謬的情況！只有百分之二的人了解的語言變成了全國通用的語言，而超過一半的印度人了解的語言則因為另一半印度人的反對而無法成為全國通用的語言。

在南印度，說北印度語的人和不說北印度語的人之間常常發生衝突。火車因此被焚燒。在南印度，你不能在自己的店鋪懸掛北印度語的告示牌。你的店鋪會和那塊告示牌一起被燒掉。即使對方聽得懂，你也不能說北印度語。他不會讓你知道他聽得懂北印度語；他會說自己的語言。

爭鬥是一種動物的本能。人們會為了爭鬥而找理由。但總是可以有某些事被用來當成藉口。現在所有的語言——印度有三十種語言——都想要成為全國通用的語言。那是不可能的。四十年過去了，他們還沒有得到任何結論。他們將永遠無法做出結論，因為無論他們選了哪個語言，另外二十九個語言就會反對它；反對方總是占大多數。即使被選擇的語言占了大多數人口，但另外二十九個語言會同時立刻——一旦你選擇了一個語言，他們就準備好要爭鬥。

他們準備好要反對英語了，因為沒什麼人在使用。它是外來的語言。統治印度三百多年的英國人，其使用的語言卻無法超過百分之二⋯⋯它不可能成為全國通用的語言。百分之九十八的人不懂英語。而且使用三十個語言的人已經把英語從他們的學校課程中剔除。所以未來使用英語的人甚至不會超過百分之二；比例會越來越低。是因為那些接受英國文化的老人才會有百分之二。

但如果因為某個奇蹟，你可以使某個語言成為全國通用的語言，那將會出現別的問題。只要你解決了一個問題，人們就會引起另一個問題。

沒有人想過錫克教徒和印度教徒會彼此爭鬥。那是一個非常奇怪的情況：在一個家庭中，父親可能會是錫克教徒，兒子可能會是印度教徒。錫克教和印度教並不被認為是分開來的，只是方法不同而已。丈夫可能是錫克教徒，妻子可能是印度教徒；或者丈夫可能是印度教徒，妻子可能是錫克教徒。沒有人想過這樣的混合會引起爭鬥，現在他們卻彼此爭鬥，殺害了數千人。

錫克教徒想要完全和印度教徒撇清關係——但他們都是印度教徒。任何印度教徒可以在五分鐘的儀式後變成錫克教徒，任何錫克教徒只要刮掉鬍子就可以變成印度教徒——沒有任何事會使他無法成為印度教徒。

他們都膜拜那那克、看那那克的聖典、去同樣的謁師所——他們的寺廟。印度教徒會去，錫克教徒也會去。唯一的差別在於，兩者都相信第一個師父，那那克，但錫克教徒還相信其他九個師父。印度教徒不相信其他九個師父。那是唯一的差別，沒有別的差別了。而那那克奠定了所有的基礎，所以無論你是否相信其他九個都不會有任何差別。信仰體制是相同的。

但人類裡面還有某些獸性，想要為了藉口而挑起爭鬥。

所以這是可能的…對我的人不了解的人都會因為他們不爭鬥而感到驚訝。我們不和任何人對抗，我們也不和自己對抗。沒有需要，因為我們的整個世界都是內在意識的世界，在那兒不會有任何競爭的問題。你是單獨的。你想要成長多少就成長多少；別人想要成長多少就成長多少。不會有利益的衝突。

由於每個桑雅士都和我連結…它不是你要和某個信仰體系有所連結的宗教。那樣會引起問題——只要一個不同的解讀，只要有一個小問題就會造成宗派的分裂並互相敵對。

我們沒有任何信仰體系。所以如果你相信任何聖靈，不會有人在意，那是你的樂趣。只要記住，人們會知道你有這樣的同伴！但是不會有人受到影響。

每個人都試著單獨的成長。沒有任何組織，所以不會有任何既得利益者。你單獨的和我連結。你們彼此有關聯只是因為和我有所連結。因為你們和我和諧一致的在一起，你會突然發現任何和我和諧一致在一起的人也會和諧一致的和你在一起——因為他也試著和諧一致的和我在一起。我們試著創造一個和諧的整體，不需要任何直接的努力。它只是一個副產品。

所以任何局外人一定會驚訝——觀察你們幾天後——沒有人在爭鬥。我們沒有任何用來爭鬥的能量。我們有很多珍貴的寶藏，我們將所有能量用來尋找那些寶藏。所以誰會在乎小事情？

在甘地的修行所，茶是禁止的。你不能喝茶、抽菸、玩牌，不能做這個、不能做那個——小事情。

而他強迫人們不能做這些事。

因為某個人只是想要早上喝杯茶，他必須躲起來——關上門，準備一杯茶。而其他人會觀察，試著查明他為什麼在早上把門關上，他為什麼在房間藏了一個爐子。當他離開，某個人可能會去搜尋，然後找到一些茶葉。他被發現了，像罪犯一樣的被帶到甘地面前——他藏了茶葉。他每天早上都會關上門，一個人會知道的不是他會對茶做什麼。你能對茶做什麼？你最多只能喝茶！你還能做什麼？

慢慢的，派別產生了——某個人也在這樣做——那些喜歡茶的人會變成一群人：「我們無法生存，我們必須抗爭。」那些抽菸的人則會形成另一個團體。

而甘地會怎麼做？他是一個受虐狂。他不會懲罰那些人。他會持續禁食直到死亡。為什麼？——因為那些人在喝茶！

但你為什麼要持續禁食直到死亡？他的邏輯是：「身為師父，我一定還有什麼未完成的；否則我的門徒怎麼會不服從我？所以為了淨化我自己，我將持續禁食直到死亡，直到我完全被淨化了。否則我不會停止禁食。」

自然的，那些喝茶或抽菸的人會想：「現在他的死亡將會是我們造成的，」所以他們會去找甘地說：「我們向你磕頭，我們會承諾不再喝茶，不再抽菸——但請停止禁食。」

他會持續打擾整個修行所三到四天。然後印度各地的電報會來到——「門徒居然做這樣的事，太愚蠢了；他們應該要道歉。」然後他們會道歉一整天。從早到晚都坐在那兒說：「原諒我！這是最後一次——我不會再喝茶！但請停止禁食。」最後，三到四天後他會停止禁食。但他是在折磨他們，他是在全國面前譴責他們。

不能談戀愛。他自己的秘書，一個非常有才華的人……很多人寫信給甘地說普亞雷拉寫的這兩本書是最棒的。它們是很厚的書；也許每本有一千兩百頁。普亞雷拉愛上了某人。

現在，愛不是某個你可以阻止的東西。只有當你愛上了才會知道你陷入了愛情。它不會在來之前提醒你：「小心！我要來了！如果你是甘地的門徒，快逃！」它的來到是如此緩慢以致於你永遠不會知道你已經陷入了愛情。有一天，你才會突然發現：「我的天，我愛上某人了。」現在這變成了最大的罪過。

普亞雷拉是他的秘書……但是他使修行所蒙受很大的羞辱，受到全印度的譴責——因為他愛上了某個年輕的女人。他們都很年輕，這並沒有任何錯。

然後他自己的兒子，德瓦達斯也愛上某人，那對甘地而言是一個更大的問題。他確實是不純淨的：他的兒子愛上了某人！德瓦達斯愛上了另一個偉大的印度領導者拉賈戈巴拉查里的女兒。而且女方懷了孕，所以把他們趕出去不是正確的做法；他們必須結婚，但他們不是同樣的種姓。而甘地，一輩子都在主張種姓制度應該消失，不應該有任何種姓的分別——現在他因為自己的兒子要迎娶另一個種姓的人而感到困擾。

拉賈戈巴拉查里和甘地的年紀一樣，而他在蒙巴頓離開後成了印度的第一個總督。但甘地才是最狡猾的政客。

拉賈戈巴拉查里不是甘地的跟隨者——雖然他站在甘地的那一邊——但是他們年紀一樣，而且他有自己的身分地位。在南印度，他的身分是至高無上的，所以甘地無法控制他。拉賈戈巴拉查里會去看他女兒，他會在修行所喝茶抽菸——而甘地不會禁食。

某個人問：「你現在為什麼不禁食到死？」

他說：「他不是我的門徒。我不在意他。當他離開，我們會清理房間」——清理房間的意思是把牆壁抹上石灰，在地上放牛糞。牛糞是最純淨的東西：它會淨化所有的罪行！但有什麼罪行？——只不過是喝茶和抽菸。

但甘地無法阻止拉賈戈巴拉查里，因為他是親戚，擁有同樣的身分地位，而且有很強大的政治力量。但是甘地透過讓他成為第一個總督來報復他。

每個人都以為甘地偏袒自己的親戚，讓他兒子的岳父成為第一個總督。但同時還有更重要、更有智慧、對國家獨立有更多貢獻的人可以考慮。他們以為甘地有所偏袒，但政治這種東西除非到了最後，否則你不會知道實際的狀況。

甘地故意使拉賈戈巴拉查里成為第一個總督，這樣他就無法成為第一個總理，因為那才是真正的權力核心。總督這個位子只是應付十五天的過渡期。他能在十五天內做什麼？那只是暫時的。英國人要離開了，蒙巴頓必須把職位交接給某個人，而議會還沒決定誰來當總理，誰來當副總理。

總督的職位將會結束！——因為總督是英國政府的代表。蒙巴頓急著離開，而甘地讓拉賈戈巴拉查里……拉賈戈巴拉查里很高興他是第一個——也是最後一個——英國總督，但是他被騙了，現在他無法再擔任總理。甘地想要避免他當上總理。

現在他是總督，必須對總理和其他內閣成員宣誓。他已經無法角逐——他結束了！一旦他對這些人，對印度總統和每個人宣誓，十五天後他就得回到南印度。

但政客可以完全不顧自己的尊嚴。了解到自己被騙了，被嚴重的欺騙——否則他會是總統或總理……成為第一任也是最後一任總督，只有十五天並沒有任何意義。於是他準備要成為南印度省份，馬德拉斯的首長。在成為全印度的總督之後，他同意擔任馬德拉斯的首長。對權力如此的貪婪。現在沒有機會成為總統或總理了——他也很老了——他準備要擔任一個小省分的首長。

在甘地的修行所中，人們彼此持續的爭鬥著。我會知道的這麼清楚是因為我認識甘地的一個兒子，朗達斯，我和他很親近。所以每當我偶爾經過修行所，就會和他見面，或者如果我在附近，他會來找我。那時候甘地已經死了。

朗達斯說住在修行所並不快樂，因為甘地對小事情很嚴苛。他想要透過各種可能的方式來控制每個人。他談論自由，卻在自己的修行所裡面創造奴役。

但這就是所有宗教、所有聖人的方式。他們為自己創造奴役，然後他們就擁有權力去為他們的門徒創造奴役——因為這些小事，你會納悶這些人在意的是人性的成長、意識的成長還是在意有多少件衣服？如果你的衣服超過三件，那是有罪的。還有你在幾點起床？如果你沒有在早上四點起床，那是有罪的。你幾點睡覺？如果你沒有在九點以前睡覺，你是有罪的。你在吃什麼？各方面⋯

所以自然會形成派別。人們會想辦法。少數人想玩牌。這不會有什麼傷害。他們沒有賭博，沒有任何賭注——只是玩牌。但是他們必須偷偷玩牌，如果他們被發現，那他們就會被全國譴責。

甘地用這樣的方式控制他們，所以無論他們做了什麼不會只有修行所的人知道，全國都會譴責他們。

我是一個完全不同的人。我要你完全自由。我要你依據自己的道德觀、自己的意識來做任何事。沒有什麼要隱瞞的。你可以暴露自己而不用感覺自己會被譴責——因為譴責的意思是人們會保持封閉，他們不會敞開自己。

所以這在人類的歷史中是一個全新的實驗，在這兒的自由是真正的自由——讓自己不受到任何束縛——因為除非讓你成為你自己，否則我不了解你怎麼會信任我。如果我不讓你成為你自己，那我是在創造我和你之間的障礙。我要你成為你自己，去做任何你的意識感覺正確的事。除了你自己的意識，沒有人可以決定。

我從未考慮過懲罰；我的字典中沒有這個字。我一直在思考要如何獎勵你們如此寧靜，如此警覺。但我沒有任何東西可以用來獎勵你們，除了我的祝福之外。所以帶著我的祝福——在這整個天空下，無論你在哪兒——只要感覺你是親近我的。進入當你感覺親近我時的同一空間。

這是一個熟練技巧的問題。不是某個你必須強迫的東西。當你是親近我的，只要仔細的觀察什麼事在發生。然後在不同的情況下嘗試，在你遠離我的時候，它也會開始發生。

藉由這個方式，這是現在唯一可能的方式，因為如果所有醜陋的政治力量都要把我和我的人分開來…而這些龐大的力量都證明了他們是懦夫和罪犯。所以唯一剩下來的方式就是，只要可能的話，你也可以做到的話，你就和我在一起；如果不行的話，我會和你在一起。只要允許我。在你的心裡面留一點空間給我。

一個人永遠不會知道祝福總是透過偽裝來到。有很多桑雅士是無能的。有一些桑雅士是有害的。我不是一個會對任何人說不的人，無論那個人有什麼錯。因為這樣做會使我難過。我從未拒絕任何人，我也永遠不會拒絕任何人。無論他做了什麼——即使是反對我——我都不會提到。

但這是一個了解面具背後的真實面目的好機會。所以那些有害的人都被揭穿了；那些無能的人將不再有任何影響。只有被選上的少數人——我會為了他們活下去、為了他們而死的人——將會留下來和我在一起。

第二十九章
越過頭腦的邊界

奧修，對於所謂的基督教國家，我們最近經驗到的其中一個最大的諷刺可以從約瑟和瑪麗的故事看出來：當瑪麗將要生下耶穌時，發現「旅館沒有房間。」這個故事可以作為根本基督教教義「慈愛」和「愛你的鄰居」的基礎。當基督教國家在一個孕育著新人類的人面前用力關上門，我們是否可能在我們的旅途上看到基督教敲響最後的喪鐘，而不再有任何廉價的、政治思想的控制？

基督教和其他宗教已經撐不了多久了。他們不顧一切的試著要活下去，但是已經不太可能了；那個不可能是因為他們不是宗教，而是冒牌貨。

真正的宗教只會有一個。

這是很容易了解的。你認為科學會分為基督教的科學、印度教的科學或回教的科學嗎？那太愚蠢了。科學就是科學。它毫無偏見的探詢這個客觀的世界。所以它怎麼會是基督教的或印度教的？

真理是一，而宗教不可能會有很多種。

它們的「多樣性」正在垂死，透過這個死亡將會產生一個單純的宗教性，不會有任何分類。就如同你認為某個人是科學性的，你不能只是認為一個人是宗教性的嗎？如果一個人是真誠的、誠懇的、真實的、非暴力的、慈悲的——那他就是一個宗教人士。

宗教不是某個要被相信的東西，而是要被經歷過的、要去活過的：不是你腦中的相信，而是你整個存在的芬芳。然後無論你做什麼，裡面都會有一個宗教性的特質，就如同科學性的頭腦一定會用科學的方式來做每件事，有時候甚至會有點荒謬。

我聽說希羅多德，一個希臘數學家，第一個發現平均論的人；因為他是歷史上第一個發現它的人，由於他是如此的專注於平均論的研究以致於他會從平均論的角度來看每件事。

有一天他和妻子和三、四個小孩去參加野餐，他們必須越過一條小河。他妻子說：「注意小孩。」他說：「不用擔心。你忘記你是希羅多德的妻子嗎？首先，我會算出河的平均深度和小孩的平均高度；如果平均高度大於平均深度，那就不會有危險。」他妻子不了解平均論，但是她很擔心會發生意外：「他在做什麼愚蠢的事？」

他帶著量尺去量測幾個地方：他量了水深，然後去量測四個小孩的高度。有的地方的水是淺的，有的地方的水是深的；但是一扯到平均論：平均值不等於實際值——因為在平均值的計算中，淺水會拉低深水的深度。

某個小孩是高的，某個小孩是矮的，但是平均值：希羅多德說：「完全沒有危險，我們可以越過這條河。我們的小孩可以做到：他們的高度大於水的深度。」

可憐的妻子並不認同，但是她無法和希羅多德辯論。然而她還是很擔心某個小孩可能會溺水，於是她跟在小孩後面；希羅多德則是走在前面。然後有個小孩快要溺水。妻子抱起那個小孩對希羅多德說：「這個孩子差點溺水了！」

他說：「那我的計算一定是哪兒出錯了。」他不理會小孩，直接走回河岸。

他說：「沒有算錯。怎麼會這樣？」

他妻子說：「不要這麼瘋狂！至少不要摧毀我們的野餐。你好幾個月才和我們出來一次；而你的科學仍然會打擾到我們。」

他們想辦法過了河，但是他一直很煩惱——不是小孩——他煩惱的是計算沒有出錯，但仍然有小孩溺水？他似乎在對那個小孩生氣：「你竟敢溺水？竟敢和數學作對？」

妻子說：「小孩不懂數學——他還很小。」

這是荒謬的，但即使遇到不需要科學的場合，科學的頭腦仍然從科學的角度來運作。然而科學是永遠不會被歸類成基督教、印度教或回教的科學。

一個具有宗教性的人，他的行為、人際關係、思想和感受都會是宗教性的。他不需要教堂、聚會所或寺廟。他需要的是一個清澈的洞見、一個心的寧靜、一個他自己的經驗——因為他自己的經驗會讓他覺知到全世界就是神；所有存在的一切處於不同的進化階段，但它們裡面都含有生命和意識的潛力。即使在石製佛像中也含有開花而成為真的佛的潛力，因為整個存在都充滿著神性的意識。

一個具有宗教性的人也會做出荒謬的事，就像希羅多德——但他們是例外。他們是古怪的人。但這不是常態；事實上他們反映出常態的問題。

在印度有一個偉大的回教聖人，薩瑪德，他的胸膛有一個傷口。他沒有擦任何藥，於是傷口越來越大——不只是越來越大，還長出一些蟲。那些蟲越來越大隻，他們在吃他的心臟。而回教徒——他是一個回教徒——一天會向神禮拜五次。那些蟲有時候會從他的傷口上掉到地上，然後他會把牠們放回傷口。這是一種極端。宗教性不表示為了不殺死那些微生物，所以你不能擦藥，因為這是一種暴力。

科學的頭腦或宗教的頭腦都必須保持警覺不要做出荒謬的事。一個科學性的人或宗教性的人不需要屬於某個組織、反對其他組織並相信：「只有我們得到了真理，其他人並沒有得到，真理被我們獨佔了。」。

這樣的態度和觀念正逐漸消失。這是個好消息，因為它的死亡會帶來意識的新生，那會是純粹的宗教性。

我不了解為什麼會有這麼多宗教。地球上有三百個宗教；真理並沒有三百種。而且它們已經彼此對抗了好幾世紀，以真理之名殘殺對方——摧毀對方、謀殺、以愛的名義、慈悲的名義、非暴力的名義將人活活燒死。美麗的名字和醜陋的事實——這就是你們的整個宗教歷史。

你提到的故事是美麗的。整個故事都值得深入研究，因為裡面有很多暗示。

首先，耶穌是貧窮的父母所生——父親是一個木匠。表示宗教和學識無關。約瑟，耶穌的父親，沒有受過任何教育；他的母親沒有受過任何教育。他們是無知的，單純的村民。他們不是拉比——就古老的、傳統的方式而言，他們是有學問的、聰明的——他們完全是單純天真的人。如果耶穌不是他們生的，你永遠都不會聽過他們的名字。

對我而言，這表示真理是從單純中誕生，不是知識，不是偉大的學位、尊敬、名望、權力。真理是非常謙遜的，如此謙遜以致於當約瑟和他的妻子瑪麗為了年度節慶到了耶路撒冷⋯他們非常貧窮以致於找不到住的地方。每扇門都關上了。

他們試著說服人們，約瑟說他的妻子懷孕了，小孩隨時會出生，他感到很無助：「仁慈點，寬容點——任何地方，只要一個角落。」但這是一個奇怪的世界：人們談論美麗的事物，但是卻沒有任何慈悲、寬容和愛。一個孕婦在夜裡獨自走在路上⋯

並不是整個城市都沒有可以住的地方。是的，人們的心裡面確實沒有可以容納他們的地方。問題不是房子裡面有沒有空的房間，而是心裡面是否有些許可以容納他們的空間。

有句古老的諺語：「皇帝擁有世界上最大的皇宮，但裡面卻沒有任何空間。窮人擁有一個小屋，但卻有足夠的空間。」這個諺語來自於一個故事。

一個窮人和他的妻子住在只有一個房間的小屋。正在下雨，夜深了，某個人敲了門。那個人對妻子說：「你離門比較近，請去開門——某個客人來了。」

妻子不太情願。她說：「沒有多的地方。兩個人都很難睡覺了。第三個人，這個陌生人，要睡哪兒？」

丈夫說：「不要說他是陌生人。當他敲了我們的門，他就是一個客人。請開門，我會告訴你如何解決。如果可以讓兩個人睡覺，那三個人可以用坐的；但是那個客人沒辦法在這樣的夜裡原路返回。」

門開了。那個人進來了。他們坐著聊天——因為沒有地方睡覺——然後又傳來敲門聲。房子的主人對那個客人，現在比較接近門的人，對他說：「請開門。有某個客人來了。今晚真的不好過。」

連這個才剛進來的人也對主人發了脾氣。他說：「你說什麼？已經沒有地方了。你要讓這個人待在哪兒？」

主人說：「如果我剛剛接受這樣的意見，你就不會在屋子裡了。你只是個客人，所以不要和我爭辯；只要把門打開。另一個客人來了。我們現在輕鬆的坐著；如果第四個人來了，我們可以彼此坐近一點。這很好。天氣越來越冷，坐近一點會比較暖和。誰知道新客人會帶來什麼美麗的故事？因為我們得坐一整晚。」

最後門打開了，另一個人進來了；他們現在坐得很擠。然後突然有隻驢子來了，用牠的蹄子敲了門。他們都感到困惑：誰在外面？主人說：「一定是另一個客人。把門打開。」

最後一個進來的人坐在門旁邊。他說：「這太愚蠢了！我們坐得這麼擠——無法再容納誰了。」

主人說：「我是屋主。沒有人可以離開這個小房子。我們現在都坐著。如果有人來了，我們可以站著；就會有多餘的空間了。」

他們都認為主人瘋了。他們開了門，驢子進來了。那些人想把牠趕出去，但是主人說：「不行，那不是人或驢子的問題。雨這麼大，夜這麼深，這個可憐的傢伙——牠能去哪兒？牠可以站在中間，我們可以聊天。牠能造成什麼傷害？你們都忘了那句古老的諺語：皇帝的皇宮雖然很大，但卻沒有任何空間，因為他的心很小。窮人的小屋非常小，但卻擁有很大的空間，因為他的心很大。」

那晚，瑪麗坐在驢子上，約瑟牽著驢子挨家挨戶的詢問，然後被拒絕：顯示出我們的野蠻，毫無人性。然而這些人可能都是非常虔誠的人——會專程去聚會所，念誦著充滿智慧的摩西五書。但是就他們的行為而言，看不出有任何智慧、任何領悟。

最後有個窮人說：「我只能提供我的馬廄。如果你想要住在馬廄的話。」有總比沒有好。雖然馬廄不是很適合，但是待在街上：在馬廄裡面和驢子、馬匹待在一起並生下小孩不是很光彩的事，但是沒有別的辦法了：於是耶穌在馬廄出生了。

人不需要有皇宮才會是有宗教性的。你在哪兒並不重要；重要的是你是什麼樣的人。

你說同樣的情況也發生在我身上——我敲了門，不只是一個城市，而是全世界。我沒有傷害過任何人，但所有門都關上了。我的想法似乎對他們很危險。對於那些平庸的人、沒有任何智慧的人，我的想法會是危險的。如果他們有任何智慧，我的想法將會提供一個讓他們思考的新面向，一個可以飛翔的新天空；他們的存在中將會綻放出新的花朵。但是對於平庸的頭腦而言，它們是危險的。因為平庸的人無法了解它們。

此外，沒有人想要任何人比自己更有智慧。沒有人想要任何人比自己對於實相有更多的洞見。政客反對我，宗教領袖反對我。就智慧而言，這是一個很好的經驗，可以看看這個世界有多麼毫無智慧。

如果我是錯的，那就證明我是錯的。那會使我快樂。

如果我是對的，就勇敢的接受它；那有助於人類的進化。但是他們甚至不打算聆聽。

這讓我想到我的祖父。整個家族裡，他是對我最友善的人。但他不是一個知識份子，他是個農夫。我常和他去田裡，他會在耳朵裡面放耳塞。我後來發現——有一天他的耳塞掉了出來。我說：「為什麼要戴耳塞？」

他說：「你會說些我不懂的奇怪話語，但我不想表現出不懂的樣子。然而和你交談是危險的，因為你會馬上反駁。所以我想了這個方法。你說你的；沒有人會聽到。我會同意任何你說的話，彷彿我有在聽你說話。」

「但是，」我說：「你可以直接說你不想聽。何必讓我白費口舌？而且你還得欺騙我。」

他說：「你現在會這樣說，但如果我說：『不要說話，』你就會反駁。而且我知道我說不過你。我老了，我喜歡聽你反駁，但有很多事我並不了解。」他真的很喜歡聽我反駁。他常帶我去⋯如果有任何聖人到了村裡，他會帶我過去，他會特地帶我過去，並說：「現在，開始吧；糾正他的錯誤！」

我說：「但是你不想聽我說話。」

他說：「我不想聽是因為我不想和你辯論，然後又說不過你——我是你的祖父！但是我非常喜歡看我的孫子糾正那些聖人⋯抨擊那些聖人，使他們在人們面前感覺非常尷尬。讓我很驕傲！」

關上大門的這些國家⋯門後是強大的政權，世上有史以來最強大的政權：美國和蘇聯。兩者都反對我。這是非常奇怪的，因為它們是敵人——至少應該要有一方站在我這邊。但是它們都反對我，因為我的直言不諱，而它們都依賴那些謊言——已經被重複了好幾世紀，以致於幾乎變成了事實。

耶穌甚至無法出生⋯那些人不知道他們拒絕的是誰——所以可以原諒他們。他們拒絕的只是一個窮木匠、一隻驢子和一個坐在驢子上的年輕妻子——懷了孕的。誰想要自找麻煩？他們不知道耶穌快要出生了，所以他們是在無知的狀態下做了一切。

但是那些對我關上大門的國家，它們並不是無知的；它們關上大門是因為它們很清楚，如果它們接受我，年輕的一代將會被我改變。我將帶給那些年輕人新的夢想和新的希望，這對那些老舊的既得利益者而言是危險的——政客、教士等等。他們在完全明白這個結果的狀況下做了這一切，現在這已經成了全世界的共謀——這是史無前例的。

過去從沒有發生過全世界一同抵制某個沒有任何權力的人，這個人唯一擁有的是他的洞見、他的雙眼和他的達成。但是這沒有什麼好難過的。事實上這是值得慶祝的，因為他們承認了自己的失敗。

他們承認自己是處於劣勢的。他們承認了——每個國家都在通知其他國家：「這個人很危險。」而我甚至沒有傷害過一隻螞蟻！他們說的危險是什麼？但他們沒有說謊，他們是完全正確的。那個危險就是我可以切除他們腐爛的根部。他們背著屍體；使全世界散發著惡臭。他們準備好核武以便來個全球性自殺。

我只是想喚醒他們：「你在你的睡眠中所做的一切是危險的。」

我們處於一個特殊的時代：

人類不是滅亡就是誕生出新人類。

對我關上大門的那些人是老舊的人——而老舊的人即將死去。他們已經活得夠久了。他們早就該死了；他們已經死了，只是因為舊有的動量使他們得以繼續行走。

我支持擁有完全不同特質的新人類。他們害怕年輕人——想要冒險、探索、來一場存在的新空間之旅的年輕人——會被我打動。根據他們的說法，年輕人會因為我而「墮落」。他們也在希臘用同樣的說法反對蘇格拉底——他的存在是危險的，因為他使年輕人和他們的頭腦墮落。

我在同樣的地方被逮捕。我沒想過兩千年後他們會對我冠上同樣的罪名——我不能繼續在希臘有任何片刻的逗留，因為我的存在腐化了年輕的一代。不論是蘇格拉底或是我都沒有使年輕的一代腐化。沒有任何言論可以證明他在腐化他們。沒錯，對老舊的一代而言是危險的，因為他說的一切是老舊的一代無法了解的、感到威脅的。

我對人們所說的一切是非常單純的…我只是努力喚醒他們，要他們用自己的雙眼看出舊有的一切正在死去、已經死去，現在是時候導入一個新人類的概念了。

舊有的概念是壓抑的。舊概念的基礎是恐懼。舊有的概念充滿了貪婪、野心和慾望。那就是為什麼好幾世紀以來，我們的生活一直從一個戰爭來到另一個戰爭。

三千年內，地球發生了五千次戰爭。其他星球的任何人都會認為這個星球的人瘋了！三千年內有五千次戰爭？而且沒有戰爭的時候，你們用來準備另一個新的…彷彿生命是為了戰爭、抗爭、死亡和殺害；然後繼續準備新的。現在他們已經來到了高潮，最終戰爭的準備。

某個人問愛因斯坦：「你是否可以談談第三次世界大戰？」

他說：「沒辦法，但我可以說些關於第四次世界大戰的事。」

發問者感到困惑。他說：「你無法說出任何關於第三次世紀大戰的事，但卻可以說出關於第四次世界大戰的事？為什麼？你在開玩笑嗎？」

愛因斯坦說：「不。關於第四次世界大戰，有一點是我可以絕對確定的：它永遠不會發生。但我無法說出任何關於第三次世界大戰的事。第四次世界大戰不會發生——第三次世界大戰就足以結束地球上所有的生命。不再有任何人能夠準備第四次世界大戰。」

我肩負著新人類的概念——不會有人被強迫成為其他人，不會有任何應該追隨的理想典範，而是有可以讓他實現潛力的自由。不會要他有任何野心。不會讓他接受任何會創造野心的教育——那是毒藥。但是會給他別的東西——歡樂、跳舞、使自己的生命充滿喜樂的能力…不和任何人競爭，而是自身的成長。

不會給他任何對天堂的期望，以便當他犧牲生命，就能進入天堂——沒有人看過，只是用來愚弄人們的虛構故事以便他們為了國家和宗教能犧牲自己的生命⋯也不會用地獄的概念來恐嚇他，因為地獄並不存在。

不受到天堂和地獄、恐懼和貪婪的束縛，這個你得到的短暫生命可以變成一個天堂。地球就是天堂。你可以享受生命的每個片刻，透過這些享受使你覺知到神。

你看出那個不同嗎？過去的人被教導可以透過折磨達成神：「折磨你自己，你的身體。」我看不出任何關聯；為什麼折磨可以使你達成神？折磨只會帶來更多折磨。它可以使你成為惡魔，但不會使你達成神。只有歡樂、喜樂、平靜、安寧和和諧可以經驗到神。關於這部分，不需要任何犧牲。

過去的所有社會都倚賴個人的犧牲；個人的存在是為了社會。

新人類將會轉變這一切。社會的存在是為了個人，不是反過來。個人是生命中最高的層次，社會只是用來幫助個人達成他自己。你不能說因為他的宗教需要他犧牲自己，因為他的國家需要他犧牲自己，因為共產主義需要他犧牲自己，因為法西斯主義需要他犧牲自己。犧牲它們來拯救個人。它們只是文字，而個人是實際的存在，有生命的存在，神的存在的唯一證明。

門被關上了，但是我會繼續找到別的方式。也許某扇窗是打開的。也許某個人夠勇敢，邀請我進去。在這個龐大的世界中一定會有這樣的人。如果耶穌在馬廄出生⋯即使是馬廄為我打開了大門，那也可以。我可以把炸藥放在我的話語中⋯從馬廄丟向整個社會。

無論我是否這麼做，這都將會發生。進化是不會停止的。也許會晚了一會兒，被耽擱了，但是它不會停止。只有盲人看不見牆上寫的字——進化是不會停止的。

所以是誰成為媒介並不重要，真理必須勝利，必須產生出新人類——那是唯一的希望，不是為了這個地球，而是為了這整個宇宙。

奧修，如果成道的想法是頭腦能對自己開的最後一個玩笑，那是誰在最後大笑？

沒有人在最後大笑。超越頭腦後不會有任何笑聲或淚水；而是永恆的寧靜。你經驗的和表達的一切都是頭腦的一部分，而成道會是最後一件事。在那之後，你會是宇宙的一部分。我不認為你有聽過海洋、雲或花朵的笑聲。整個宇宙不再有任何笑聲。

「奇怪，」你會這麼想。「如果有這麼大的喜樂，為什麼會沒有笑聲？」你必須要了解笑在心理上的意義。

首先，你必須了解除了人之外，沒有動物會笑。如果你遇到一隻公牛或母牛在笑，你會發瘋。那時就算是烏拉圭政府說：「留在這兒，」你也不會回頭——公牛和母牛會大笑的地方，夠了！你會以為不是世界瘋了就是你瘋了！只有人會笑。

任何沒有智力的生命也無法笑…因為它不了解事情的好笑之處。如果要笑，你得了解事情的好笑之處。公牛沒有足夠的智力去了解什麼是好笑的、荒謬的。

任何超越頭腦的人也無法笑，因為一切都被接受了；沒有任何事是荒謬可笑的。只有處於頭腦那小小的空間中，你才能了解荒謬可笑的地方，你才能大笑…而且你可以笑是因為你能夠哭，你能夠流淚，你能夠悲傷。大笑只是淚水的對立面。

生命是如此痛苦以致於你不會錯過任何可以笑的機會——因為生命是如此空虛，毫無意義。所以任何機會，事實上機會也不多…某個人因為香蕉皮而滑倒。你為什麼會笑？——因為香蕉皮滑倒的人並沒有做任何事。發生的事是正常的；任何人都會因為香蕉皮而滑倒。

但是任何機會…你不能錯過，你必須笑。生命如此痛苦，是因為這些小小的歡笑讓你能活下去。它們是有助的；所以不只會有痛苦，也會有歡笑——雖然它是如此微小，沒有太大意義。

超越頭腦後不再有任何痛苦；因此沒有必要笑。一旦你超越了頭腦，沒有人會在最後大笑。你超越了頭腦；頭腦沒有生命，它是無法笑的。因為不再有痛苦，所以你無法笑：你是整個存在的一部分，全然寧靜的存在。

仍會有無數的人因為香蕉皮而滑倒：存在不會去注意。沒有任何樹會因此大笑。一旦你成為宇宙的一部分，將不再有任何人笑或流淚；沒有人是分開來的實體。所以在成道前，你想怎麼笑就怎麼笑。

在那之前趕快笑！不要等，不要以為你在成道後可以大笑。盡可能的笑——但是要在那之前。不要延後你的笑並認為成道後有無窮盡的永恆可以大笑：「首先，讓我們先成道，然後我們可以坐下來大笑一場。否則還能做什麼？」

但那時就沒有必要笑了；笑的可能已經沒了。

頭腦創造了痛苦，為了保持平衡，它會找些事來笑——讓你快樂，在痛苦和歡笑之間保持平衡——因為如果是百分之百的痛苦，你會受不了；你會放棄生命。但你不會是百分之百的痛苦：有時候你感覺很好，有時候你笑，有時候你感到快樂，有時候你由衷的大笑。是這些使你保持理智，能夠承受痛苦。這是頭腦的把戲。

你越痛苦，你就越會找到更多好笑的事。猶太人擁有世界上最棒的笑話並不是偶然的，因為他們受了最多的苦。自從摩西帶他們離開埃及到現在，他們就一直在受苦——不同的國家、不同的種族和不同的方式。他們受了如此大的苦以致於必須發明某些東西，以便他們至少可以忘記片刻的痛苦。所以他們創造了最棒的笑話。

我很驚訝我們在印度沒有任何笑話。印度人說的笑話都是借來的；沒有一個來自於印度，它們都來自於其他國家。我找到的笑話沒有一個是真的來自於印度——因為印度有一個很寧靜、很沉默的過去。

過去幾百年來一直有侵略者，但是那沒太大影響，因為一萬年來的知足——在大自然中平靜的生活，和諧的，沒有任何革命、叛亂，無論情況如何都完全的接受。印度是一個大國，來到的侵略者數量相較下並不算多。就算那些侵略者都贏了；否則他們是不可能征服印度的。但是沒有人在乎；每個人都很滿意自己的現況。

即使到了今天，印度有一半的人在挨餓，如果你去看那些挨餓的人，你不會看到有人在抱怨。他們接受它：「也許這是我們的命。」那一萬年所帶來的知足仍然徘徊著。

奇怪的是印度過去所有的故事和戲劇都是喜劇，沒有悲劇。一萬年來沒有任何悲劇作品。偉大的師父、小說家、戲劇家、詩人一直工作著；偉大的文學作品被創造出來，但都是喜劇。每個故事的結局都是美麗的、美好的；沒有任何故事以悲劇收場。這些人自然不會有任何他們在受苦的想法。

但猶太人受了很大的苦；而且似乎是無止盡的，持續的受苦。現在因為基督教國家的政治策略而再次創造出來的這個以色列會是猶太人一個無止盡的受苦來源。而猶太人還不了解為什麼二次大戰後，基督教國家這麼熱衷的要將耶路撒冷還給他們——因為這對基督教而言也是一個聖地；他們可以讓它成為自己的聖地。為什麼要還給猶太人？——還給在那兒好幾世紀來都沒有任何權力的人。那是一個回教國家，而且周圍有許多回教國家。

把它給與猶太人是基督教國家其中一個最過分、最卑鄙的行為。那表示它們將猶太人置於一個會持續被折磨的局面。回教徒無法容忍他們；他們會折磨猶太人、和猶太人爭鬥——而且他們佔大多數。而猶太人會一直向基督教國家乞求。所以對於基督徒和回教徒而言是一種娛樂——貶低猶太人，使他們乞討戰爭所需的一切。而且他們的需求會是持續不斷的，因為回教徒不會和平的離開以色列。

現在以色列就像個傷口，全世界所有的猶太人都在投入他們的金錢和財富，為了使以色列存續下去。首先，它不會存續下去。其次，它會讓全世界的猶太人投入所有的一切讓以色列存續下去。所以他們會失去所有的金錢和生產力。他們會將所有年輕人派去那兒戰鬥，然後被殺害、被綁架。

現在這是基督教國家一個重要的策略。沒有人說出來。我現在把它說出來——好的。為什麼需要一個國家？猶太人待在美國或其他國家都很快樂。有什麼需要擁有自己的國家？——而且一個國家將會是持續不斷的麻煩，將會用掉猶太人所有的能量，將會使他們一直拿著缽向基督教國家行乞。

一方面，回教徒將會摧毀他們、侵略他們。另一方面，猶太人將會投入他們創造的一切，而那一切將會浪費掉，而且他們會一直向基督徒乞討。如果你深入了解這件事，你會發現政客有多麼卑鄙，非常的卑鄙。

印度沒有很多猶太人，非常少。有個猶太人成了桑雅士——一個印度裔的猶太人。我問他：「經過了四千年的折磨，你仍然認為你們是上帝選出來的子民嗎？」

他說：「我認為我們是上帝選出來的子民，但是我們不想再當這個子民了。應該讓別人來當。已經夠了！我們已經背負這個重擔有四千年了。現在我們不想再成為上帝挑選出來的子民——應該讓別人來負這個責任。」

他是對的。他是一個老人，這個上帝選出來的子民的想法和四千年來持續不斷的受苦和謀殺、毒氣室…光是希特勒就殺了六百萬個猶太人。這就是成為上帝選擇的子民的禮物！

我對我的桑雅士說：「只要當普通人。不要成為特別的。只要完全平凡單純的。」猶太人的歷史可以讓你明確了解到當你開始認為你是被選出來的人，問題就產生了。每個人都會反對你，因為他們都認為他們才是被選出來的人。

希特勒本來不會殺掉六百萬個猶太人…他必須這麼做，因為他認為亞利安人，德國人，才是上帝選出來的子民，而猶太人只是其他的競爭者。所以只有一方可以存活——德國人或猶太人。活下來的一方會證明上帝拯救了祂選出來的子民。

但是這個痛苦，雖然是巨大的，卻將美麗的笑話帶給全世界，而猶太人可以藉由笑話、故事、不太去注意周遭發生了什麼事來忍受各種痛苦。

一旦你超越了頭腦的邊界，就不再有大笑的問題…只有永恆的寧靜。

第三十章 愛的可能

奧修，你是否可以再談談愛，你怎麼看待它？在加德滿都的時候，當你說到超越愛—恨的兩極性時讓我非常感動。我非常感激你，因為你對我說，給予愛就是我的靜心。

沒有人是一座孤島。必須記住這是生命其中一個基本的法則。我強調這點是因為我們很容易忘掉這點。我們都是同一個生命力的一部分，同一個海洋般的存在的一部分。深入到根部，我們都是一體的，因此愛的可能性產生了。如果我們不是一體的，就不可能愛。

你可以喜歡一個房子，但是你無法愛它。你可以喜歡任何東西，但是「愛」並不適合用來代替喜歡。愛只為那些處於同一個進化梯階的人而保留。

第二個要記住的是，進化透過兩極來運作。就如同你不能用一隻腳走路，你必須用兩隻腳…存在也需要相反的兩極——男人和女人，生和死，愛和恨——來創造出動量；否則，一切會是寧靜的。一方面，相反的一方會吸引你，另一方面，會使你依賴。沒有人想要依賴；因此愛人之間會持續的衝突：他們試著要支配對方。名義上是愛，但這個遊戲是一種政治。

男人的努力是支配女人，使她處於劣勢，而不是讓她成長，於是她會一直是遲鈍的。數千年來，男人對女人做的一切是醜惡的：沒有接受教育——她不能看神聖的經典。她不能認為自己和男人是平等的。她受到如此深入的制約以致於即使你說她和男人是平等的，她也不會相信。那幾乎變成她的頭腦——那個制約變成她頭腦的一部分，她在各方面都是較差的：身體的力量、智力的特質：男人創造出的社會使他變成了保護者，而女人變成了被保護者。

印度教的經典說在童年時，父親應該要保護女兒；在年輕的時候，丈夫應該要保護妻子；在老年的時候，兒子應該要保護母親。但她一直是要被保護的人，而男人是要保護她的人。他使她是虛弱的、未受教育的、未開化的；他使她在社會中無法有任何進展。而他做的最糟的事是，他奪走了她的自由，她的經濟自由，那切斷了使她可以自由的根。她必須依賴；她無法靠自己謀生。

好幾世紀以來，這裡面一直有一個原因，因為女人必須成為母親。而且十個小孩有九個會死掉，所以直到更年期之前，女人幾乎所有的時間都用來懷孕。她要怎麼工作？她要如何賺錢？她要抱小孩，還要關注其他的小孩，照顧他們，照顧房子。簡而言之，男人使女人變成奴隸——而且是非常廉價的，不是用購買的。你可以了解其中的諷刺：

在印度：我想在其他的國家，同樣的事情也以不同的方式發生著。在印度，如果生下來的是男孩，會有樂隊、舞蹈、歌唱歡迎他的到來，這樣全村就知道生下來的是男孩。如果生下來的是女孩，就不會有任何慶祝。這樣的安靜會使全村知道生下來的是女孩。

父母的問題是什麼？對他們而言，女孩或男孩應該是一樣的。問題是兒子長大可以賺錢，可以在他們年紀大了幫忙他們，可以繼承家業。女孩，相反的，則是經濟上的損失。你要餵她，給她穿衣服——當你要讓她出嫁，你必須提供嫁妝。奇怪——她將要變成奴隸，而父母還得付錢：「請接受我女兒成為你們的奴隸。」嫁妝就是他們付的錢。一般而言，奴隸是買來的，購買者必須付費。

在女人的情況中，女方的父母卻必須付錢——把女兒給對方，並付了足夠的金錢。

但女人並不願意——沒人願意——依賴別人。沒有人想要成為奴隸。沒有人想要是比較差的。人是不同的；優等和劣等的問題是荒謬的。於是她開始無意識的報復。她無法愛那個把她當成財產的人，無法愛那個不把她當成和他一樣平等的人。

有一個印度教聖人——我不稱他是聖人，但印度教徒膜拜他，和其他聖人的書相比，印度教徒最常看他的書——圖希達斯。他用非常醜陋的詞語譴責女人。他說如果你想要控制女人，你必須偶爾打打她；任何藉口都行。使她害怕。不能讓她與你平等，不能和她有任何友誼。而這被稱為——好幾世紀以來——「愛」。

女人在生氣——當然，無意識的——她會因為小事爆發。無論她能做什麼，她就會做。她不能打丈夫，因為她被告知：「妳的丈夫是妳的神。妳不能打他，妳必須膜拜他。」於是她打自己。沒有選擇，她只好在憤怒中毆打自己。

我剛開始批評甘地的時候，我說他所用的只不過是老式的、女人的手段。你無法和英國對抗，你沒有權力，你甚至沒有這樣的渴望。他的非暴力、消極的抵抗，只不過是女人一直在做的。但是沒有人把創造非暴力哲學的功勞給予女人！當她生氣時，她不會打任何人，而是折磨自己。把女人貶低到這種情況的男人也不可能會愛她。

只有在平等中、友情中，愛才能存在。

當女人不再被男人奴役，這種自由，男人也會經歷到。所以我說女人的解放運動不只是女人被解放，它也是男人的解放運動：雙方都解脫了。是那個奴役在束縛雙方，所以會有持續的對抗。女人找到自己的方法去騷擾男人、對他嘮叨、把他壓下去；男人有自己的方法。在彼此對抗的雙方之間，我們一直希望愛會發生。好幾世紀過去了——愛沒有發生，或者偶爾才會發生。

這是一般的愛，只是名義上的，不是實際發生的。

如果你問我對於愛的看法：它不只是一個辯證或對立的問題。男人和女人是不同的，是互補的。男人是其中一半，女人是另外一半。只有在一起，一體性的深入感受，他們才會首次覺得是完整的、圓滿的。但是要得到這樣的完整，你必須超越愛－恨的二分性。

然而你擁有超越這個二分性的能力。現在它們同時出現在你的生活裡：你愛的人，你也同樣恨她。所以早上是恨，晚上是愛——這會令人困惑。你甚至不了解你是愛她還是恨她，因為你在不同的時間做這兩件事。

但這就是頭腦運作的方式，它的運作是矛盾的。進化也是透過對立來運作——在存在裡，這些對立並不是矛盾的，它們是互補的。但是在頭腦裡面，矛盾就是矛盾。頭腦無法了解任何非矛盾的事，它不知道那個不存在對立的東西就在它的背後。

但我們一直被教導、被告知、被制約，即使像愛這樣的東西也必須由頭腦來處理。但它是屬於心的，只是我們的社會一直試著忽視心，因為心不是邏輯的、不是理智的。而我們的頭腦接受的教育是，任何不合邏輯、不合理的事情都是錯誤的，只有合乎邏輯才是對的。我們的教育系統並沒有留給心任何空間；一切只有頭腦。心已經從我們的存在中被移除、默不作聲。它從沒有機會成長，沒有機會發揮潛力而成為真實的。因此頭腦支配了一切。

就金錢而言，頭腦是有幫助的；就戰爭而言，頭腦是有幫助的；就野心而言，頭腦是有幫助的——但就愛而言，頭腦是完全沒有幫助的。金錢、戰爭、野心——你不能把愛和它們放在同一個種類。

在你的存在中，愛有一個分開來的源頭，在那兒是沒有任何矛盾的。

真正的教育不會只教給你頭腦的部分，因為頭腦可以讓你過著很好的生活，但不是美好的生命。心無法讓你過著很好的生活，但是它可以帶給你美好的生命。沒有必要選擇其中一者。該使用頭腦的時候就使用頭腦，該使用心的時候就使用心。

心是超越二分性的。

心不知道嫉妒——那是頭腦的產物。心是充滿愛的，它會去愛，不會害怕愛會消耗殆盡。我們可以用愛填滿全世界，但是我們幾乎都殘廢了。在我們的成長中，心被忽略了；它沒有扮演任何角色。

這個教育系統是如此醜陋：但這是可以理解的。宗教團體、政客、商人、軍人——他們都想要頭腦受到訓練。而心會是個阻礙——它一定會是個阻礙。如果你是軍人，卻又有一顆心，那你就無法殺掉敵人，因為當你拿著槍對著他時，你的心會說：「就如同你有一個妻子在等著你——你的小孩、你年老的父母——這個可憐人的妻子一定也在等他。他的小孩，他年老的父母在等他回家。他沒有對你做任何事，而你卻要殺掉他。為什麼？——讓軍事學校頒獎給你？為了晉升？」

心會造成阻礙。最好還是讓軍人忘掉他們的心，這樣他們就能像機器人一樣的殺人，不會有任何感覺。

追逐金錢的人不想要心，因為心會造成阻礙：它無法剝削人。

我的父親是個小商人︰他是一個非常單純的人。有一次有個客人來找他——我的祖父在那兒，我叔叔也在那兒，但是任何跟我父親買東西的人都只會再找他買東西。我祖父說：「但我們在這兒。你想要什麼？他去吃午餐了。」

他會說：「我會再回來。我只想跟他買東西。」因為他會把成本告訴他們。「我賺的錢是這些。如果你覺得我賺的錢太多，可以直接說。如果我能少賺點，我就告訴你。但我賺的錢是最少的；你可以去市集裡面問。」

他們說：「你是唯一會把成本告訴我們的人。你賺多少錢也會告訴我們，你賺的錢是如此少以致於我們無法砍價。畢竟你也要生活。但是沒人會這樣做；甚至你的兄弟、你的父親——沒有人會把成本告訴別人。他們只會說：「這個東西賣多少錢。」我們不知道他們賺了多少錢。」

全家人都在反對我父親這樣做。他們說：「這不是做生意的方式。這不是慈善事業。你原本可以賺更多錢——但你卻把成本告訴別人！而且他不是在問你成本，他是在問你要賣多少錢。」

我父親說：「我無法去騙人、剝削人。而且拿那麼多錢要做什麼？我們已經賺到需要的錢了。越多錢會帶來越多麻煩。」

但是沒有人會同意他，如果有新客人來到，我的祖父會告訴我父親：「你進去。不要壞了這門生意——讓我來處理。」我的祖父會賣雙倍的價錢。如果那個東西值十盧比，他會賣二十盧比，然後再討價還價，然後在接近十五盧比的時候，雙方達成交易。雙方都會很高興：祖父會因為賺到五盧比而高興，客人會因為少付五盧比而高興。

當我有空的時候，我常會坐在店舖外面。那個人離開時，很高興自己省了不少錢，我會說：「你這笨蛋！你買的東西只要十盧比。如果你跟我父親買只要十二盧比，因為他不會要更多。你多付了三盧比卻還很高興。」

他會說：「我被騙了！」

我會說：「至少你討價還價了，你試了各種方式。你享受到了，你離開時帶著微笑。」

那個人說：「你讓我心情變很差。你是誰？」

我說：「我誰都不是，我只是坐在這兒叫新來的客人去找我父親買東西。不要跟其他人買；否則你會多付錢。」

我的祖父會對我很生氣並說：「你是站哪邊的？你是你父親的代理人嗎？」

我說：「我不是任何人的代理人。我只是看到發生的事和不應該發生的事。你叫我父親進去裡面，但你忘記我坐在外面。」

心會錯誤的處理社會想要的一切：剝削、算計、控制、服從、依賴、犧牲——這個名單有好幾哩長。如果心能和頭腦一起成長，那頭腦就無法令人做出殘暴的行為和殺人。但是連宗教領袖都還沒準備接受心。他們談論愛，但那只是談論。他們摧毀了愛的源頭，然後談論愛、進行愛的傳道。

我的村裡有一個小教堂，但沒有很多基督教徒。我常去教堂，牧師很驚訝，因為我是唯一會去教堂的非基督教徒。我們變成了朋友。

我對他說：「你談論了這麼多關於愛的事，但是我看到你在打你的妻子，我看你不斷和鄰居爭吵。我甚至看到你踢了一隻沒對你做任何事的狗。牠走在路上剛好經過你——我不知道是什麼原因讓你要踢那隻狗。多麼奇怪的基督教教義！」

他說：「你不了解那隻狗。」

我說：「我知道那隻狗，因為我也住在那兒。牠從未攻擊過任何人。如果牠咬了你，那就沒問題，但是你沒有任何原因就踢了牠。」

他說：「你不了解。這些流浪狗」——你在印度到處都會看到牠們，牠們沒有主人——「如果你不打牠們，不踢牠們，牠們就會占你便宜。牠們會跟著你，牠們會搖尾乞憐。等你察覺到，牠們已經圍繞著你的房子，然後只能給牠們一些東西吃……」

牠們常常挨餓，因為在印度，你不能殺牠們。市政委員會、財團法人會介入，不能餵牠們吃毒藥以便結束牠們的生命。如果牠們沒有飼主，不應該讓牠們在路上徘徊，但是在印度，你不能殺生。他是在為自己踢那隻狗找理由。

我說：「我不認為你的理由是對的。你其實是想踢那隻狗。你因為某些事生氣；那隻狗剛好成了發洩的目標。牠什麼事都沒做。」

他說：「你怎麼知道？」

我說：「那隻狗走在路上——我正在看牠。牠沒有對你做任何事，牠甚至沒看你一眼。牠是一隻印度教的狗，而你是基督教的牧師——牠甚至沒對你吠叫。不可能有任何交集。你踢了牠，而牠在挨餓。一定是某件事使你想要發洩，對象不重要。你想要施展暴力。」

他說：「也許你是對的。我在生小孩的氣，但是我不能打他，如果我打他，他會離家好幾天。然後我們會陷入麻煩。我們必須報警，然後警察會生氣：整個城市裡面只有你的兒子會走失。這不是一個很大的地方，沒有人會綁票，而且為什麼要綁架你的小孩？——你是一個窮牧師。你一定是對他做了什麼事。」

他說：「確實。我想打他，因為他摔破一個耶穌雕像。」

我說：「你應該想想耶穌基督——我聽你說過——耶穌說：「愛你的敵人。」我想他忘記說：「如果有人破壞我的雕像，原諒他。」雕像破了，不是很嚴重的事——你不可能有很貴重的雕像。」

人對很多事情感到憤怒。他努力為生活打拚。他不會都很順利，不會有人一直是順利的——因此他是憤怒的。他回家後把憤怒發洩在妻子和小孩身上，而這些人是他相信和深愛的人。

甚至宗教領袖也不想要你的心對實相敞開，因為那會使你的行為、你的思想產生巨大的轉變，他們不想要這樣。他們要你跟隨傳統、守舊。對錯並不重要；因為它是古老的，所以它是令人尊敬的。

心不知道任何和過去、未來相關的事；它只知道現在。心沒有時間的概念。它可以看清楚一切，而愛是它的天性——不需要任何訓練。而且這樣的愛不會有對立的恨。

我在談論的是超越愛和恨的愛。來自於頭腦的愛是愛—恨。它不是兩個分開的字，而是一個字——愛恨——甚至沒有連接號。而來自於心的愛則是超越所有二分性的⋯

每個人都在找尋愛。但是他們用頭腦找尋，所以會是痛苦的。每個愛人都感到失敗、欺騙、背叛。但是錯不在任何人；實際的情況是你使用了錯誤的媒介。就好像某個人用眼睛聽音樂，卻因為沒聽到音樂而發瘋。但眼睛不是用來聽的，耳朵也不是用來看的。

頭腦是非常講求效率的、計算的機制；它和愛完全無關。愛會是一團混亂，它會打擾到頭腦裡面的一切。

心和效率無關——它隨時都在放假。它可以愛，它的愛永遠不會變成恨；它沒有恨的毒藥。

每個人都在找尋，但是用了錯誤的媒介；因此全世界的人都失敗了。慢慢的，了解到愛只會帶來痛苦，人們開始封閉自己：「愛只是胡說八道。」他們創造出反對愛的深厚障礙。但是他們將會錯過生命中所有的喜悅；他們會錯過所有珍貴的一切。

只需要改變媒介。

有一首烏都語歌曲：有的歌不是每個樂器都能演奏的。有些音樂需要正確的樂器。愛是音樂，而你擁有那個樂器。但因為心在挨餓，所以你的生命是痛苦的。而且你持續使它越來越痛苦，因為你不斷犯同樣的錯——一個錯誤的樂器，你試著用錯誤的樂器來演奏那個音樂。

奧修，「皈依佛」，在印度，佛沒有任何立足之地。「皈依僧」，在美國，「僧」被摧毀了。「皈依法」：鍾愛的師父，你要填上空白的部分嗎？

這段經文是重要的。「皈依佛」一直在那兒，沒有聲明的。它發生了，不需要去談論和師父在一起，除了「皈依佛」之外，沒有別的方式：我來到覺醒者的腳下。只有在這樣的謙虛中，你才能成為師父的經驗和他生命的一部分。在美國的社區裡，「皈依僧」並沒有被摧毀。社區被摧毀了，但這句經文是無法被摧毀的。

如果你愛師父，你就無法不愛上那些愛你師父的人。你怎麼可能不愛？你選擇了師父，某個人也選擇了師父；你突然發現你們都走在同一條路上，你們透過同一個師父、同樣的能量而連結。就物質的部份而言，社區是可以被摧毀的，但不是精神的部分。

那些在美國認為他們已經摧毀社區的人不過是愚弄了自己：社區已經散播到全世界。現在我們可以宣稱全世界都是我們的社區。是因為我們的慷慨而讓其他人也住在那兒，他們遲早會成為社區的一份子！他們是我們的供給來源，不然我們要從哪兒得到新的桑雅士？我們的桑雅士對一切是如此清楚以致於他們不打算生小孩；他們沒有時間。靜靜的坐著，不做任何事：小孩不會自行來到！有些事必須被完成，我們的桑雅士沒有興趣去做任何事。所以不會有任何小孩，只有綠草在生長。

我們需要新的桑雅士。靜靜的坐著，不做任何事，等待春天來到，享受著綠草的生長，有這麼多人不知道其中的奧秘。他們從不安靜的坐著，他們總是在做某件事──他們會替我們的桑雅士生小孩，所以我們允許他們留在地球上。否則，我們早已散布在整個星球。

所以沒有任何東西被摧毀，那個概念是無法被摧毀的。即使這兒只有你們幾個人，這兒就變成了「僧」；變成了同修的聚集處。你們對同一個師父的愛會創造出一種奇特的整體性。你們彼此之間並未直接聯繫過，但是你們透過我而相互聯繫。直接的方式使你們有時候會發生衝突，但是透過我，你們無法發生衝突；我會中和你們的衝突。

「皈依法」──這是最後一段經文。那就是我們在探尋的、我們在尋找的。法的意思是真理，最終的真理。前兩個步驟只是幫助你們走到第三步。

有一個蘇菲團體稱自己是「尋找者」。還有另一個蘇菲團體稱自己是「建造者」，他們都擁有美麗的名字；你無法想像他們和宗教有任何關係。但是建造者透過建造而抵達最終的星辰；尋找者透過尋找：他們選了這些名字，這樣宗教組織就不會感到被冒犯。

如果你到了中東，你對任何人說：「我想要去某個蘇菲學校，」他們會聳聳肩，因為沒人知道你的意思。進入蘇菲學校是困難的，除非你意外遇到一個和他們有關的人，才能帶你去找師父。

但是你會感到困惑，因為蘇菲師父為了避免迫害和騷擾，他們過著非常平凡的生活。有的人是織布工，有的人是陶匠，有的人賣香水，有的人做別的事——你不會知道這個人是一個蘇菲師父。到了晚上，在某個人的房子裡，你會看到同一個人和他的門徒坐在一起。你會無法相信，因為這個人，雖然是同一個人，散發著某種東西，那是白天你在他們工作時不會看到的。蘇菲派有辦法不讓人看出他們是師父，這樣他們的工作就可以持續安靜的、秘密的進行著。

工作是一樣的，無論是誰在做它。

這就是「皈依法」——渴望了解真理，成為真理。

如果一個人沒有這樣的渴望，那他就不算是人。

第三十一章 最終的里程碑

奧修，當我遇到困難，我來到此時此地尋求庇護。在這個當下，一切是靜止的，這是我處於重要關頭的唯一方式。然而我懷疑自己是否在逃避實際在發生的事：只考慮自己的想法。鍾愛的師父，請幫我了解哪個才是真實的。

永遠不要聽從頭腦。頭腦是最厲害的騙徒。如果你在當下感覺到安靜和靜止，這個經驗是如此的珍貴，頭腦無法介入評斷。頭腦是遠低於它的。

頭腦一直是屬於過去或未來的。無論是記憶或想像，它不知道任何關於當下的事。然而所有的一切都處於當下。

頭腦是乞丐。它不斷希望明天一切會更好，黃金般的時代將會來到……或者黃金般的時代已經過去，未來只是一片黑暗，沒別的了。這是頭腦擁有的兩個可能性。關於當下，無論頭腦說了什麼都是謊言，因為它沒有經驗過；它永遠無法進入當下。因為它的本質就是要待在過去或未來。

因為頭腦沒有經驗過當下——也無法經驗到當下——一旦它對當下有任何評斷，不要理會它。而寧靜是屬於當下的，喜悅是屬於當下的，狂喜是屬於當下的。

頭腦只能做一件事：創造懷疑。它無法直接說：「你經驗到的一切都是錯誤的。」因為那個經驗是超越它的，但是它可以說：「你在逃避過去發生的，或者將要來到的，未來。」它會譴責你在逃避現實：「你害怕生命。生命是巨大的；當下是渺小的。生命是浩瀚的。不要為了享受短暫的寧靜、喜悅和安定而逃避生命。」表面上聽起來是符合邏輯的。

但生命是由當下組成的；沒有過去的生命，沒有未來的生命。無論是何時的生命，它一直是處於當下的。

用這個二分法：生命總是在此時此地，而頭腦從不是在此時此地。這是東方其中一個最重要的發現，就你的主體性、就你的存在而言，頭腦是完全沒有用的。

頭腦對於客體是完全沒問題的，然而一旦和生命扯上關係，它甚至會懷疑生命是否存在。它開始創造出一種生命只是個副產品的哲學。

唯物論是一個老舊的哲學，其中一個最愚昧、最死氣沉沉的哲學。從印度的查瓦卡開始，五千年過去了，一直到馬克斯，同樣的東西一直用不同的語言重複著——生命只是個副產品，它本身沒有任何存在。人只是一部機器，純粹的物質。只是某個化合物，創造出生命和意識的幻象——它們是連帶的現象。

對我而言，唯物論似乎是世界上最沒進展的思想體系，因為五千年來，它沒有產生任何新的論點——同樣的老舊慣例。但頭腦非常高興，因為這樣就不用靜心了——頭腦非常害怕它，因為就頭腦而言那是在自殺。那就不需要處於當下了。但是你將會錯過一切，錯過整個存在準備要給你的寶藏。

每當你有了超越頭腦的經驗，頭腦就會創造懷疑、質疑它，使你看起來很尷尬。這是它老舊的伎倆。它創造出來的任何東西都無法擁有當下所創造出來的特質。事實上，頭腦是沒有創造力的。生命中任何層面的所有產物都來自於無念——最偉大的畫、音樂、詩——所有美麗的、使人們有別於動物的，都來自於那個短暫的瞬間。

如果你有意識的進入它，它可以引領你成道。如果是無意識的，意外的，它發生了，它仍然可以使你擁有浩瀚的寧靜、放鬆、平靜和智慧。如果只是個意外…你進入了聖殿，但卻錯過了，只要再一步。那就是我對所有具創造力的藝術家、舞者、音樂家、科學家的認知…只要再一步。

神秘家進入當下的核心而找到黃金鑰匙；他的一生變成了神性的慶祝。無論發生什麼事，他的喜悅都不會受到影響。

但除非你進入那個聖殿，否則即使在最後一刻，頭腦仍會試著把你拉回來：「你要去哪兒？這是瘋狂的！你在逃避生命。」

但頭腦從未給過你任何生命。它從未讓你經驗過，從未讓你了解什麼是生命。它從未揭露出任何奧秘。但是它不斷把你拉回來，因為一旦你進入了聖殿，它會被留在外面，你脫掉鞋子的地方。它無法進入聖殿。那不是它的能力和潛力可做到的。

所以保持警覺。當頭腦對你說你在逃避生命，就對頭腦說：「生命在哪兒？你說的是哪個生命？我是在進入生命，不是逃避生命。」對頭腦要非常警覺，因為那是你內在的敵人，如果你不是警覺的，那個敵人會摧毀成長的所有可能。只需要一點警覺，那頭腦就無法造成任何傷害。

奧修，在前兩天被放進洗衣機後，今天我感覺好像被判暫緩執行死刑。這是如此驚人的、甜美的

洗淨經驗，讓我們自己被旋風控制，無論是被衝撞或圍繞在你身邊⋯一個人只能暗暗吃驚，發現自己融入到另一個盡頭。我不認為這算是一個問題，只是一個說「啊啊啊啊」的方式！

啊哈！這不是問題；那我就不用回答了。太棒了！謝謝！

奧修，當我聽你說大笑可以讓我們在痛苦中有個短暫的釋放，我的頭腦無法了解。就好像當我們大笑時，整個房間充滿了歇斯底里，而我仍然在問自己：「發生了什麼事？」

你可以看到發生了什麼事！那看起來會像歇斯底里。例如，當你了解某件事而放聲大笑，一種痛苦中的放鬆，一個巨大的能量被釋放了。每個了解都釋放了你裡面累積的能量。

例如你不會笑一整天——只是偶爾。你不會愛一整天——只是偶爾。在這些巨大的間隔中，能量會怎麼運作？它會累積，如果你了解某個現象，將會有一個很大的釋放，那個釋放是如此強烈以致於會感到歇斯底里。但它不是歇斯底里；那是讓隨時會造成歇斯底里的能量有一個很大的釋放。

你可以看到瘋人院的人連續笑好幾小時，笑得如此激烈以致於流下淚水。他們發瘋是因為他們無法透過健康和均衡的方式去釋放自己的能量。

你裡面累積的那些能量是一個潛在的危險——而你們的社會都在壓抑。每件事都得遵循風俗和禮儀；你永遠無法由衷的大笑。社會不允許。

似乎在社會中，一代又一代，一直在擔憂讓所有人抒發自己的能量是危險的，因為充滿了憤怒、暴力、嫉妒、自我毀滅的本能和很多東西。如果這些都被允許，每個人會發瘋——他將無法控制它們。所以我們整個社會都在依賴控制和壓抑。但是它沒有創造出美麗的人類。它也許避免人們發瘋，但那是一個消極的現象——它沒有創造出神智清醒的人。

我的方法是單純的：能量不該被壓抑，而是要抒發出來，你應該要找到抒發它們的方法，那些方法將會變成有創造性的。

在印度時，我常去監獄和犯人談話，其中一個我了解到的最特別的事是，這些犯人比外面的一般人還要單純。剛開始會讓人感到困惑，因為這些人是罪犯：有的是殺人犯，有的是強姦犯。他們做了各種違背法律、不利社會、違反治安的事情，但是他們看起來很單純，而且他們有一種平靜的氛圍。你無法從他們臉上連結到暴力、謀殺和強姦——沒有徵兆。在外面的世界，你可以站在路上，從人們臉上看到他們在壓抑的各種罪行。

事情很明顯：這些人沒有壓抑。他們只是做了心裡所想的；他們直接做了那些事。他們沒想到法律和社會；社會自然不能容忍這些人。必須把他們當成罪犯，必須懲罰他們。這是一種報復。

我問了那些監獄的典獄長…因為我居住的那個省，省長是一個非常單純的人，幾乎像小孩一樣。他不是政客。他開始執政…因為英國政府離開，那不是只有政客掌權的問題。第一代的政客幾乎都沒有接觸過政治，因為印度幾乎有兩千年不是自由的，所以沒有任何執政經驗。而且這些人是因為他們的特質而被選上——特別是省長，因為他們不是民選的。他們是總理指派的。

總理本身是一個非常單純的人。我思考的方式非常吸引他，他常對我說：「只要做一件事：當我死了，只要告訴神，我不是壞人。」

「但是，」我說：「神不存在，就算存在，我也無法直接和祂溝通！」

他說：「我不相信你，你無法欺騙我。你必須答應我，當我死了，你會告訴神：這個人不是壞人。」

我說：「這是個奇怪的想法！我從未說過神存在，我也不認為你需要我幫你說好話。你是個好人；只有壞人才需要別人幫他說好話。」但是他很單純，他說：「你是否可以去監牢看看，去幫助這些人……」

我那時有空，於是我開始去探視監牢。我問那些典獄長：「是否有任何殺人犯、強姦犯或犯了其他罪行的人發瘋過嗎？」答案一直是沒有。

我說：「你有想過嗎？——為什麼外面的世界有人會發瘋？如果你的宗教理論、宗教和你所謂的哲學是正確的，那這些人才是應該發瘋的人，因為他們做了一切你認為不對的事。但他們是如此單純和天真。」

他們說：「我們沒有想過。」似乎沒有人在意人類的進化。這些犯人是如此單純，因為他們沒有壓抑任何事；那是他們單純的地方。因為他們沒有壓抑，所以發瘋是不可能的。

我不是說每個人都應該開始犯罪以避免發瘋、以便成為單純的人。我要說的是這可以讓你了解到能量不應該被累積起來。它們應該要被利用。如果我們住在一個正確的社會，能量的使用將會是很有創造性的。同樣殺人的暴力可以用來雕刻出一個美麗的佛像，因為對雙手而言，無論你是砍了某個人的頭、雕刻或伐木，都只是在釋放能量。對於雙手和能量而言並不重要——只是能量被釋放了。

我認識很多印度的獵人——偶然的，因為我在印度到處旅行，我常在一個邦主的皇宮裡作客。這些邦主——在印度有好幾百個——他們的孩子和兄弟都是獵人。他們有自己用來打獵的森林。但是我發現他們是非常有人性的。他們的打獵會用掉他們的暴力。你可以看到他們的臉上沒有任何緊張的感覺。

但狩獵動物是暴力的。我們可以找到其他方式來使用能量，同時又不會傷害到任何生命；相反的，創造出某個美麗的東西。

在我們的其中一個治療團體中，有個人的手骨折了，因此外界對我有很大的反對聲浪——雖然我沒有涉入其中；我沒有在任何治療團體中出現過。但是沒有人問過那個骨折的人的想法。

我打電話給他：「你感覺如何？」——骨折已經治好了，石膏被拿掉了。

他說：「我很驚訝。我一直感覺想殺人。自從手骨折後，那個感覺消失了。我不知道發生了什麼事，那是怎麼發生的，但從那時起，我就非常謙虛；在那之前我是一個非常驕傲的人。」也許他的手在累積暴力，而他在壓抑。那個骨折釋放了能量。

世界各地的新聞都在譴責我，說我的治療團體在使用暴力。但是我很驚訝：沒有任何記者想去採訪那個人，詢問他的感覺。他的感覺是完全不同的。發生了這件事使他覺得很幸運，因為他從童年起所背負的重擔消失了。

所以有一件事：我們應該要了解每股能量——它的機制、它的運作方式——並讓它抒發出來。

我有設計一個大笑的靜心，很多人來找我，他們說他們從未有過這樣的經驗，幾乎像吃了迷幻藥。然而那並沒什麼：只是一群人坐著開始大笑。會有一個人先開始，然後自然會帶動其他人；其他人會跟著笑，因為「這個笨蛋無緣無故就笑了起來。」然後剩下的人會笑他們，很快就成為一個集體的無意識現象：每個人都會笑，彷彿他們從未笑過，但一直想要這麼做。

那看起來是歇斯底里的，因為他們想要停下來，但是他們停不下來。他們打開了一扇無法關上的門——那使他們更想笑。「這很奇怪！沒有發生任何事，沒有什麼好笑的，而我卻笑得像瘋子一樣。」這會使他們笑得更厲害！這是有傳染性的。在一小時後的大笑，他們都放鬆了，因為他們累了，但是有一個很大的平靜：他們釋放了除非有適合的場合否則社會不允許你釋放的能量。

你們必須看電影、看書、八卦，沒有任何意義，只是為了釋放能量。但為什麼不直接釋放？坐在某個角落開始釋放。你會覺得很困難；那不困難。那很簡單。一旦你開始這麼做，它會自行成長。

我設計了很多靜心，只是為了幫助你卸下重擔。任何看到的局外人都會想：「這些人瘋了！他們為什麼在笑？」——彷彿能量的抒發還需要原因。它必須被抒發。所有的能量都必須被抒發。那些可以有創造性的事，讓它們是有創造性的；那些無法有創造性的事，讓它們是無害的。你會驚訝，當你釋放了能量，你就卸下了重擔，你變成神智清醒的人。那你就減少了一點發瘋的可能性。

其次，你會發現更新鮮的能量從你裡面升起。我們不斷藉由食物、呼吸、運動、太陽、月亮和星星在自己裡面創造出能量，能量從每個地方注入到我們裡面。你一直攜帶著陳舊的能量，因為你沒有為新的能量留下任何空間。擁有新鮮的、新的能量總是好的，因為那會使你更年輕、更新鮮、更有智慧、更警覺、更天真。

這個靜心看起來是歇斯底里的——但它不是。它是在釋放歇斯底里；否則那會留在你裡面。如果你感覺有任何那樣的東西在你裡面，這是好現象，只要坐在你的房間然後大笑。那是你的房間，沒有人可以干涉你，除非有人想要加入——他可以加入。你會驚訝，漸漸的，別人也會加入，然後你將會發現每個人都來了。一開始也許他們只是來看看發生什麼事，一旦了解到一切，他們將會被觸發而成為它的一部分。

日本有一個成道者叫布袋和尚，他唯一的教導就是大笑。他在大笑，他的弟子也會大笑。弟子大笑是因為：「這是完全荒謬的！沒有任何佛笑過！所有的佛都是嚴肅的；這個布袋和尚從諸佛的隊伍中走開了。」但他的大笑是傳染性的，批判他的人也開始大笑，然後這在他的弟子中像火焰般的蔓延開來，他們會持續數小時⋯⋯直到每個人都倒在地上，睡著了。他們笑得太厲害以致於像個小嬰兒一樣，躺在地上。

其他所謂的宗教人士非常譴責布袋和尚，但是像布袋和尚這樣的人並不在意。他們會說：「誰在乎？這是我的教導，我的方法。如果你可以一直笑，直到成道，那何必還要用別的方法！」

他有很多弟子只是大笑就成道了。他們變得如此天真、毫無負擔的；漸漸的，他們了解到這個人在做什麼，然後他們很感激他。只是靠講授，他可能無法給予太多幫助，但是他找到某個存在性的東西。他會和他的弟子，從一個地方到另一個地方，無論他到了哪兒，人們都會大笑——甚至聽到布袋和尚的人所做的一切，村民們也在大笑。他們就只是大笑——「我們從沒聽過宗教和大笑有任何關係！」但是看到這個佛，看到布袋和尚和他的弟子，他們不得不去了解「他們到底在做什麼——有點生氣、有點好奇——布袋和尚改變了人們的生命；使人們變得更清醒。」

奧修，你說的話像敲鑼一樣的打擊到我——或者我聽到的——成道是頭腦的最後一個經驗。是否

可以請你解釋？

這句話看起來和其他我說過的話互相矛盾。我曾一再的說過成道是超越頭腦的。所以當你聽到這句話，成道是頭腦的最後一個經驗，顯然是互相矛盾的。但是你必須了解一個非常微妙的地方：經驗本身需要一個頭腦。無論是什麼經驗並不重要，因為經驗的意思是二分性：經驗者和被經驗者。

所以過去我說的話只是為了幫助你拋棄頭腦。我的話語是一種設計，不是聲明。我昨天說的才是事實。那是頭腦的最後一個經驗——因為對經驗而言，頭腦是需要的。

如果沒有頭腦，就不會有經驗。你存在，但是你無法談論任何關於喜樂、狂喜、神性、涅槃的經驗。你無法談論。

對我而言，問題在於除非我給你這些動機，否則你何必要成道？如果隨著頭腦離去了，成道也離去了，只剩下永恆的寧靜——你無法說那也是你的經驗。你不再存在了。過去的主體和客體的世界，我和你，都不再存在了。

你也需要試著了解師父的困難，如同師父試著了解你的困難。他的困難是更巨大的。

我給你一個動機和鼓勵。想要喜樂、成道、達成真理的想法，吸引了某些人的頭腦，使他們開始朝那個方向前進。最後他們會發現這一切將會發生——但它們仍是屬於頭腦的。不要停在那兒。但是這只能告訴那些走過那條路的人。仍然有某個超越經驗的東西是超越頭腦的。

佛陀使用了兩個字。他使用了一個字來稱呼成道：涅槃。但是他知道還有一步，所以他稱為大涅槃(mahaparinirvana)。

涅槃這個字的意思是，如此深入的達到一個寧靜的狀態以致於自己 (self) 不再存在——因為那也會是個阻礙。沒有任何東西存在。你處於一個無我的狀態，但那仍是一個經驗，所以你也許沒看到自己 (self)，但是自己 (self) 仍經驗到自己 (self) 處於一個無我的狀態。

光是這個經驗就很難用語言表達出來，然而還有超越這個經驗的，那會更難描述：他稱為大涅槃。他沒有定義它；他沒有提到大涅槃是什麼意思。你必須去經歷它——他把那部分留給你。直到涅槃之前，他可以解釋，因為頭腦在非常微妙的狀態下仍然存在著，可以經驗到無我、寧靜和喜樂。但是當頭腦完全消失⋯所以他創造了一個字：maha 的意思是更大的、更高的、更偉大的；而 pari 的意思是超越的。所以可以把它翻譯為：比你在涅槃中經驗到的無我還要偉大的無我，因為現在經驗者不存在了。

你不能說它是一個經驗；因此他稱為 parinirvana。超越了一切可以想像的，因為你可以想像到的一切都是透過頭腦而想像到的。在某個階段我們必須用到頭腦，但是我們不能說我們透過頭腦達到最終的。

所以涅槃是最後的里程碑，路的終點。超過那個，一個人只能進入它、看到它。為了稱呼，他稱為大涅槃：超越一切的偉大的無我。

問題是在我的生命中，我必須對各式各樣的人談話，我必須用他們可以了解的方式；否則會是沒有意義的。漸漸的，我有了自己的人，無論他們是否了解，我開始談論那些東西，因為我知道他們愛我：他們會試著了解。

但是他們之中有很多人無法達到隨時準備要了解的狀態，儘管有些東西不是他們的頭腦能理解的。但現在我將要對那些在我談話時可以完全忘掉他們存在的人談話。我信任他們會想辦法有所領悟並經驗過它。

所以你會發現越來越多的矛盾，因為現在我不再針對你們的情況來說適合的話，我只會說出事實——無論你是否能了解。如果你不了解，你可以持續發問，但是在我離開世界前，我必須完成我開始的工作。我不能不完成我的花園。

第三十二章 對整體的洞見

奧修，日本的每人平均收入將要超過美國。它已經是經濟強權，支配了大部分的世界貿易，最近還開始控制金融市場。事實上，就物質面而言，日本一億兩千萬人唯一沒擁有太多的是，土地。它只比印度的拉賈斯坦邦稍微大一點。此外，日本被其他幾個經濟進展勝過西方的亞洲國家圍繞著。

近幾百年來，世界的地理政治中心首次從大西洋的基督教國家移動到亞洲的佛教國家——朝著禪的國家移動。對你的工作而言，這樣的改變是否有任何重要性？

世界的歷史就像個鐘擺。從來就不會是全世界在生命的各個層面同時有所進展。在佛陀的時代，東方正處於光榮、富有和智慧的巔峰，而西方仍是未開化的。沒有任何進展和進化。在佛陀的時代過後，東方開始衰退，而西方開始發展。在本世紀初，西方正處於全盛時期，而東方只是一個被貧窮所困擾、未受教育的、發展遲緩的地方。

很可能東方會再次崛起，而西方則會衰退。但那和我的洞見無關，那只是鐘擺的歷史演變。我的洞見在於整體——不是西方或東方——因為部分的成長一定會創造出非常醜陋的局勢。例如，你的身體有一半在成長，另一半則停滯不前——那一定不會是一個很舒服的、悠閒的、美麗的情況。

而且它是會改變的：另一半開始成長，原本成長的一半則開始衰退。

經濟強權和財富的機制是需要了解的。每當某個國家變得很富有，就會發生幾件重要的事情。第一，不再對財富感興趣——顯然的。它已經有了。頭腦的興趣在於渴望和未來。無論你得到了什麼，就會傾向忘掉它。你只會看到你沒有的東西；你不會看著你擁有的東西。所以貧窮的國家會想著如何富有；富有的國家則開始忘掉財富。這似乎是合乎心理學的——當你有了它，還有什麼需要去想它？

所以第一件事：每當世界有任何地方在經濟上佔了優勢，它會開始對努力追求了好幾世紀的經濟權力失去興趣。其次，每當某個地方的人們變得很富有，支配著世界上其他地方的經濟，它會開始感到空虛，因為現在對過去的渴望已經不存在了，而人不能過著沒有渴望的生活。人不能過著沒有希望的生活。人不能過著沒有明天的生活。

我沒有把已經覺醒的人算進來；我說的是一般人。他需要慾望、渴望和未來而活下去。他的雙眼必須固定在遙遠的星星上。但是當你站在它上面，周遭的一切是黑暗的。你達到了。世界上最大的失敗就是勝利，因為那時你會了解到你一直在追著影子。你沒有透過勝利得到任何東西。

所以每當世界上的某個地方——到現在一直都是這樣——東半球或西半球變得富有了，它們就到了路的盡頭，開始想著從未夢到過的東西。

財富和權力欺騙了你：從遠方看，它們是如此美麗，但是當你靠近，你發現它並非如此。綠洲只是表面上的。它並不存在。那是你的渴望和慾望所創造的幻象。

然後頭腦會有一百八十度的轉彎。它會開始反對一直以來所支持的。它開始想著棄世，拋棄財富和慾望，過著簡單的生活——寧靜的生活、靜心的生活——忘掉那些毫無意義的事。

這在佛陀的時代曾經發生過。東方曾經以其黃金鳥而著名——它確實是；否則不可能會有來自不同宗派的數千個桑雅士只是靠乞求過活。如果國家是貧窮的，那誰要給這些人食物、衣服和住處？而且他們動輒數以千計。佛陀有一萬個桑雅士跟著他。馬哈維亞有一萬個桑雅士跟著他。在小小的比哈爾邦就曾經有過八個導師，他們都擁有數千個跟隨者。他們都是皇族的人——對一切感到憎惡、失望和幻滅。

他們自然非常反對財富、舒適和奢侈，他們完全忘掉他們是不客觀的；這些是主觀的反應。你抱了這麼大的希望，卻發現裡面什麼都沒有。那不表示舒適是沒價值的。那只是表示你要求太多——那是金錢無法給你的。你以為當你賺夠錢就能放鬆下來，就能享受。但它運作的方式是，當你在掙錢的同時，你也掙得了緊張。

當你朝著慾望前進，你變得越來越緊張，越來越暴力。不計任何代價要達成目標。即使方式不對，那不重要；目標必須達成。不論對錯，為了達成目標，你做了一切，希望在那之後你可以放鬆在寧靜中、平和中，然後你將會過著一個靜心的生活。但是你錯了。

你不了解生命的數學。一個人在六十年內追逐著慾望、一直是緊張的、夢著財富、只想著財富，然後到了六十歲時，他實現了，但頭腦已經養成了習慣。六十年是很長的一段時間。你也許成為富有的人，但頭腦仍會繼續玩著同樣的遊戲、遵循同樣的規則、做著同樣的夢。而你不知道如何擺脫它們——這些精神上的痛苦是你對財富、美女和豪宅的慾望所造成的——於是你變成痛苦的。這是一個基於反應的態度；你作出反應。你以為是那些東西使你陷在一個緊張的生活中，你無法離開它了。

你的頭腦說：「放棄這一切。」這些年來是同樣的頭腦告訴你：「達成目標、再達成更多目標。」現在目標達成了，頭腦給了一個新的提示：「放棄這一切。棄世、放棄財富和它帶來的舒適；成為一個棄世者。那正是過去對於修行的定義。」

當國王和他們的兒子離開他們的王位而成為乞丐時——想著如果不是在這一端，富有，那一定是在另一端，貧窮——貧窮變成某個靈性的東西。這就是東方開始衰退的原因，因為當貧窮變成靈性的，就不會有人想要創造財富或更好的技術。人們開始變得越來越貧窮。最後一步就是變成乞丐，而且不是一般的乞丐：他放棄了王位，他選擇成為一個乞丐。不是強迫的。不是因為局勢所逼，而是他做出的反應。

我將世界上所有宗教稱為反應的宗教；他們只是從一極來到另一極。所以在印度，在佛陀的時代⋯⋯那是二十五世紀之前，東方是富有的，西方是貧窮的。

東方是很有文化素養的。你會驚訝，印刷術是中國在三千年前發明的。匯票已經在中國使用了四千年。當馬可波羅帶著紙幣和其他東西回去，對教皇和歐洲的國王們展示時，他說：「我們遠遠的落後；中國認為西方人是野蠻人，」你知道教皇做了什麼嗎？他拿了一張匯票並燒了它，他說：「你說這是錢？」然後他拿了一個銀幣，把它扔到地上，發出了鏗鏘聲，他說：「這才是錢。所以誰是野蠻人？」

馬可波羅說：「你不了解他們的邏輯。你身上能帶多少金幣或銀幣？除非國家是貧窮的，那你才可能會拿金幣和銀幣。但是當人們要攜帶數百萬元，他們無法帶著這麼多金幣在身上。」

四千年前，中國發明了匯票⋯它一定曾經是一個很富有的國家，因為貧窮的國家不會想到要這麼做。窮人會以為錢必須是像金幣，因為他不了解金錢的意義。它的意義在於交換的價值。它是金製的或紙製的有什麼關係？如果它能用來交換，那它就是錢。

從四千年前到現在，匯票一直使用著，就跟你現在用的一樣：最好的紙張，最好的印刷和統治者的承諾。它們是雙方約定的匯票——如果你要的話，你可以到財務機關用匯票兌換金幣。這樣你就不用擔憂要帶著它們出門——不用將真正的黃金帶在身上，你只要拿著紙製的匯票。到處都有財務機關，它們必須保留和發行的匯票上同等價值的黃金和白銀。以便任何人隨時可以兌換黃金或白銀——無論他要哪個。人們很滿意：「不會有問題；這些是雙方約定的匯票。」

教皇燒掉匯票的行為像個笨蛋。那是他的論點。他認為這可以證明匯票並不是錢。真正的錢是銀幣或金幣。

馬可波羅試著解釋：「我一開始也很錯愕——紙製的錢？但是當我了解他們的想法後才使我大為驚奇。那些人真的是更先進的。任何人都不需要帶著一堆黃金——那是危險的——你可以帶一張薄薄的匯票在身上，沒人會知道。」

教廷理的每個人都在笑馬可波羅。他們心想：「他是個笨蛋。他以為那些人的文化發展是領先我們的。」

他說：「我絕對確定他們是更先進的」——而且他還完成了一本書，那本書有三千年了。在西方，印刷是在三百年前才開始。而且在中國，印刷是非常困難的，因為它不是使用字母。對其他語言而言，印刷是容易的。然而中國仍然在三千年前發明了印刷術。

在印度的經典中有些敘述，詳細的敘述，關於飛機和某個像原子彈的東西。也許在五千年前的摩訶婆羅多戰爭中就已經使用過原子彈。之後印度就沒再發生過戰爭。那個經歷是如此可怕以致於印度變成反戰的、反暴力的國家。只有印度發展出非暴力的哲學並不是偶然的。一切是息息相關的。不可能是你開始發展某個哲學就……除非裡面有個根本的原因。

印度在這個大戰爭中受了很大的傷害，以致於必須發展出一種哲學和生活方式，可以完全的排除戰爭，甚至暴力。

佛陀和馬哈維亞都是主張非暴力的大導師，都是出生在戰士家庭中的王子，並被訓練成戰士，但是看到過去偉大的戰士所發生的事，他們變成了對立的一方。

人的頭腦永遠不會停在中間——不是在西方就是在東方——在中間則是死亡，因為每當鐘擺停在中間，時鐘也停了。鐘擺不斷從一邊移動到另一邊——那是時鐘運作的方式。為這個機制提供動量。

全世界沒有任何人發展出如此極端的非暴力哲學。對我而言，這證明了這些人一定經歷過極端的暴力；否則不可能有這樣的哲學。

馬哈維亞晚上睡覺時只用某一邊睡覺；他不會改變方向。他睡在地板上，石板上。他沒有使用任何使自己感覺舒服的東西，甚至不讓自己在晚上改變位置。他的理由是某些螞蟻或昆蟲可能會爬過，如果他移動身子可能會殺死牠們。所以最好維持在他整理過的同一個地方，這樣就不會傷害到任何生命。

耆那教的僧侶會隨身攜帶一個小掃帚，一種奇怪的掃帚。用非常柔軟的羊毛製成的，所以每當他們想坐在任何地方…他們沒有任何東西，只有那把掃帚；那是他們最重要的東西。無論他們想坐在哪兒，都會先用不會傷害到任何昆蟲的軟羊毛清理那個地方——然後他們才會坐在那兒。到了晚上，他們會用軟掃帚清理那個地方，然後睡覺。

現在這樣的極端…到了晚上他們不會吃東西。沒有任何電力，在黑暗中任何昆蟲都可能會掉到食物裡面，你可能會無意殺死或吃掉牠們。他們在晚上不會喝任何東西——甚至最炎熱的夏天。這是他們的極端之處。馬哈維亞不會洗澡，不會刷牙，原因是洗澡…會殺死水裡的微生物。還有唾液和牙齒——刷牙可能會殺死裡面的微生物。

除非經歷過某個像是廣島和長崎事件的人才可能會有這樣極端的非暴力。這個印度的大戰爭發生了什麼事都有詳細的記載——死了幾百萬人，用了什麼樣的武器——只是名字不同，但是你可以理解那些武器就等同我們現在用的哪些武器。

在佛陀的時代，東方達到了全盛時期，然後開始衰退——因為在巔峰過後還能是什麼？你無法停在那兒。生命不會停下來，除非死亡，所以當你來到了巔峰，自然會開始下降。然後你用哲學的觀點來解釋它。你說：「因為這些富人沒有放棄任何東西——那些東西都是空虛的，吸引人們使他們分心，不再專注在他們原本的找尋——所以要和它們斷絕關係、放棄它們。」那些人變成了乞丐。

當國內的天才都變成了乞丐，平庸的人能做的就是膜拜他們。財富、技術和一切都是由這少數的天才創造出來的。整個社會都變成富有的——那是另一回事——但並不是整個社會都有參與創造和發明。當那些天才發現一切都是沒有意義的…然後整個東方都充斥著反對舒適、反對生命的想法——一定會這樣，因為所有的慾望必須被拋棄；只有這樣你才能找到平靜。

結果自然會是貧窮和饑餓。東方的頭腦試著要解釋這些貧窮和挨餓：這些是在考驗你棄世的決心。

他們拋棄了所有針對戰士的訓練。他們停止製造各種武器。造成兩千年來……小小的部落就能入侵印度；沒遇到任何抵抗。他們來了，掠奪了一切然後離去——這種情況持續了兩千年。由於印度沒有抵抗；它自然變得越來越貧窮。另一方面，貧窮的西方……

你會發現到一個事實——沒有人會注意到小事情——印度所有的宗教創立者都是國王：羅摩、克理虛納、馬哈維亞、佛陀。他們有的已經是國王，有的是即將上任的國王。在西方，所有宗教——那三個宗教——不是被任何國王創立的。它們是窮人創立的，而窮人創立的宗教不會和富人的宗教一樣。耶穌是一個窮人——沒有受過任何教育。從各方面來看都無法和佛陀相比。穆罕默德沒有接受過任何教育。他從各方面來看也都無法和佛陀相比。而摩西並不是一個國王。

整個西方是貧窮的。但是當東方變成非暴力的，侵略東方就變得很容易，沒有任何困難。幾乎像是邀請你侵略他們，因為他們放棄了各種防禦措施。所有東方國家很快就向西方國家稱臣。而西方則將東方榨乾到一滴不剩。透過這些剝削創造出自己的財富和生產工廠。

在達卡，孟加拉現在的首都，有一個流傳好幾百年的藝術。他們用最薄的材料製作衣服，這樣你在夏季時就好像沒穿衣服，它非常薄。而且那是手工的。當英國在蘭開郡生產衣服時，人力無法和機器競爭。而且那是歷史上醜陋的一章，數千人的手被英國人砍斷。那些藝術家製作出來的材料比英國的磨坊還要纖細……必須砍斷他們的手，這樣市場上就不會有人可以競爭。

西方開始崛起，新因素的加入促進了西方的崛起。其中一個就是科學。

基督教，或者我們更深入點，猶太教，要為很多事負責。是猶太教為世界帶來先知的概念。在東方，並沒有任何先知、彌賽亞或救世主的概念。由於這個概念⋯但記住，這種概念只能存在於貧窮的社會。現在印度有很多基督教徒；他們的數量是第三大。第一大是印度教徒，第二大是回教徒，第三大是基督教徒——但是它們都源自於最貧窮的人。

富人不需要救世主或先知。

在印度從未有過這樣的概念。印度的概念是完全不同的，那就是神的轉世。你會驚訝⋯「神」這個字在印度叫做 ishwar——來自於一個梵文字根，aishwarya，意思是奢華——最奢華的。神必須是最奢華的，最頂端的。一切都是祂的，所以祂的名字是 ishwar——最奢華的。祂偶而會降臨。不派遣使者。不會派遣先知或救世主——祂會親自下來。這是個富有的世界，而祂會是世界上最富有的人。兩者有某種相似性；在東方，人和神的差別只是程度上的不同。所以祂會親自降臨。神也許擁有更多——人也許並未擁有那麼多——但是他不能假裝自己是救世主。

在西方，猶太教帶來救世主、使者和先知的概念。必須從源頭了解。那表示社會是如此貧窮以致於不可能對神的轉世有任何想像。社會是如此貧窮以致於最多會有一個使者被派來；它需要一個救世主、一個先知。但這些只是在安慰窮人。

如果耶穌在東方出生，絕對不會和在西方的狀況一樣。所有神的化身都會出生在皇族；一定是這樣。那是一個富裕的社會。誰會理會木匠的兒子？人們只會嘲笑：「神發瘋了！這兒有偉大的國王、學者和先知——祂卻選了一個木匠的兒子成為祂唯一的兒子！」這個想法在東方是不可能的，但在西方是可能的。

那時候的西方是貧窮的，非常窮。它需要安慰，對西方而言，接受窮人是比較容易的，因為他屬於他們。基督教成為世界上最大的宗教是因為耶穌是一個窮人。如果他不是窮人，基督教就不會成為最大的宗教…不可能。

基督教散播著福音，宣揚窮人、柔順的人、謙遜的人、受到迫害的人是有福的。它是有吸引力的，因為那是那個社會上大多數人的狀況。

耶穌之後，第二個重要的人是馬克斯，和耶穌一樣也是個猶太人。他無法接受神，因為如果神是存在的，那世界就不會是貧窮的，人們就不會被剝削。「神在做什麼？祂應該阻止這些事。」他拒絕神是因為世界是如此貧窮以致於我們無法接受神是存在的。

印度在過去是非常富裕的，他們可以接受三千三百萬個神——那是印度的人口，何必這麼小氣？每個人都有一個神！但馬克斯連一個神都無法接受，因為祂的存在和世界上的貧窮、剝削是衝突的。如果神無法為窮人做任何事，那祂可能也不存在；祂是否存在並不重要。

馬克斯更進一步，他說不應該讓那一小群的富人仍然是富有的；他們的財富應該要分配給窮人。他知道得很清楚——任何人都能了解——你可以把富人的財富分配給窮人，但是你無法用這個方式使整個社會富裕。但他是憤怒的。他的父親是個拉比。他們過著貧窮的生活，他看到他的父親，侍奉神的單純謙遜的人，也必須忍受貧窮。不能只有少數人富有，即使這表示要平均的分配貧窮。

你會驚訝——這些是令人驚訝的事實——就如同基督教成為最大的宗教，共產主義也成為最大的政治思想體系。就如同基督教占了一半的人類，剩下的一半則是共產主義者。兩者都是猶太教衍生出來的。

由於這個巨大的貧窮，西方征服那些享受財富的人的方式越來越暴力。所有的西方國家——英國、西班牙、葡萄牙、法國——將帝國的觸手伸向全世界，盡可能的吸乾一切，以便所有的錢都成為西方的資本。

這時候新的因素出現了——總是隨著富有來到——那就是科學。當你有了財富，你肉體上的需要會被滿足；然後你的頭腦會開始探詢客體的世界。三百年前，當科學誕生，它快速增加了西方的財富。

必須了解教會是反對科學的，它試著透過各種方式阻止科學成長。這有某個含義，那就是如果科技在成長，貧窮將會消失——而教會倚賴貧窮。事實上，「如果全世界是貧窮的，教會就有福了」——因為富人和富裕的社會是教會無法控制的。

只有窮人想要救世主。活著的時候，他是貧窮的；他想要至少有個保證，死後他可以上天堂。只有窮人可以上天堂，這是一個很大的慰藉。你可以在這兒享受財富，但這些財富會使你落入無窮黑暗的地獄。

教會基本上是反對科學的，但科學是對真理的探詢。教會在各方面的阻礙使科學很難成長，但是它仍然戰勝了，現在西方在思考靜心、靈魂的寧靜、永恆的生命。它會將目光從客體移向主體——那會是財富和權力衰退的開始。在某種程度上，它已經開始了。那就是為什麼日本和其他亞洲小國擁有極大的權力、財富和技術知識，而且日本的每人平均所得已經超過美國。

這個情況是非常象徵性的。可能會造成深遠的影響。而且在日本發生的一切將會散播到其他遠東國家。現在整個東方已經對貧窮和宗教感到厭煩。它想要擁有科學和技術。東方有才能的學生到西方的學校學習醫學、工程、電子和各種技術標的。

令人驚訝的是，著名的西方醫生、工程師、電氣技師和其他技術專家都為了靜心來印度找我。他們有些印度的朋友，在牛津或劍橋一起做研究的同事，他們的印度同事很驚訝，因為他們從未想過要靜心。他們勸這些人：「你何必在意？你已經在你的專業上有所成就；你應該把能量投入到你的專業裡，而不是尋找你的靈魂。沒有人看過它，沒有人知道它⋯⋯無論它是否存在。不要浪費你的時間。」

這些人告訴我：「這很奇怪⋯⋯我們從遙遠的地方來這兒了解靜心，但我們的朋友卻不斷的要打消我們的念頭。」

當西方變得越來越靜心——如果它遵循過去的方式，而不是我建議的方式——將會變成貧窮的；如果它遵循過去的方式，東方曾經遵循的方式，那貧窮會是必然的。如果它遵循過去的方式⋯⋯棄世、許下禁慾的誓言、進入修道院、變成乞丐。這些都和你的心靈成長完全無關；它只是一個無意識的輪替。

在印度時，在德瓦拉吉之前有一個照料我的醫生，和我在一起從未待超過兩或三分鐘。味味克常感到驚訝⋯⋯因為他的來到是如此匆忙——他很緊張，在有冷氣的房間卻在流汗。好像我是醫生，他才是病人！他會問幾個問題然後說：「我要走了，我會把處方開給味味克。」然後他會幾乎用跑的離開房間。

他從未去聽講道或參加任何慶祝活動，雖然他答應過很多次，說他的妻子想來，所以這次他也許會來。但是他們從未出現過。

味味克常問我：「怎麼回事？他為什麼這麼緊張？」

我說：「你不了解：他是一個很成功的醫生，這個城市裡最頂尖的，他害怕會受到我影響，催眠或什麼的。他不想要涉入任何事，除了當我的醫生之外，因為那可以被加入他的履歷：他曾經是我的私人醫生。」但是他會幾乎用跑的離開——他甚至不講任何話，他會跑掉，奔出房間——味味克得跟著他到別的房間，然後他會在那兒開處方或告訴她要注意什麼。

那個恐懼是因為和我在一起是危險的…他有一個朋友，薩拉瓦提，是我的桑雅士。他們曾經是同事，在一起做研究；兩個人都在西方就學。薩拉瓦提的專長是婦科，但他後來變成了桑雅士。他常對那個醫生說：「你不用害怕——沒人會強迫你成為桑雅士。你至少可以來這兒看看靜心的時候會發生什麼事，來這兒聽聽演講。」

但是他對薩拉瓦提說：「我只是害怕。在我的領域裡，我是最頂尖的。我的收入很高。我的小孩在念書，我不想要造成任何困擾。如果我不參與任何會使我分心的事，一切就會很順遂，而且奧修是危險的：他會使我分心。他會使我去靜心，成為桑雅士。」

在印度的時候，他從未帶妻子來找過我。她想來見我。在美國的時候，他有帶妻子來看我——只有一天——因為在那兒不會有這麼大的恐懼。不會有人知道他的妻子來找過這個危險的人。他到了美國，但是態度一樣。最多待一分半鐘…此外他會很高興，因為他妻子來看過我了。但是那天下午我沒去開車…所以他不得不待久一點，我可以看出他在害怕。他介紹了他的妻子，我說：「你們從這麼遠的地方過來…只待一天就不對了；最好在這兒多待幾天。」

他說：「我下次會來；這次我有很多事情。但是我會再來。有一天我會再來。」但是他說的樣子好像因為拒絕我是很危險的事，以致於總有一天他不得不來。

在印度，人們對財富、技術、更多的工廠感興趣，但是我沒看到人們對靜心或心靈成長感興趣。二十五世紀的貧窮抹除了心靈成長的想法。他們想要富有，他們想要成為世界上其中一個舉足輕重的國家。所以發生的一切只是鐘擺的移動。

吉卜林，其中一個最有名的英國詩人，他說：「東方是東方，西方是西方⋯⋯」這沒什麼需要說的。但是他在印度待過——他是英國的御用詩人——所以他強調：「東方是東方，西方是西方，這兩者永遠不該相遇。」他的詩變得很有名，但是我要說，雖然過去的情況如此，但未來不應該如此。

你問到我的工作和這個改變的局勢。不，我不樂見西方變成貧窮的、東方變成富有的。西方富有和東方貧窮或東方富有和西方貧窮並不會造成任何差別：人仍是不完整的。

我要全世界都是富有的。

我要永遠去除這個東西方的概念。

在我的洞見中，全世界是一體的。

我們應該要讓鐘擺停止移動。唯一的方式就是讓靜心在西方普及——但不要忘了東方。讓靜心也普及於東方，因為那會是唯一共同連接兩者的因素：心靈成長。否則他們會繼續像白天和黑夜一樣永恆的來回移動。

就我來看，某方面而言，一半的世界代表了一半的人類。如果繼續遵循過去的方式，同樣的分裂會繼續存在，同樣的改變會持續下去。但是我談論左巴佛陀。我談論一個人們會靜心但不反對財富的世界，一個贊成心靈成長而且不認為貧窮和靈性有關的世界。貧窮就只是貧窮。如果你可以同時擁有兩者，何不就同時擁有兩者？何必選擇？

我曾有過舒適的生活——我這輩子沒做過任何事——但是那沒有影響到我的靜心。所以當我這樣說，我是以自己的經驗來說：你可以過著舒適的生活，同時處於靜心。

靜心是內在的舒適，舒適是外在的靜心。讓它們成為一體。一個內在和外在都完全達成的人會是一個完整的人，一個不完整的人對於人類的進化將不會有太多幫助。

奧修，作為一個成道的存在，你能夠觀照每個情緒。但對於旁觀者而言，當你笑的時候，似乎比我們還要全然。你似乎如此被大笑影響以致於你的話語被它淹沒了。那是否因為你是最終狀態下的演員？

問題不在於成為最終狀態的演員；我做任何事都是全然的。無論我在做什麼都會是全然的，但是就你看來，其他事情似乎沒有那麼全然，因為你沒有這樣的經驗。

但大笑是獨特的；當你笑的時候，你也是全然的。不全然的笑會是虛偽的、假裝的，只是個表演。所以當你笑的時候，你也會全然的笑。那是你唯一會全然做的事——所以你才會知道笑是全然的。如果你看到我在笑，自然會認定那是一個全然的行為，因為那符合你的經驗。

你無法不全然的笑。試試看，你會失敗。你只能全然的笑。那是笑獨特的地方。那就是為什麼我要設計一個笑的靜心——因為它獨特的性質：笑的時候，你是全然的，不需要任何人對你說：「成為全然的。」

你可以試著不保持全然。淚水可以不全然的來到你的雙眼，但是大笑…有那麼一瞬間，你忘記成為不全然的。那個笑會完全的佔有你。那不只是因為你在笑，而是你變成了那個笑。因為你自己有過的經驗，如果我在笑，你自然會斷定這個行為是全然的。我每個行為都是全然的——但那不是你的經驗，所以你只能假定這可能是全然的；你無法確定它的全然性。

笑是非常特別的。當你笑的時候，你全身上下都在笑。你身體的每個原子，每個細胞都在笑，都會加入。

我一直反對嚴肅。我沒有比較過它們，但是你可以了解我為什麼反對嚴肅。嚴肅永遠不會是全然的。它一直是部分的，笑的另一個極端。它會越來越狹窄。你越嚴肅，你就變得越來越心胸狹窄。你越常笑，你就越心胸開闊、越脆弱、越全然。

笑擁有某種宗教性。

嚴肅是病態的、反宗教的。

所以要記住，每當你因為我而感覺到某個東西，要試著找出來…你一定有過類似的經驗；那就是為什麼你能做出某個結論。

如果人們可以每天全然的笑一個小時，沒有任何原因，那他們就不需要其他靜心。那就夠了，因為當你在笑，你就無法思考。當你在笑，你就無法活在過去和未來：你會處於此時此地。笑可以開啟一扇通往最終的門。

第三十三章 公開的挑戰

奧修，據說美國大使對一個外國首長提到你：「他是擁有高智力的無政府主義者，而且非常危險，因為他可以改變人的思想。他會摧毀你們的社會。」我們要如何避免美國和它的盟友去阻止你喚醒人類？

美國大使是完全正確的，但是他不知道智力所帶來的危險是無法阻止的。其他的危險不算什麼。它們是看得見的，它們只是看起來很危險，然而他說的危險和兩件事有關：第一，我是高智力的，第二，我是無政府主義者。這兩者加在一起會比他們的核武還要危險。

你不用擔心美國會如何摧毀我努力的一切。沒有任何政權能夠摧毀我的努力。它們越努力嘗試，就對我的思想體系越有幫助。在人類的歷史上一直是這樣。沒有任何真理會被打敗。也許會需要一些時間，但勝利是確定的。事實上，當美國大使對那個外國首長說我是擁有高智力的無政府主義者，而且可以輕易的改變人的思想時，他們就已經承認了他們的失敗。

他的談話中顯示他承認他們失敗了。現在唯一的問題是去了解它。觀念上而言，他們已經承認了。他們不顧一切要摧毀我、我的工作和我的人。除非他們很害怕，否則不需要這麼做——他們的恐懼顯示出他們的失敗。

有一點是確定的，他們無法就我對事情的看法提出其他可行方案。那段話很明顯的表示他們是完全無能為力的。那不是當權者的想法，而是某種預感。他們內心裡已經承認他們的失敗。

奇怪的是他們擁有各領域的知識份子，但沒有一個敢對我提出質疑。他們鋌而走險的行為只是顯示他們知道自己是空虛的，就快要被揭穿了。他們每天變得越來越絕望。

智力是可以被打敗的，因為它是頭腦的一部分，但美國大使不知道他所謂的智力並不只是智力：它是覺知，包含著智力的，但遠大於智力的，遠遠超過智力的。智力是可以被質疑的，但如果覺知存在，你就無法質疑智力。那將不只是智力，而是真理的洞見。那將不只是和我有關，它會是真理被打敗的問題——而那不會是事物的本質。

他試著用「無政府主義者」來形容我，想要讓那個外國首長害怕我。無政府主義者的意思是一個不相信任何政府和法律的人，他只相信個人和他行為、思想、表達、創造的自由。對無政府主義者而言，社會是一個服務個人的工具——不是反過來。

用無政府主義者來形容我會創造更多的恐懼：又說我可以改變人的思想。在那段話中，彰顯出美國為什麼如此恐懼：我可以改變人的思想。那包括我把人變成無政府主義者，表示他們承認我擁有一定的智力，他們難以應付的智力。

但是就我而言，我沒有興趣去改變人的思想，我的興趣在於摧毀人的思想。改變不會有幫助；那只會是一種改革，不是革命。只是碰了這兒和那兒，但是頭腦基本的本質仍然在那兒。

我支持無念。美國大使和美國總統應該要去了解——也許他們從未聽過這個字「無念」。我的努力是要讓人們超越頭腦。

其次，我不是他們所謂的「高智力」。我和智力完全無關。我所說的和所做的一切不是一種智力的方法，而是存在的方法。那就是他們如此不安的原因。如果只是智力，那對他們而言不會很難應付。他們可以找到一千零一種方式去質疑和反對。

但那是某個他們完全不熟悉的東西。它是靜心，他們對它甚至連一點概念都沒有。無知使他們產生了恐懼。他們最多會認為那是高度的智力，但是它和智力相差甚遠。只靠智力並無法進入靜心的世界。

他們說我是無政府主義者也不是正確的，因為像克魯泡特金和其他的無政府主義者是美麗的人，但他們的主張是幼稚的。他們主張沒有任何政府、警察和法律。他們太幼稚、太單純、太天真、太無知了。他們不了解人類——人是充滿獸性的、野蠻的、殘忍的、暴力的、好殺的、掠奪性的。

如果所有的法律規定都被移除，社會將一團混亂。現在就已經是一團混亂了，但是這個混亂尚有一定的規律。還有某個體制、某個方法被依循著，但如果遵循克魯泡特金等人的主張，將會進入一個人類從未有過的混亂局面。

我是一個無政府主義者，但會是一種完全不同的解釋。我不會主張不要有任何政府。我從根部開始工作，我從不修剪葉子。我不會主張不要有任何規定，我不會主張不要有任何法院和法律——那是愚蠢的。

我會說個體應該要拋棄人格，成為真實的、誠懇的；個體應該拋棄野心和慾望，對他擁有的一切感到高興。他會一直對月亮抱著渴望；地球是他擁有的，但是他不能在這兒跳舞，他終將在月亮上跳舞。

我的努力是要讓人類如此的喜樂、寧靜、平和、靜心，以致於對政府、政客的需要消失了，以致於法院遲早得關門，因為沒有人會去那兒，或者他們把它變成靜心中心，不再使用到監獄。我要人們表達自己。待在監獄的人是被教導要壓抑自己的人，但因為無法壓抑自己而做出反對社會的事；現在社會在報復。

我要你們表達自己，自豪的接受你的本性——你是從自然那兒繼承來的。自然的生活，沒有任何壓抑，像強姦這類的事情將會消失。過著寧靜、靜心的生活，暴力是不可能的。慈悲將會是自然的現象。

政府、政客、國會、議會都應該變成毫無用處的。如果我遇到克魯泡特金，我想他會了解我說的一切。無政府主義者不可能從上方強加而產生，它只會從底部開始成長、透過每個個體開始成長。隨著個體性越來越強大、越完整，這一切都將會消失。

就像某個人反對藥物，他希望所有藥物都被摧毀。這個想法不錯。真正健康的社會不應該有任何藥物，但是他從錯誤的一邊開始進行。首先社會必須是健康的，這樣藥物和醫生就毫無用處了，然後健康變得很自然的，疾病變成過去才會發生的事；變成歷史的一部分。然後藥物會自行消失。醫學院會關門，你不需要想辦法讓它們關門。

我是一個比克魯泡特金更危險的無政府主義者。我不是用說的，我正在著手進行。克魯泡特金只是用說的。但是他無法創造出來，因為他不知道個體必須是完全改變的。那樣才會有一個任何規定都不需要的社會：每個人是如此負責以致於街上不需要警察；天堂也不需要有任何神去懲罰任何人。

奇妙的是警察和牧師將會一起消失。他們有某種約定。法院和廟宇會一起消失，因為法院是因為犯罪而存在，而廟宇因為罪行而存在——你必須了解兩者間的差異。

犯罪的意思是被逮到的罪行。

而罪行是你可以控制的——你愚弄了整個體制，沒有人抓到你。

所以因為罪犯才有了法院、警察和法律；因為罪人才有了牧師、主教、教皇和神。他們需要地獄作為他們的監牢，需要天堂作為他們的獎賞。但是他們是同時出現的，他們也會同時消失。

美國大使應該要知道我比他的了解還要危險。就你的問題而言，他們無法阻止任何事。它不只是我在談論的某件事，它是這個時代的需要。

這個時代已經為了我來到。

我也許是單獨一人，但這個時代是站在我這邊的。

他們可能擁有全部的力量，但這個時代並沒有和他們在一起。他們是在自掘墳墓；他們是過時的。他們的思想體系、哲學、宗教理論都是過時的。

我對他們公開提出挑戰。

我準備對他們的社會所支持的一切提出質疑；它除了虛偽之外，沒別的了。

他們可以殺掉我——那是可能的。那並不困難，非常容易。但是殺了我將會確定他們的失敗。他們殺了我之後會發現我的死將會是他們的自殺。那就是為什麼他們試著透過其他方式來阻止我接觸人們，因為謀殺的方式在過去已經被用過了；它並未成功。

曼蘇爾的訊息已經被刻印在天空。曾經有過很多蘇菲教徒，但沒有人像曼蘇爾這樣被牢牢記住。

如果他們再耐心點，不要理會耶穌，將不會有人知道他。但是他們太沒有耐心了，而且還殺了他——他只有三十三歲。他只有用了三年的時間在教導。他沒有說出任何危險的話；他只是在複誦過去的經典。

他只是添加了一點東西，那些東西是可以被輕易忽略的——例如他是神唯一的兒子…那又怎樣！讓他是。我不認為這會傷害任何人。如果他喜歡，那就讓他好好享受，不會有人受到傷害，不用去打擾他。如果他認為他是最後的彌賽亞，你一直在等待的那一位，那你可以好好享受。你可以打量他全身上下：「太棒了！看起來像是最後一個彌賽亞。」你可以當成玩笑；不需要有任何期望。不需要嚴肅看待，因為他並沒有說出任何危害到社會和既得利益者的事。

只需要忽略掉幾個幼稚的地方，原本可以很容易就利用他為舊社會服務——不會有人聽過他的名字。也不會有這個大災難，基督教。

但是對他處以十字架刑改變了一切。這表示整個猶太教都在害怕這個人。從某方面來看，殺了他只是更確認了猶太教體系的貧乏。他們有偉大的拉比和知識份子，但卻無法和這個無知、未受教育的人爭辯。

十字架刑似乎完全沒有必要。也許他們想要盡快除掉他，但是這個行為創造出到現在還在不斷成長的基督教。現在光是天主教徒就超過七億人。

我常把基督教稱為十字架教，因為真正的原因是十字架，不是耶穌。所以十字架會成為基督教的符號並不奇怪。

這些想阻止人們接觸到我的想法的人，他們不能把對待蘇格拉底、耶穌或曼蘇爾的方式用在我身上。他們很害怕，因為那將會成為他們整個過去的最終失敗。而且耶穌還只是談到幾件事而已。但我談了關於在天上的人的一切；我給了你一個詳細的地圖，如何讓人完全轉變成超人。

殺掉我是危險的，所以他們試著用不同的方式：不能讓我留在任何地方，這樣人們就無法聯繫我。在印度，他們無法阻止我，因為我在那兒出生。所以在印度，他們必須用其他方式：他們將阻止印度之外的任何人與我聯繫。那是他們的情況。

那就是我為什麼要離開印度。我回去印度過；我想過要定居下來，但他們有兩個條件。第一，不能有任何國外的桑雅士。第二，不能有任何國外的新聞媒體來採訪。這是來自美國的指示，以便孤立我。然後就不會有人因為我的死亡而被怪罪——孤立幾乎就像是死亡。

我離開了印度，以為也許有些國家是勇敢的，但似乎沒有任何國家有這樣的膽量。事實上這個世界沒有太多國家⋯⋯那是我走遍全世界的經驗。只有兩個國家，美國和蘇聯——剩下的就是沒有任何自主性的傀儡。

蘇聯不適合我。他們甚至不會給我三周的旅遊簽證。他們還沒有和我聯絡過就在迫害我在蘇聯的桑雅士。

在蘇聯有數百個桑雅士，他們一直用口頭方式去傳遞我的訊息。他們用手寫好書，或者打好字再分送它們，在地下室閱讀它們。我的書已經被蘇聯情報局拿走了。到現在，他們只發現二十個桑雅士，但是他們不斷的騷擾他們，想要知道還有誰涉入。在蘇聯的報紙上有關於我的文章。他們對我一無所知，但是我的桑雅士甚至會把那些文章翻譯成俄文。

無論真理出現在哪個地方，它都是無法阻止的。

所以我不會考慮蘇聯。我也試了所有所謂的自由國家，我發現它們都是美國的一部分；它們不是自由的。只要美國一個訊息，他們就得立刻遵從。

在過去，存在的是政治上的依賴國；那些國家在政治上是依賴的。曾經有過帝國。那些帝國都消失了——但是要知道它們並沒有真的消失；它們只是換了外表。現在它們不再是政治體，而是經濟體。

無論我們到了哪兒，甚至在我們抵達那兒之前，美國的指示就已經傳達到那兒：如果它們提供永久居留權，它們未來的貸款，也就是每年有數十億，將會立刻終止。而且它們在過去已經拿了數十億的貸款，那是它們永遠都償還不了的。它們沒有任何資源可以用來償還：「你們可以償還那些貸款，或者我們提高利率。而且你們未來的貸款將會中止。」

現在這就是經濟帝國。人們會需要一些時間才會了解到沒有任何事情改變。帝國仍然存在，經濟性的帝國，不是政治性的。改變的只是結構。而這會更危險，因為那是看不見的。你看不見它。你認為在英國是完全自由的，你認為在西班牙是完全自由的，你認為在德國是完全自由的。事實並非如此。

在英國，政府不允許我在機場住宿一晚——而且那是我的權利。我有飛機，我也購買了頭等艙的機票，他們無法宣稱因為我們不是坐頭等艙…我們全部都買了頭等艙的機票，坐了自己的飛機，而且我們到早上就要離開了。

我們原本可以馬上離開，但是飛行員的時數到了；他們不能再駕駛了。法律規定一定要休息十二小時。但是他們通知機場，說我是一個危險的人，不能讓我留在頭等艙的休息室。現在連我都想不到在頭等艙的休息室會造成什麼危險，只是睡覺。那時候是晚上十一點了，我們到了早上就離開了。而且休息室並沒有任何出口可以進入市區或入境。

同樣的英國卻允許雷根把它當作軍事基地，用來轟炸可憐的利比亞。而利比亞是完全無辜的。炸彈在晚上投入到住宅區。但利比亞是一個小國家⋯這就是經濟帝國。

這兩件事都是美國指示的。我在機場過夜是危險的，但把英國當作基地，用來轟炸可憐的國家，則不是危險的。

所以他們在印度是要想辦法孤立我；在其他國家則是想辦法不讓我在任何地方擁有永久居留權。但那不表示他們可以阻止我做任何事和說任何話。我會找到辦法。

這個問題不是關於我，問題是真理在尋找它自己的方式。如果它有任何價值，如果人類是需要它的，那就不用在意這些大使和總統。

真理會連結到年輕人。年輕人準備要改變，那個改變會比他們想像的還要巨大。那不只是改變他們的頭腦，而是要帶著他們超越頭腦。

總有一天，這個世界將會沒有任何政府——不是因為克魯泡特金的主張，而是我的主張。我在和個體一起工作，當個體準備好，各種支配性的力量將會自行坍塌。

我才剛對加葉希說，如果無法降落，不用擔心，海洋會是我們的。我們可以擁有一艘海上郵輪，足夠讓兩千人生活，我們可以環遊世界，在不同的地方停留幾周或幾個月，人們可以到郵輪上。我們可以在上面舉行靜心活動，我們可以在上面講道。事實上這樣會更好。

我一直有個想法——我只要稍微調整一下，海上的生活和暈船問題。但政客是如此病態以致於我寧願暈船也不要全世界都被這樣的病態籠罩著。

我們會想到辦法。我們一定要找到辦法。

奧修，我最近聽你說過對師父和存在的信任是一種比愛更高的特質，因為愛是很容易就背叛的。當我試著咀嚼「信任」這個字，我感到迷網。在過去，信任只和某些事件有關。就我的情況而言，當我在某些講道中沒有做任何事時，它發生了，或者因為那個無為，我發現自己消失了。沒有任何言語可以表達；我無法說它是愛或信任。它的發生更像是一種融化。和你在一起，我這輩子首次經驗到放下一切的無畏時刻，而沒有不顧一切的試著要找到某個東西並緊緊抓著它。請幫助我越來越朝著這個方向前進。

愛是美麗的，但它不斷改變著。它是美麗的，但不能信賴的；今天它在這兒，明天它就消失了。它比信任更多采多姿，比信任更自然，但信任是更高的特質。

在字典中，信任的意思幾乎被扭曲了：意思是信任某個值得信任的人。這是比較客觀的——因為那個人是值得信任的，你信任他。那不是你的特質；那是對方的特質，你因此信任他。因為周遭很少有值得信任的人，無數的人已經忘掉什麼是信任。沒有機會去信任。值得信任的人是需要的，但到處都找不到值得信任的人。

沒有人在信任任何人；因此信任變成一個毫無意義、沒有經驗過的字——一個沒有汁液、沒有體驗過的字。

當我使用「信任」這個字，它是完全不同的。我的意思不是你去信任某個值得信任的人；那不是信任。那個人是值得信任的，所以那和你無關。當我說「信任」這個字，我是說信任對方——無論他是否值得信任。事實上當他是不值得信任的，那才信任；只有那時，你才會發現到你的意識裡首次有某個新的東西開始形成。然後信任會變成一個非常輝煌的現象，遠遠超過愛的，因為它不需要對方的任何東西。

念大學時，我和一個有竊盜癖的室友住在一起。他不是小偷，他是偷竊狂——他很享受偷竊。並不是因為他偷的東西是有價值的；可以是任何東西——可以是一隻鞋子，沒有任何用處。你能用來做什麼？但偷竊令他如此喜悅……而我必須和他住在同一個房間！

所以每當我遺失了任何東西，我會去察看他的手提箱和櫃子。我會找到我遺失的東西，我還會發現很多我不需要的東西——所以我把它們留在那兒，因為它們會很安全。何必把它們拿回來，造成那個男孩的困擾有什麼意義？他會再去偷它們，還有不必要的煩惱……所以我只會去拿我要用的東西，用完後再把它放回去。

甚至我的衣服……我會去上廁所，他會穿上我的外套然後走掉。我回來後，天氣很冷，但我的外套不見了。我會去看他的衣服，拿他的外套來穿——然後我會在校園遇到他，他看著我說：「你穿了我的外套。」

我說：「對，因為我找不到我的外套。」我沒有看著他的外套——他穿著我的外套。我說：「我找不到我的外套。可能是某個人偷了它。」

他說：「也許現在沒有任何人可以相信。」

他是一個單純的人，因為他知道我知道他穿著我的外套，但我仍然什麼都沒說。我會把他的外套放回他的櫃子，但是他不會把我的外套放回我的櫃子。而是放到他自己的櫃子。但是沒關係。只要我需要，我至少可以在那兒找到一、兩件。

有時候是很麻煩。連床單和枕頭都會不見——你得在半夜尋找。但是我已經決定，如果我的枕頭不見了，就用他的枕頭——因為還有誰會拿我的枕頭？一定是他把它們放在某個地方。

終於有一天他說：「你真奇怪。」

我說：「沒錯。我有點怪，有點瘋狂。」

他說：「我一直認為你有點瘋狂，因為你是唯一不會質問我的人。我一直偷你的東西——我看過你把它們拿回去過，然後又把它們放回我的櫃子。但你從不質問我。」

我說：「我信任你。你是朋友。你一定是在照料我的東西——看到它們被到處亂放，於是你把它們整理在你的箱子裡面。這有什麼不好？——只要我需要，我可以去拿。」

他說：「但每個人都認為我是一個賊，」

我說：「我不這麼認為。你只是相信共產主義。」

他說：「對，沒錯。我不相信任何人擁有任何東西、先得到的就是他的。但我從沒有想過我是一個共產主義者。我的天！如果我父親知道我是一個共產主義者，他會把我趕出去。」

我說：「事實上你是一個偷竊狂。你不是共產主義者，你只是喜歡偷東西。這沒什麼關係。但你有時候會遇到麻煩，因為我看過你的櫃子，裡面東西越來越多。已經快塞滿了，而且它們不是我的東西，所以你一定是從別的地方偷來的。」

他說：「就偷竊而言，每當我偷竊，我在意的只有如何得到——任何東西，原子筆或茶杯。我有點怕太大的東西，因為有一次我拿了老師的椅子，被抓到了。」

我知道那件事。是我救了他。我說：「我記得。不用提醒我，因為是我救了你。」

他問：「你救了我？」

我說：「我告訴老師：椅子鬆了，他拿去給木工固定。」

他說：「我的天，難怪他什麼都沒說。當我還回去時，他向我道謝。有幾個學生發現我偷了椅子並說：『把椅子還回去。』於是我把椅子拿回去，老師說：『謝謝你。你很貼心。』我從不了解他為什麼要向我道謝，因為我是把椅子拿到宿舍裡。」

我說：「你不覺得房間變小了嗎？你已經拿了這麼多東西，這麼多重要的東西。」鞋子、拖鞋、茶壺，任何他可以用手拿的東西⋯沒人在看的時候，他會拿了就跑。

我帶他去找學校的心理醫師。他說：「你為什麼帶我來這兒？」

我說：「你不知道嗎？他有很多好東西。」

他說：「那就沒問題。我準備好了。這要多久？每天都要來嗎？」

我說：「一周兩次。」

他說：「那不夠。不能更多嗎？他有好東西？」

我說：「你不用擔心。他有好東西。當他在進行心理分析時——我已經對醫師說你是偷竊狂，你對這個癖好沒辦法做什麼改變——你知道怎麼做的。」

他開始從心理醫師那兒拿東西回來。有一天他拿了躺椅回來，我說：「這太過分了！這要放在哪兒？」

他說：「我們會想到辦法的，但這是如此棒的躺椅，可以讓人好好休息。我可以躺在上面，你可以分析我。或者你躺在上面，我來分析你。」

「但是，」我問：「心理醫師呢？」

他說：「他突然回家了。有人打電話來說他妻子生了重病，所以我想這是個好機會。小東西我都拿了，只剩下這個躺椅。現在房間都空了。我得在他回來之前再回去確認一下。」

心理醫師來了我的寢室。他說：「那男孩呢？我已經容忍了一切，但這太過分了！他拿了我的躺椅，我沒有它無法工作。」

我說：「你不用擔心，躺椅在這兒。」

他說：「我不想對這個男孩進行心理分析了。他超過我的能力範圍。我在心理分析時，他把手伸到我的口袋——就在我面前！我知道他很單純——如果有顆鈕釦鬆了，他會把它拔掉。雖然那對他沒有用。我被他拿走的東西都在這兒嗎？」

我說：「你不用擔心。我已經承諾你了，你的東西都在這兒。」我把他的東西還給他，包括躺椅。

當那個男孩回來，他問：「發生了什麼事？——房間似乎變空了。」

我說：「既然你在這兒，房間不能空太久。你可以繼續。心理醫師來了，所以我把東西還給他。」

他說：「真糟。我不喜歡這樣。好不容易才把那躺椅拿來，用我的肩膀扛著它。」整個學校都看到了，每個人都知道這個男孩在偷躺椅。從椅子到躺椅——他真的有進步。我們只得阻止他再去接受心理分析。

我說：「你只能偷這個房間的東西。我的東西都可以拿，因為它們會一直在這個房間——從這個箱子到那個箱子。」

我全部的櫃子都是空的。有一次我父親來看我，他看到我沒有衣服；我的櫃子都是空的。他問：「發生了什麼事？你的衣服在哪兒？」

我說：「你不用擔心。」我讓他看另一邊的櫃子。它們是全滿的。

他問：「怎麼回事？我不敢相信你居然讓這個笨蛋偷你的東西。」

我說：「他沒有造成任何傷害。他只是在享受，這件事很單純……我是信任他的。」

我父親說：「你說的信任是什麼意思？這算信任嗎？」

我說：「是的，我信任他，因為每當我說：『可以把我的筆還給我五分鐘嗎？』他會立刻拿筆給我，不只一支而是六支。他會說你可以選任何你要的筆。你甚至可以把這六支都拿走。」

「他是一個很討人喜歡的人。有時候當我需要錢，我會問他：書攤有本新書，我需要三十盧比買書。」

他說：「不用擔心，」然後他會給我三十盧比。

我問：「你從哪兒拿到錢的？」

他說：「不用擔心。那跟你無關。如果某個人抓到我，我要負責；和你無關。我只是把錢借給你。你去買書，有了錢再還給我。我常常會收集我偷的東西」——他常認為自己是收集東西的人——「一旦有人逮到我，我只會把東西還給他：我已經享受夠了，你可以拿走了。」

一開始和他住在一起有點困難。我的牛奶送來後，他會拿去喝。我的早餐常會在我不在時被吃掉。

我會問：「我的早餐怎麼了？」

他會說：「上面沒寫名字。當它送來，我覺得很餓。」

「但是，」我說：「你已經拿了你的早餐。」

他說：「確實。我吃了我的早餐，但我仍感覺很餓。如果你想要，我可以為你拿一份、兩份或三份早餐——無論你要幾份早餐——因為送早餐的人會把宿舍的早餐送到別的房間。」他會對那個人說：你忘掉我們的早餐了。

他非常體貼、討人喜歡，但是…那個竊盜癖無法改掉，然而那不會使我不信任他。他從不說謊。如果他偷了某個東西，他會承認；如果他沒有偷，他會說他沒偷。就那方面而言，他是一個非常誠實的人。竊盜癖是他的病，心理上的疾病。

不管那個人是怎樣的人，當你信任他，你會感覺到一個完全不同的能量，那不是你的字典會寫到的，也不是世界上的一般用語所表達的意思——客觀的，信任一個值得信任的人。

當我使用「信任」這個字，它是主觀的。你被怎樣對待並不重要：你不會對個體固有的價值、對他的完整性失去信任。他的行為是無關緊要的。他的行為可能有一千零一個原因，但是你不去考慮他的行為。你考慮的是個體，不是他的行為。

然後會有一種信任，那是充份成長的愛，不可能會有恨，只會有慈悲。

但還有一個超越愛和信任的空間，不是主觀的或客觀的，就只是存在著。偶爾在這兒坐一會兒，你可能會掉到那個空間——那是無法形容的。

存在裡面有很多事物是無法形容的，那些才是真實的事物。和那個無法形容的寧靜空間相比，那些可以形容的事物所擁有的特質是較低等的，屬於較低的層次。那個空間包含了愛、信任等等。那個「等等」是如此的巨大…但只能讓它自行來到，你不能拖著它行進。

所以如果它偶爾出現了，享受它。為了讓它再次來到，你能做的就是享受它、品嘗它。你的享受和品嘗是一個對它發出的邀請。慢慢的，帶著這種寧靜的友誼會成長。它是可能發生的，你只是閉上眼睛，不做任何事，那個寧靜會降臨於你。甚至沒有渴求它…如果你一直記得不去渴求它，只是邀請它，它會越來越常發生——而渴求和邀請之間有一個很大的差別。

渴求是侵略性的。但它是一個非常微妙的現象，你不能是侵略性的，否則你會摧毀它。

邀請則是完全不同的。透過邀請，你是在說：我是任你取用的，我的門是敞開的，每當你來到，你會發現我是清醒的、警覺的、準備好的。你不用說任何話…這個邀請的感覺就夠了，這個空間將會不斷成長，越來越常發生。一開始它會在你和我坐在這兒時發生；慢慢的，在其他地方，它會開始來到。很快的，它的發生不限任何地方。

你只要靜靜的坐著，記住這個邀請的心境，它就像是光組成的雲層，向你灑落花朵。只有在東方會有開著這種花的樹。寺廟旁常會種著這種樹「madhukamini」，它的意思是「甜蜜的夜晚。」它只會在晚上開花，白色的花——非常小的花，但是有數千朵。整棵樹開滿了花。你看不見葉子，花朵太多了，還有那個味道…那些花的味道會飄到很遠的地方。到處都充滿了它的味道。

在早上日出前，這些花會開始凋落。那個景象是值得一看的：就像下雨一樣，那些花開始落下，地面上覆蓋了一層厚厚的花毯，因為那些樹會在夜晚落下全部的花朵。十五天後，它會再開花。

當你經歷過那個無法形容的空間，你會感覺花朵灑落在你身上。那個空間有某種芬芳、某種光、某種喜悅。但永遠不要渴求它；那會變成阻礙。如果你渴求它，你將會錯過它。如果你邀請它，它會一再的來到；有一天，它會變成你的一部分。它必須變成你的一部分。

第三十四章 信念的心理學

奧修，有一天你提到我們背負著要將你的話語散播到全世界的重大責任。可以請你多談談嗎？

現在人類最重要的需要就是要覺知到過去已經背叛了他們。沒有必要讓過去持續下去，那會導致自我毀滅。

新人類是絕對且迫切需要的。

新人類不會是過去式的社會，那時候的個體只是它的一部分。新人類會是個體的會合，那時候的個體會是主人，而社會是用來服務他們的。新人類將會有很多不同的面向。他將不會有很多宗教，他只會有一個宗教性的意識。不會有一個專制的神是他們的造物主，因為那表示人類是被奴役的。神性會是他們最終達成的一個特質，會是他們成道的一個特質。神將會到處都是——在一切萬物中、在每個存在中。

個體不再是受制約的；他將被幫助成為他自己。不會給他任何理想、規範和模式。只會給予他對自由的無限熱愛，以便他願意犧牲一切，甚至自己的生命，但不會犧牲自由。新的個體不會是壓抑的；他會是自然的，沒有任何約束，表現出他所擁有的一切。就如同植物用不同的顏色和香味表現自己，每個個體也會如此。

新的個體不會誤認為所有人都是平等的。他們不是。他們是獨一無二的，那是比平等還要更高層次的概念。雖然新的個體不是平等的，但他們會擁有同樣的機會去發揮自己的潛力。

將不會有任何婚姻；愛會是唯一的法律。小孩會是社區的一部分，社區來決定誰可以成為母親和父親。不會是隨機的、意外的。它會根據地球的需要來決定。

新人類將會擁有一個新的環境，自然不是用來被征服的，而是用來生活和愛的。我們是它的一部分——我們要怎麼征服它？國家、膚色和階級之間將不會有任何分別。將不會有任何國家和政府。只會有一個功能性的世界政府，這個世界政府不會由一般的投票人決定——因為他們必須選擇適合自己的人。

它的運作模式會是完全不同的。就如同我們不允許任何未滿二十一歲的人投票——他必須是成年人——同樣的，除非每個人都受過良好教育，至少擁有學士學位，否則不能投票。而且人們不會為任何政黨投票——因為將不再有任何政黨，它將會是一個無政黨的體制——人們會為自己而投票。

教育部長、外交部長、內政部長、總理——擔任這些職位的人將會擁有適合這個職位的長處。就如同投票人必須擁有學士學位，擔任這些職位的人必須擁有博士學位。所以擔任這個職位的人會是這個領域的專家，由受過教育的人和知識分子來選出。

政府將不會是過去式的政府。它不會擁有任何權力，純粹是功能性的。它將會是社會真正的僕人，不會只是文字上的。

生命有很多面向，而政治控制了一切。任何外星球的人看到報紙都無法想像住在地球上的是什麼樣的人——只有政客？謀殺犯？自殺者？強暴犯？罪犯？…因為你們的報紙上都是這樣的人，站在這些人上方的則是政客。

生命中每個創造性的面向都要被揭露出來，而醜陋的面向則不需要大肆宣傳。如果某人殺了人，應該被揭露——但不是指責他是個罪犯，而是要顯示出他的心理，這個人是如何走錯路的，他為什麼要殺人。站在他的立場，遇到同樣的狀況，任何人都會做一樣的事。所以你不去譴責那個人，而是譴責那個訓練、那個情況、那個造成他這麼做的來龍去脈；這才是科學的。

為什麼這個人會變成強暴犯？——因為他的環境創造出成為強暴犯的能量……雖然他試著要成為浸禮會教友，但最後卻成為強暴犯！所以要揭露負面的部分，但不要譴責那個人，因為沒有任何行為可以等於整個個體。這個行為是他生命的一小部分。

新聞應該是充滿創造性、正面性的。百分之九十的新聞應該是要報導音樂家、詩人、雕刻家、舞者、演員、哲學家，百分之十才是報導政客和負面的內容。負面的內容應該要分析原因，才不會使那個人受到譴責。政客的部分應該只是事實的報導，不能添加別的東西。如果他們做的事是好的，應該報導，如果他們做的事是不對的，也應該報導——但不應該讓他們操縱我們的生命。

新人類必須改變教育的整個架構。那將不會是以野心為導向的，它不會使每個人極度渴望要成為某個強大的人。相反的，它會創造出創作者。它會創造出知道如何慶祝的人。它基本的功能應該是將生活的藝術、愛的藝術、歡笑的藝術、唱歌的才能、跳舞的才能和繪畫的才能教給人們。

將會有些人去接受技術和科學的訓練，但這些接受技術、科學或醫學訓練的人也應該要意識到生命美麗的一面。他們不應該變成機器人——因為你做的事將會使你成為那樣的人。如果你不斷對客體進行研究，你很快就會忘掉你是一個主體；你會變成客體。

每個去學校、學院、大學念書的人都應該要參加催眠課程，透過催眠鼓勵他去靜心——以便靜心來自於他的內在，而不是從外在強加。不是強迫去靜心，而是主動去靜心，因為那是來自於內在的。那就是催眠的美，它可以在你心裡種下一粒種子，一旦它出現了，你就永遠不會覺得那是被強迫去做的某件事。靜心這樣的東西不能是強加的；否則會有怨恨。但催眠是一個偉大的藝術：它可以幫助人們拋棄各種怨恨、嫉妒、憎恨、競爭。它可以把人的內在聖殿完全清理乾淨，以致於每個人可以真正的成長而不只是變老。

所以當我說必須將這些話語散播開來，我的意思是新人類是絕對需要的。老舊的一切是死氣沉沉的、垂死的⋯⋯無法存活太久。如果我們無法產生新人類，那人性將會從地球上完全消失——那將會是醜陋的。

我要你們把這些話語散播開來，因為他們透過各種方式去阻礙我和人們有所聯繫。但我將會接觸到人們。他們是平凡的政客：他們阻擋不了我。他們可以拖延我，但是他們無法阻止我，除非某個笨蛋完全發了瘋，把我殺了。

如果是這樣，你們還有這些話語。如果我死了，你們的責任就很重大。當我還在這兒，你們就沒有任何責任；我可以自己一個人弄，不會有任何困難。但如果我不在這兒，那你們的責任就會變得很大。你們每個人將會代表我，我們必須看看他們能對多少人處以十字架刑。

但這些話語必須散播開來，因為話語是無法被處以十字架刑的。必須找到方式和工具讓這些話語抵達地球的每個角落、聯繫到每個可以了解的人類。

奧修，有一天我聽你提到印度不同派系的爭鬥，有一瞬間，我覺得非常害怕我們要面對的困難。似乎人們所認同的一切是根據和他人的爭鬥來決定，彷彿他們只透過爭鬥的能量活下去。而每個爭鬥的行為似乎都有賴於一個他們希望能成功壓制競爭者的信念體系或對應的懷疑體系。大至國家，小至個人，似乎都存在著一種特有的疾病，而這個病已經到了末期。信念體系的心理學是否就是造成人類混亂的主要原因？

確實如此。造成人類對立的障壁是由不同的信念體系所組成，而所有的信念都是虛假的。人類因為虛假的信念而犧牲。這些信念是政治的、社會的、宗教的，但是它們都有共同的一點，它們在壓抑你對真理的探詢。它們將你對社會的懷疑塞入你的無意識。而且不允許任何人質問。

任何害怕被質問、詢問、懷疑的信念體系證明了它沒有任何實質的基礎——他們都在害怕，非常害怕。不能有人觸碰到最根本的問題。你可以提出關於瑣事的問題，但是你不能提出和他們的基本教義有關的問題，因為他們沒有任何證據。它們是虛構的。

看到人們為了各種虛構的東西而爭鬥是很奇怪的——印度教虛構的一切、基督教虛構的一切、回教虛構的一切——它們都屬於同一個種類。無論他在哪兒，它們都會對他做一樣的事：摧毀他的完整性和智慧。

他們的努力就是要使你盡可能的毫無智慧，以便無法去質疑那些當權人士。他們的意圖和命令從不會被質疑；否則不可能會有數百萬人隨時準備為了愚蠢的東西犧牲生命。天主教徒和新教徒對抗——兩者有什麼差別？差別很小，幾乎可以忽略——而人命是如此珍貴。但那個可以忽略的差別卻更重要：數以千計的人可以為它而死。

每個宗教都在和其他宗教對抗，雙方都知道自己站在流沙上。卻假裝自己的根基很深厚、很悠久，時間無法改變它們：它們是恆常不變的。地球上有很多宗教已經消失了，很多新的宗教取而代之；然而它們老舊的頭腦仍然認為宗教是永恆的。

政治體系像時尚流行一樣，不斷在改變；宗教體系則需要一點時間，但是它們也在改變。它們必須改變，因為人類對於科學領域的探尋不斷得到新的真相。那些你無法否認的真相。一開始，宗教試著否定它們，但沒有成功；現在宗教試著吸收它們。宗教甚至準備放棄聖經裡面任何有悖科學的部分，並用科學事實取而代之。但是他們執著於聖經，試著用新的真相裝飾它，以便聖經仍然可以吸引人，但那個吸引是有害的，會危害到人類和他們的生命。

人類的成長過程中，不能用任何宗教信仰和政治思想去培育他們。他受的教育只是用來磨銳他的智慧，以便有一天，他可以找到自己的真理。還有記住，如果你擁有的不是你找到的真理，那它就不是真理。

真理必須是屬於你的、必須是你的經驗；不能是你借來的。這些信念體系被借用了好幾世紀。它們裡面包含著醜陋的東西，那些東西曾經是被認同的，因為人類那時不是很警覺，但現在，人無法再接受那些醜陋的東西。

例如，你可能會看到每個人帶著紅色漿糊到寺廟，並用它把一個東西黏到神像額頭上，然後在神的面前打破椰子。那個緣由是，紅色代表敵人的血，椰子代表敵人的頭。椰子和人頭有點像：它有兩個眼睛、鬍鬚、頭骨。事實上，在印度斯坦語中，頭骨叫做 kopri，而椰子叫做 copra——同樣的字。

曾經在其他的思想體系中，真的用信徒的頭和血來祭祀神。一切都被用來祭祀。在古印度經典中有提到 ashvamedh yagna，意思是把馬當作祭品。甚至現在他們仍大費周章的用母牛…在黎俱吠陀中有提到 gomedh yagna，意思是必須用母牛當作祭品。最令人驚訝的是 narmedh yagna，意思是用人作為祭品。現在，這一切看起來，甚至對於信徒也有點過份，於是他們象徵性的用人、母牛或馬的雕像當作祭品。

但是人持續執著。他不會了解。你是對誰獻祭？並沒有誰等在那兒；天空不會傳來任何答案，它是完全寧靜的。它不在乎你的祭品，也不在乎你為自己支持的宗教不斷和其他的宗教對抗。但是那些掌控信念體系的人無法放下。

就在某一天，阿南朵告訴我歐洲天主教教會非常積極的要摧毀其他與之競爭的宗教——耶和華的見證人、文鮮明統一教、國際黑天覺悟會和其他宗教。他們這樣做的原因是因為他們失去了百分之十八的信徒。

歸根究底是因為——他們沒有談到神或他們的理念。事實是：他們少了百分之十八的信徒。於是他們開始譴責那些宗教，說他們派年輕的女人去引誘人加入他們的宗教。這是他們的譴責。但我對他們的方式很清楚：因為在印度時，我自己就被拿著小冊子的美麗女天主教徒接觸過，邀請我加入她們的教會。

我說：「這個垃圾你拿著就好。我可以去教會，但是要請警察準備好——因為我不會只是在那兒聽！我將會和你們的牧師進行辯論——因為如果這些小冊子是你們的宣傳文書，它可以證明你們怎麼佈道的。」

她們變得很生氣，我說：「美女生氣不太適合，妳們被派出來是因為妳們的美貌。妳們找錯人了。但是妳們可以找別人，會有很多人被妳們引誘而加入教會。」天主教自己都在這樣做。現在他們卻在譴責其他宗教——基督教的其中一派——統一教是基督教的其中一派，耶和華的見證人也是基督教的一派。

現在天主教教會卻強烈譴責那些宗教在鼓勵賣淫，透過賣淫而使他們的信徒減少。但是他們一直在做同樣的事。他們的譴責暴露出自己的行為。

關於舊社會，最醜陋的是它依靠虛假的信仰，它依靠恐懼和貪婪。人不需要害怕任何事。人可以慶祝非常細微的小事；人只是需要知道慶祝的藝術。然後住在平凡的小房子可以像是住在皇宮裡的皇帝一樣。可以非常高興的享用平凡的食物，彷彿沒有國王可以和你相比——他們已經失去了食慾。

這是個奇怪的世界：窮人有食慾，而富人有食物。當富人過去貧窮時，他也是有食慾的，但是為了得到越來越多，以便滿足他對各種食物的慾望⋯等到他可以說：「現在我可以開始享受了」，卻發現他的食慾都沒了。事實上累積那些他無法使用的東西已經使他浪費了全部的生命。有的人在挨餓，有的人卻因為暴飲暴食而死。

舊社會是愚蠢的。在舊社會爆發核子戰爭之前，我們需要一個根本的改變，我們馬上就需要它。

奧修，蘇格拉底說過：「我唯一知道的是我什麼都不知道。」而你說：「知道你自己就是知道一切。」我想知道成道和知道一切有什麼關係？

首先，成道和知道一切沒有關係。它是純粹的知道；知道的客體並不存在。它是純粹的愛；你愛的客體並不存在。它是純粹的慶祝。

記住，成道就是不再被二分性束縛——不再被自己以外的一切束縛，無論它們和你有什麼關係。那是一個洞見：不是你在試著知道某件事，你只是在清理自己的眼鏡。你試著使自己的眼睛能看清楚。否則你可能懂得很多，但那不會使你到達目的地。

蘇格拉底說：「我只知道一件事，就是我什麼都不知道，」但是他至少知道一件事：他什麼都不知道。他的知道是很明確的，非常明確。沒有任何客體，但是會有這樣的洞見。

我說：「知道自己就是知道一切。」這和蘇格拉底的意思並無不同，只是不同的說法。知道自己的意思是到達一個純粹知道的狀態，只是覺知的、有意識的。在那個意識中，你變成了整體的一部分。你不會透過外在而知道，你透過內在而知道。你不再是局外人，你變成存在的一部分。

那個純粹知道的喜悅就像洗了一個澡只是為了乾淨、再次生氣勃勃，沒有別的原因。純粹的知道就像使你恢復生氣、年輕、有活力、警覺的意識之雨不斷在你裡面灑落——一個人還能要求什麼？這是一個人唯一可以想像到的最美好的事。它是完全的寧靜。那就是為什麼蘇格拉底說：「我什麼都不知道。」

但是我只知道一件事：他覺知到自己的洞見、自己的覺知。覺知到其他事物的能量再度返回到能量本身。現在它知道自己了。我把這稱為成道。

和知道你內在的生命奧秘相比，知道全世界是微不足道的。

奧修，為了讓你進入，我裡面的每根纖維都被用力的拉開來：這個片刻是珍貴的。然而我知道放鬆是和你全然在一起的唯一方式。我想到一個成道弓箭手的蘇菲故事：完全的集中注意、放開來、砰：是否可以請你評論？

首先，這不是蘇菲的故事，這是禪的故事。我想要把整個故事告訴你——也許你可以為你的問題找到答案。這不是故事，而是真實的歷史事件。

有一個德國的哲學教授海瑞格爾，只是在圖書館偶然看到禪宗的書就對禪很有興趣。他非常為之著迷以致於向學校請了三年的假去日本找一個師父。他認識很多學校的教授，便詢問了他們，他們都告訴他去找一個人，一個非常著名的射手。「現在沒有人有這樣的特質。如果那個人願意讓你成為他的弟子，那會是一個極大的祝福。」

他去了。他謙虛的介紹自己來自德國，想要成為他的弟子。「我是來學習禪的。」

師父笑了。他說：「我們對禪一無所知。我是一個射手。我可以教你箭術，如果禪發生了，那你是幸運的。你必須完全照我說的作，它才會發生。」

然後他說：「看著靶子，拉開弓，讓箭自己射出去：你是放鬆的。」

這是完全荒謬的。如果一個人是放鬆的，箭要如何自己射出去？一個人應該要非常緊繃，集中注意，但這個人所說的和集中注意完全無關；他談論的是放鬆。海瑞格爾是一個非常好的獵人，所以那對他不難：他可以每次都射中靶子。

但師父總是說：「不，少了某個東西。你沒有在聽我說話。你太在意射中靶子，你太緊繃了，害怕沒射中。那個靶子不是真的靶子；它只是一個設計。拉開弓，放鬆，讓箭自己射出去。」

連續三年的挫折⋯每天師父會說：「似乎不可能⋯你無法成功。就射手而言，你當之無愧——你可以和任何射手相比——但你是來了解禪的。我對你說我對禪一無所知是因為我不想要你在意禪，因為只是一個對它的關心也會造成緊張。」

「現在我要對你說：如果你可以讓箭自己射出去，同時保持放鬆的、漠不關心的，也許你可以經驗到禪。」

三年來不斷的失敗後，海瑞格爾去見了師父說：「明天我就得離開了。你一直對我很好、很慈悲，但是我做不到；你教我的方法對我是不合邏輯的。所以明天我會離開。如果我有時間，我會來見你最後一面。」

然後他來了。師父正在教另一個弟子，海瑞格爾坐在旁邊看著，因為現在他要離開了。他已經決定：「這不適合我。」光是從文字上來看，他就認為是不可能做到的。

師父正在教某個弟子，告訴他應該要怎麼做，師父拿了弓和箭；他拉開弓。海瑞格爾看著，非常訝異的，師父是完全放鬆的，而箭射中了靶心。他可以看出來箭是自己射出去的。師父是完全不緊張的；放鬆的站在那兒。他甚至不擔心箭是否會射中靶心。

海瑞格爾說：「我的天！三年來他一直這樣教我：我居然無法了解？很明顯他做到了。無論是否合乎邏輯，他做到了！」

他不由自主的站了起來，走向師父，從他的手上拿走了弓和箭。他不是為了要再嘗試而來，但是在那個瞬間⋯他首次了解，因為這是他第一次毫無罣礙、漠不關心的——他要離開了，他要結束一切了。他的眼神是清澈的，沒有任何慾望。

他拿了弓和箭，拉開弓，全身放鬆的，讓弓弦自行彈開。射中了靶心。師父說：「你做到了！我知道有一天你會做到的，但我沒想到會是最後一天。而且你今天不是為了射箭而來。那正是我一直對你說的——那是和平常的行為不同的行為。那是來自於無為的行為，無作為的作為。」

海瑞格爾說：「現在沒問題了：我了解了；我經驗到那個我想要經驗的。我經驗到那個放鬆的片刻了。所以這就是禪。」

如果你嘗試，那你是在試著違背自己的渴望。不要試。這兒沒有弓、沒有箭、沒有靶子。你在這兒不用做任何事。在這兒你可以放鬆。最多，你可以想起我說過的一些話——沒有什麼要擔心的。

如果你是放鬆的，你就不會錯過。你只是擔心如果你是放鬆的，你可能會錯過⋯而你不想錯過任何事。那會造成緊張。我不要你注意我和我說的話。我要你是完全放鬆的。即使你沒聽到我說的話，你仍會了解我所說的話——你會經驗到禪。

奧修，美國曾做過一個問卷調查。其中一個問題是：「如果你可以擁有某個人的頭腦一天的時間，你會選擇誰？」答案讓我很錯愕。第一名是愛因斯坦，然後是約翰甘迺迪——然後如果你相信的話——雷根是第三名。耶穌和其他高等的存在則排在名單的很後面。奧修，人類怎麼了？

虛偽無法成為你的實相。無論你怎麼努力，它仍是虛偽。美國是一個基督教國家，現在你可以看到那個虛偽——耶穌，甚至上帝，都不是名單上的第一名。他們排在很後面。甚至雷根也領先耶穌和上帝。

他們沒意識到暴露了自己的虛偽：這個國家不是基督教國家，沒有任何人是基督教徒。他們怎麼能忘掉耶穌？他們認為雷根的頭腦比耶穌的頭腦還要好嗎？但是耶穌被晾在一邊⋯連上帝的頭腦也沒有比雷根的頭腦好！

現在他們開始在美國膜拜雷根，他們應該開始在學校教導，是雷根創造了世界，他才是造物主。這顯示了事實；一個無意識的暴露。

愛因斯坦有一個很棒的頭腦，但是他不再對自己的頭腦感興趣。那些人不知道愛因斯坦想要在來世當一個水管工，因為他了解到很好的頭腦是沒有用的。它無法讓你知道你自己的實相；相反的，它不斷讓你欺騙自己。它是很擅於說謊的。是的，關於世界上的客體，它有很棒的理解力，但那有什麼意義？你知道全世界，但卻不知道你自己。你知道全世界，但你卻必須問別人關於你自己的事，你卻必須問別人你是誰。

愛因斯坦感到厭煩了，他是一個非常誠實的人，他說：「我不想成為物理學家、科學家——都不要。我想要當一個很普通的人，例如水管工，這樣我就有足夠的時間可以放鬆，去了解自己。那是我錯過的最珍貴的東西。正是這個頭腦造成了廣島和長崎的事件。」

他永遠無法原諒自己。如果不是他，就不會有這兩個事件。是他寫信給羅斯福：「我可以準備原子彈，那超越了所有的武器，勝利是毫無疑問的。」

當他做好了原子彈，它們落到了政客的手上，他改變了主意並寫了信：「請不要使用它們。它們會殺死數百萬無辜的人——而我要負責任。」

但是沒人理會他；甚至沒有回應他的信。他們收到愛因斯坦的第一封信時非常高興，美國非常高興，對他禮遇有加。但其他的信卻石沉大海——沒人在意那些信。現在他們掌控了這個武器。

如果人們知道這件事，他們就不會想要愛因斯坦的頭腦。臨死前，他把腦部捐給最好的腦科醫生，因為他想知道：「我的頭腦發生了什麼事以致於我錯過了解自己的機會？——我卻知道關於遙遠的銀河系的一切。一定哪裡出錯了。參加問卷調查的人一定只是聽過愛因斯坦。他們不知道他的痛苦。他們不知道他一直覺得自己要為廣島和長崎的事件負責，不知道他無法原諒自己。」

至於甘迺迪：他是一個好人，但並沒有很好的頭腦。他沒有留下任何東西證明他擁有一個很好的頭腦。他是個勇敢的人：但那不等於很好的頭腦。他們真正想選擇的似乎是雷根——因為其他兩個都死了——而我無法想像任何人居然會以為雷根有腦袋！

我想到一個故事。一個政客動了腦科手術。那是個大手術：他們必須取出他的腦部，那花了好幾小時，然後他們把他的頭部縫合好。他們弄好了他的頭部，然後把他留在低溫區。然後他們在別的房間研究他的腦部。有個人跑過來把政客搖醒：「你睡在這兒做什麼？你當選美國總統了！」

政客說：「我的天，我居然還在這兒睡覺！」他和那個人一起離開，當他離開時，有個醫生看到他。

醫生說：「你要去哪兒？你的腦部還在外面！」

政客說：「我現在不需要它了：我已經當選美國總統了。如果我需要它，我會再回來。但是現在用不到它了。把它保存好。」

雷根？——但是美國的政治⋯⋯而雷根讓陣營變得很明確；以前還沒這麼明確。過去，全世界沒有這麼明顯的劃分。現在這是我們自己的經驗，雖然歐洲、澳洲或遠東國家假裝它們是獨立的，但那只是假裝。現在只有兩個國家：蘇聯和美國。

雷根證明了自己是最支持戰爭的人，他使全世界完全分為兩個陣營。他只是在等待正確的時機去發動戰爭。在利比亞，他希望蘇聯會帶頭表態，但現在我認為蘇聯更在意全人類，而不是共產主義。

這很明顯，如果人類都消失了，共產主義也會消失。當人類不存在，保有共產主義是不可能的。所以對蘇聯而言，共產主義已經不是首要大事，而是全人類。所以蘇聯必須讓利比亞的事件冷卻下來，以免它變成第三次世界大戰。但美國卻想要找到任何漏洞，以便讓第三次世界大戰發生。

雷根在問卷調查中排名第三只是表示大部分的美國人沒有在用腦袋。他們甚至不在乎讓耶穌排名第四、讓上帝排名第五。他們不認為他們侮辱了自己的宗教；他們不認為他們背叛了基督教。

但平庸的頭腦就是這樣。它喜愛暴力，享受戰爭。它對於慶祝、跳舞、唱歌和愛沒興趣。它對於保持寧靜、和平和開花沒興趣。整個歷史上來看，它一直在支持戰爭——那就是為什麼他們會選擇雷根。

也許愛因斯坦不是因為自己的頭腦而被選上，而是因為他創造了原子彈，創造出全新的軍事領域、來到了全新的軍事階段，核武讓戰爭來到了高潮。也許甘迺迪被選上也是因為如此⋯⋯

印度很少會有禁書，特別是羅素寫的書。有一本羅素的書被禁止出版，但是某個朋友從英國帶給我。禁止那本書出版是因為古巴的局勢：美國威脅古巴——它要古巴被完全摧毀——而古巴向蘇俄求救。有艘船載著一枚核子飛彈，甘迺迪說：「如果那艘船沒有馬上返回蘇聯，我會開始轟炸古巴。」赫魯雪夫是一個三流的政客，但事實證明他是更人道的：了解整個情況後，他下令讓船返回。

全美國都把這當成勝利，為此高興不已。但羅素寫了一本書，它說勝利的是赫魯雪夫和蘇聯：他們有考慮到人類，他們避免了戰爭的發生，代價是被稱為懦夫。但他們是可以開戰的，他們可以不讓船掉頭。但預見到數百萬人因此而不必要的犧牲……而且這件事不會只影響到古巴，它會影響到全世界。

所以一個像羅素這樣的人，一個偉大的天才，寫了一本支持赫魯雪夫的書。他是反對共產主義的人，但他說：「那是另一件事。但這件事證明赫魯雪夫是遠比甘迺迪還要人道的。甘迺迪是一個好戰份子。」

在同一本書中，他譴責了尼赫魯——那就是為什麼這本書被禁——因為尼赫魯一直談論和平，但他的軍隊卻在轟炸巴基斯坦！而且他不讓喀什米爾舉行公投決定要選擇誰：巴基斯坦或印度。巴基斯坦已經完全準備好了。

喀什米爾人一定是選擇巴基斯坦，因為百分之九十的人是回教徒，只有百分之十是印度教徒。所以尼赫魯不同意公投——一個解決問題的民主方式。這個問題到現在還沒解決。四十年來，這個問題一直存在著。巴基斯坦和印度的軍隊都駐紮在邊境，聯合國觀察員也留在那兒。四十年來……你可以在那兒待四千年，但不會有任何改變，因為印度不願意舉行公投——這是不民主的。而且如果巴基斯坦發動攻擊，印度也會反擊。

尼赫魯談論和平和非暴力，但他的軍隊做的卻是相反。他還談論和平，但是對於喀什米爾，他無法遵循自己的民主原則。因為這樣，羅素的書被禁了，但由於禁止這本書出版，使這本書在印度的銷售率比任何地方還高。走私者用各種方式將這本書走私到印度，而且是用更高的價格賣出，幾乎是兩倍。

所以也許選擇愛因斯坦的美國人是因為廣島和長崎的事件；選擇甘迺迪是因為他的固執並準備轟炸古巴，完全沒考慮到全人類將因此牽連而發生第三次世界大戰；選擇雷根——將把全世界拖進第三次世界大戰的人。那會使他成為史上最偉大的英雄——雖然將不會有任何人可以活著寫下歷史，不會有人記得誰是最偉大的英雄！

至於可憐的耶穌：他很適合星期天的宗教。至於上帝：雖然人們相信上帝，但他們知道上帝並不存在。即使上帝存在，我不認為人們會認為祂有一個頭腦。看到全世界一團混亂，很明顯祂是沒有腦袋的；祂可能是個智障。

這個問卷調查是很有意義的。它顯示出人類的頭腦——它的暴力、獸性和野蠻。它的虛偽被暴露出來是好的。

第三十五章
你敞開的天空

奧修，葛吉夫車禍時發生了什麼事？

葛吉夫的方法有點奇怪，他確實不同於其他人和那些舊的方法。他的方法著重在創造出一種感受：身體和意識是分開的——不是一個理論，而是真正的實驗。

每個人死時都會有這種感受，但大部分的人都是無意識的死去。意識會完全脫離身體，繼續它永恆的朝聖之旅。而身體的旅程是非常短暫的，那個旅程是無意識的。一個大自然的手術。

當你是有意識的，醫生無法移除你身上的任何部分。他必須使你失去意識，然後才能移除任何部分。那時他可以殺了你；你永遠不會發覺。但如果你是有意識的，那個對身體根深蒂固的認同所造成的痛苦會非常嚴重和難以承受，以致於你不會讓他這麼做。

曾經在印度發生過，就在本世紀初。瓦拉納西的邦主必須動盲腸手術。全世界最好的醫生都參加了手術。但是有一個很大的問題：他不接受任何會使他失去意識的東西。他一生所做的努力就跟葛吉夫一樣：試著成為有意識的，和身體保持分開來的。他說：「你可以切除盲腸。我不會打擾到你。」

但醫生不能聽病人的。而且這種手術⋯⋯在他有意識的時候切除盲腸！他可能會跳下手術檯，他可能會做某件事；他可能不只會摧毀手術，還會摧毀他的生命。

但是還有一個問題。如果延後手術時間，盲腸可能會爆裂，那時死亡會是毫無疑問的。而且他不是一般人，他們無法強迫他。他可以接受死亡，但不會接受任何麻醉藥而使他失去意識。

最後醫生們決定：「讓他冒險一試；讓他保持清醒。反正這樣下去都是會死。如果我們不動手術，他就會死。但有可能他是對的。他可能達成了這個堅毅的特質，他的意識可以和身體分開來，他可能會沒事。所以值得冒險一試。而且他是一個頑固的人，他不會聽我們的；他從未聽從任何人。」

而且必須在幾分鐘內做出決定；否則他就不可能存活了。於是他們終於決定對他動手術。他保持有意識的。手術結束了，盲腸被切除了，他保持一副什麼都沒發生過的樣子。在醫學史上從未發生過這樣的事。這是個奇蹟。

葛吉夫的工作就在於讓意識和身體是保持分離的，讓意識變成一股堅固的力量，以致於身體無法影響它，讓身體變成僕人而不是主人。他為此做過很多實驗。

例如，他常喝酒。你無法想像這麼大量的酒：但是他會保持完全有意識的。無論多少酒都無法使他失去意識。他的弟子會和他一起喝酒，幾分鐘後所有人都倒在地上——但是葛吉夫會繼續喝酒。

他試著透過不同的方式去感受哪些情況會執著於身體。他會禁食，他會好幾天不吃東西——這和宗教無關，純粹是科學實驗。他會暴飲暴食，以致於身體會說：「停止！」但是他會繼續吃，只是為了讓身體完全了解到他不受它控制：他會做他想做的事，他不理會身體。

車禍是他實驗的最高潮。說那是意外並不正確；那不是意外。那是他造成的——故意的、經過深思熟慮的、有意識的。對每個人而言，那看起來像是意外。

他常常開快車。坐在車裡的人都在發抖：車子隨時會撞上任何東西。但是那一天他自己一個人開著車，他故意將油門踩到底，讓車子去撞一棵大樹。他有好幾處骨折——車子完全毀了。醫生說無法想像他怎麼逃過一死的。那些骨折、全身上下都是鮮血，他走回他的修行所——從車禍處到那兒幾乎有一哩半的距離——然後說：「叫醫生來檢查這個身體。」

當醫生看到車子時不敢相信。沒有人可以在那種情況下還活著；那是個非常嚴重的意外。這麼多骨折，但他仍是有意識的；流了這麼多血，他沒有失去意識。他想辦法走了一哩半的距離⋯那絕對是個奇蹟。照道理來講，他是不可能做到的！

那不是意外；他是故意的，三周後他完全復原了。他想要在死之前先知道死亡。那是那個意外的目的。他想知道當身體經歷這樣的折磨，是否會影響到他的意識。他非常高興他成功了，用他的話來說，他達到了「結晶化。」現在死亡不算什麼，他可以有意識的死，觀察在死的過程所發生的一切。

他選擇的方式是漫長艱辛的。但他是一個奇怪的人：對他而言，那既不漫長也不艱辛，對他而言，那個方式是完全自然的、正常的。

應該把那個車禍當成故意進入死亡的過程。他幾乎快死了，但藉著他結晶化的意識，他想辦法活了下來。他拒絕死亡。那是個美麗的實驗，雖然很古怪。

他試著做的一切可以用很容易的方式做到，只要對你日常活動越來越覺知：走路、坐下、吃飯、睡覺。它們不會這麼戲劇化，但會更單純、更人性、更合理。

但葛吉夫不是一般人。他應該被當成例外，不是常態。任何人都不該嘗試他的方式，否則會陷入麻煩。不能照著那種人的方式做，那種人是存在的。你可以了解他們的生活方式，但你不該嘗試模仿他們。

而且不只是葛吉夫。東方還有很多人，死前仍是默默無名的…有少數人是著名的，但是連一般的東方人也試著忘掉他們，因為他們的實驗是非常粗暴的。

在印度，有八十四個大成就者。整個印度歷史上曾經有八十四個人和葛吉夫說著相同的語言，他們嘗試過各種實驗。也許就其中一些實驗來看，連葛吉夫也無法和這些人相比。

我曾經去過其中一個大成就者的僧院。他們把僧院設置在地底下。因為他們的實驗，使得群眾非常反對他們，燒了他們的文獻、殺了他們的師父、試著抹除…說他們不屬於東方的傳承。

在拉達克，喜馬拉雅山上，有一個小僧院隱藏在深山裡。他們沒對任何人說這個僧院是大成就者的僧院。在印度還有一些僧院。但除非他們信任你，否則他們不會把其他的僧院告訴你。他們是保持聯繫的。

在這個僧院，我看到一個實驗，有助於解釋葛吉夫的實驗。他們一開始先小量飲用毒藥，慢慢的，每天增加藥量。那個毒藥非常危險，只要一小口就能讓一個人死亡。但是後來他們做到可以毫無限制的飲用那個毒藥，完全不會影響到他們的意識。他們仍然保持跟正常人一樣。而且他們體內吸收了這麼多的毒藥，以致於如果他們咬了你，你就會死；他們全身都充滿了毒藥。

而且他們會在僧院養眼鏡蛇，牠的毒是最危險的。一百條蛇裡面只有三條是有毒的；其他九十七條只是假的，沒有毒。但是如果你看到牠們，你會嚇暈了，因為牠們看起來像是有毒的。牠們是蛇，但少了一部分：沒有毒。

就毒性而言，眼鏡蛇的毒是最致命的。這些大成就者，名符其實的，對他們而言，喝毒藥已經是毫無意義的。他們讓眼鏡蛇咬他們的舌頭，然後將眼鏡蛇倒過來，把全部的蛇毒注入到他們嘴裡。你會很驚訝，眼鏡蛇死了！——因為他們全身都是毒藥。眼鏡蛇只有很少量的毒，在牠嘴裡面的毒囊。那就是為什麼中國人吃蛇就像吃蔬菜。砍了頭，剩下的都是蔬菜！

有一個著名的故事，一個師父和他的弟子及一個客座師父等待用餐。因為眼鏡蛇是一道美味的食物，於是牠被端上桌了。但師父感到震驚，他看到蛇頭被放在客座師父的盤子裡。於是他把盤子拿走，並把廚師叫來，那個廚師也是個和尚，後來發生的事證明他不只是和尚，還是一個師父。

那個師父很生氣，但在他表達憤怒前，廚師說：「怎麼回事？」

師父說：「看看這是什麼。你連蛇頭也煮了！」

廚師說：「不用擔心。」他拿起蛇頭並在大家面前吃了它。然後他說：「現在你們可以吃了。沒事；我已經把頭處理掉了。」大家都呆住了，陷入一陣寂靜。但也許廚師也待過中國某個大成就者的秘密學校，所以沒有任何事。他沒有因此而喪命。

這些實驗確實是令人吃驚的，但他們證明了一個人是可以如此的有意識，以致於沒有任何東西可以再使他失去意識。他已經有意識的達到了最終的。這就是葛吉夫做那些實驗的目的。不要把那稱為意外。

奧修，我是變成思想和情緒的能量。我是那些思想和情緒的表達。我是那些思想和情緒的觀照者。這神聖的三位一體，哪個最接近我這個獨一無二的存在？

最後一個，覺知的能量，最接近存在的中心。然後再遠一點是思考，然後再更遠是表達。從表達到思考，從思考到沒有思考，然後只是純粹的意識，那是你最接近自己和存在的時候。

情緒、思想和表達是同一個能量，但是它在周圍移動，在圓周上移動，而不是朝著中心移動。你越接近圓周，你就越遠離你自己。

一步一步的拋棄它們。那是一個通往源頭的旅程，而源頭才是你需要去經歷過的一切⋯因為它不只是你的源頭，它也是星星、月亮和太陽的源頭。它是一切萬物的源頭。

你可以在周圍移動。那就是人們在做的。同一個能量，只是方向不同——向外移動的能量，越來越遠離你自己。那是同一個能量。記住，我沒有說那是不同的能量，但它是遠離你自己的。你會因此懂很多，但是永遠不會知道你自己。

越來越接近自己，那是同一個能量。知道自己才是世界上每一個有智慧的人唯一的目標；否則，即使你知道全世界，卻仍然對自己一無所知。你知道的一切會是毫不重要的。即使你什麼都不知道，但如果你知道自己，那你的生命將會是寧靜的、充滿愛的、寧靜的、偌大狂喜的。

這由你決定。

奧修，有一天你說要忽視負面的頭腦，不要給它能量。這是個危急的時刻，我覺得很難忽視它又不壓抑，因此我又進入了無意識。你是否可以解釋如何區別這兩者？

你已經知道了。你的問題包含了如何區別。你很清楚自己何時是忽視它的，何時是壓抑它的。

忽視的意思是不要關注它。某個東西在那兒，讓它待在那兒。無論它在這兒或那兒，應該讓它留下或離開，你都是漠不關心的。你不評斷。你只是知道它在那兒，至於它應該在這兒或那兒，那和你無關。

在壓抑中，你是主動的。你在和那個能量搏鬥，你強迫它進入無意識。你試著在任何地方都不會看到它。你想確定它已經不在那兒了。

例如，憤怒在那兒。只要靜靜的坐在那兒看著憤怒。讓它在那兒。它能待多久？你認為它是某個永恆不朽的東西嗎？就如同它的來到，它也會離去。你只要等待。不對它做任何事，支持或反對。如果你做了某件支持它的事，那你是在表達它，當你表達它，你會造成混亂，因為對方可能不是有在靜心的人——很可能不是。他會以暴怒回應你。現在你陷入惡性循環了。

你是憤怒的，你也使對方憤怒，然後你不斷對他越來越憤怒。你的憤怒遲早會變成由憎恨和暴力形成的堅硬岩石，當你在這個惡性循環中移動，你失去了意識。稍後你可能會做出後悔不已的事。你可能會殺了對方，至少會想這麼做。在這件事結束後，你會納悶：「我從沒想過我會殺人！」但是你創造了那個能量，而能量可以做出任何事。能量是中立的：它可以創造，它可以摧毀；它可以照亮你的房子，它可以讓你的房子失火。

忽視的意思是你不對它做任何事。憤怒在那兒。只是知道它在那兒，就如同你看到樹在外面。你必須對它做任何事嗎？雲在天空中移動；你必須對它做任何事嗎？憤怒也是在你的頭腦螢幕中移動的雲。所以看著它；讓它移動。

而且那不是什麼危急的時刻。不要把小事搞成大事。這是非常小的事，可以很簡單的進行；你只要接受它在那兒。不要試著移除它，不要試著採取行動，不要因為憤怒感到羞愧。如果你感覺羞愧，那你已經在採取行動了。你不能當一個無為之人嗎？

悲傷在那兒，憤怒在那兒：只是看著。然後你會驚訝；如果你可以看，而且你的看是沒有被汙染的、純粹的——你沒有做任何事，只是看著——憤怒會慢慢過去。悲傷會消失，留下的是擁有這個純淨意識的你。

過去你沒有這麼純淨，因為憤怒的可能性在那兒。現在那個可能性成真了，然後它隨著憤怒離去。現在你是更純淨的。過去你沒有這麼寧靜與和平；現在你是了。悲傷占用了一些能量。它不讓你快樂，它會籠罩你的意識。

還有其他負面的情緒都在啃食你的能量。它們都在那兒，因為你在壓抑它們，你不讓它們出來。你把門關上，把它們放到地下室；它們無法逃走。即使它們想逃走，你也不讓它們離開。它們會干擾你的生活。晚上，它們會變成惡夢和醜陋的夢。白天，它們會影響你的行為。

而且總是有情緒會變得過大而難以控制。你一直在壓抑，情緒的雲朵變得越來越大。然後你再也無法控制它。將會發生某件事，人們會看到你做了那件事，但是只有那些了解的人知道不是你做了那件事：你只是被非常衝動的力量支配而做出那件事。你的行為會像個機器人；你是無助的。

你殺人、強暴，做了某件可怕的事，但事實上不是你做的。你一直在收集那些情緒，它們變得如此強大以致於現在它們可以強迫你做任何事——雖然你不想做那些事。甚至當你在做那些事時，你會知道那是不對的。你知道：「我不該這麼做。我為什麼要這麼做？」但是你仍然會這麼做。

世界上有很多殺人犯在法院都非常誠懇的說他們沒有殺人。法院不相信，法律不相信。但我相信——因為法院和法律都是粗糙的。它們還未臻成熟。它們沒有考慮到心理學。它們只是社會的報復——加入美麗的文字，但事實上仍是在敘述那個人所做的事…他殺了人，現在社會要殺了他。

他只有一個人。但社會有法律、法院、警察和監獄。將會經過一個冗長的例行程序，然後證明它自己：「我們沒有殺了這個人，我們只是試著阻止犯罪。」但這並不是事實。如果想要阻止犯罪，你們的法律應該參考心理學、心理分析和靜心。然後你會發現到沒有人做了任何錯事，錯的是你們的社會。

社會是錯誤的，因為它教人們壓抑，當他們壓抑到某個程度，被壓抑的一切會開始泛濫，然後他們會是無助的。他們是受害者。你們所有的罪犯都是受害者，你們所有的法官、政客和教士才是罪犯。但是這個體制已經持續了好幾世紀，所以人們已經接受了。

不要做任何事，只要忽視…那並不困難，那是非常簡單的現象。例如，這株植物在這兒。你無法忽視它嗎？你必須對它做什麼事嗎？不需要對它做任何事。

只要和你的頭腦保持一段距離並看著它，只要一點距離，然後你可以看到：「這是憤怒、這是悲傷、這是痛苦、這是掛念、這是擔心，」諸如此類。讓它們待在那兒。「我是漠不關心的。我不會做任何事去支持或反對它。」它們會開始消失。

如果你可以學習一件簡單的事，就是讓這些事從意識裡開始消失，你將會擁有一個非常透澈的意識：你將會擁有非常穿透性的洞察力，你的洞見如此深邃以致於它不只改變了你的個體性，它還會讓被壓抑在無意識中的東西浮現。一旦你學著不去壓抑，那些東西會開始往外移動。它們想要離開並進入世界。

沒有任何東西想要在黑暗中住在你的地下室。一旦你允許它們離開，不用等到你晚上睡著，它們會開始浮現。你會看到它們開始從你存在裡的地下室浮現並離開你的意識。慢慢的，你的無意識會是空的。

這就是奇蹟：如果無意識是空的，意識和無意識之間的牆壁將會倒塌。然後都變成了意識。一開始你只有十分之一的頭腦是有意識的；現在你全部的頭腦都是有意識的。你的意識會是之前的十倍。而且這個過程可以更深入；它可以解放集體無意識。方式是一樣的。然後它可以解放宇宙無意識。

如果你可以清除你意識之下的所有無意識，你將會擁有美麗的覺知，進入超意識將會和鳥兒展翅飛翔一樣簡單。

那是你敞開的天空。只是因為你背負這麼多重擔⋯如此沉重以致於你無法飛翔。現在沒有任何重量了。你是如此輕盈以致於重力無法控制你的頭腦；你可以飛向超意識、集體意識、宇宙意識。

神性是垂手可得的。你只需要釋放被你留在意識裡的惡魔、被你強迫進入無意識的惡魔。釋放那些惡魔，然後神性將垂手可得。這兩件事會同時發生：當較低的部分被清理後，較高的世界將會任你取用。記住，我再說一次，這是個簡單的過程。

奧修，我讀到一篇美國雜誌的文章，上面說某個導師的弟子，親穆儀，為了慶祝和導師在一起十五年，在公路上翻了十二哩的筋斗。文章提到親穆儀對跟隨者說心靈若要有所成長，身體就必須有高超的技藝。親穆儀已經在美國住了好幾年。

奧修，美國政府似乎寧願讓像親穆儀這樣的笨蛋教人們在公路上翻筋斗，也不願讓你使我們知道我們是誰。似乎住在地球上的必要條件就是成為智障。請評論。

我知道親穆儀和他的教導，我也知道他所謂的師父，希瓦難陀。他寫了數百本書。他可以在一個晚上寫出一本書，你在每本書中都會看到一張可笑的照片：他站著，旁邊是堆起來的書，比他還要高——為了炫耀他寫了多少書。全部都是垃圾。他所謂的師父，希瓦難陀，也在做一樣的事。

這種折磨身體的愚蠢行為是如此古老以致於被理所當然的認為這是神聖的。我教給你們的一切是如此新穎、生氣勃勃，以致於政客和宗教領袖無法相信：這麼久以來，人們一直做著愚蠢的事情。

這個人只翻了十二哩的筋斗；在印度有人翻了數千哩的筋斗。你翻筋斗的哩程越長，你就越接近神。他們會在朝聖的路上翻筋斗。而且他們不只是越來越接近神，他們經過的地方都有民眾送食物、點心和禮物給他們，因為他們變成神聖的。

五百哩的路，一個人整天都在翻筋斗。他會在晚上休息，早上繼續翻筋斗。花了他一個月的時間才到達那個原本可以在一小時到達的地方。但是他會變成聖人。當他回來，人們不會認為他是一般人，他會被膜拜。

在瓦拉納西，你會發現很多人在恆河岸邊躺在釘床上。他們的神聖在於他們可以躺在釘床上。然後他們被膜拜——他們有數千個跟隨者——沒有人會問：「神聖和躺在釘床上有什麼關係？」

那不是偉大的事。你可以做到——因為你的背部不是全部都對痛有反應。你可以叫某個人拿根針試著刺幾個地方。叫他們持續刺你的背部，你必須說哪些地方會痛，哪些地方不會痛。你會驚訝，有數百個點是你感覺不到針的；那些點沒有敏感的神經。所以那些釘床會透過某個方式設置好，不會讓要躺上去的那個人感到疼痛。

這是個古老的技術；非常少的人知道如何製作這樣的釘床。他們會先畫出你的背部——哪些地方你會感覺到痛，哪些地方不會。你會感覺到痛的地方會是沒有釘子的；你感覺不到痛的地方則會有釘子。這樣他們就不會感到任何痛苦。但是他們成了聖人。

人們做著各種和內在成長毫無關係的事，但所有社會都會支持他們，因為他們不危險。事實上他們對於垂死的社會和傳統是非常有幫助的：他們使舊有的觀念保持活力。而群眾又受到他們的影響。因此好幾世紀來，群眾一直活在舊有的觀念中；那正是當權人士想要的，也就是群眾不應該是有智慧的。群眾不該思考，應該像智障一樣。所以這些人都是有幫助的，因為他們是有幫助的，所以政客很尊敬他們，社會很尊敬他們。

親穆儀在聯合國大樓有一個特別的會堂，用來教導他的弟子，特別是來聯合國開會的外國使節和外交官，這些人變成他的弟子。而他教導：「翻好幾哩的筋斗，翻的越遠越好。」美國非常喜歡親穆儀，因為他的談論沒有反對以美國社會、宗教或政府為基礎的任何事。事實上，他使人們的注意力遠離生命中真正的問題。

就這件事來看，馬克斯是對的，宗教只不過是人們的鴉片。所有的社會都需要確保沒有人會去檢查它們的根基，因為它們都爛掉了，所有的社會都需要確保沒有人會去查看它們的秘密。所以需要有人讓群眾的注意力遠離事實。最好的方式就是使他們的智力保持低下；最好的方式就是使他們被老舊、古老的東西所制約。

像親穆儀這樣的人是亡者的代理人、墓地的守衛、各種謊言的守護者。當社會領袖、偉大的外交官、大使、總統、總理都去聽他講話，人們開始對他感興趣——一個沒有任何東西可以教導的人。但是他們去那兒只是為了加深群眾的印象，讓群眾會繼續去那兒。整個努力就是不讓人們知道他們活在腐爛的社會中。

他們不接受我是因為我反對智力低下，我反對所有腐敗和愚蠢。除非我可以用科學的方法證明這兩者有某種關聯，否則我不會教給你。

現在翻筋斗和你的靈性有什麼關係？事實上，它們會使你越來越笨。如果你曾經有過任何智力，你可能會因此失去它們。一旦你這麼做……十二哩的翻筋斗大大提升了你的知名度，這麼多人來看你，認為你是神聖的，你可能會因此挑戰更遠的距離。你找到一個很棒的工作！你不受雇於任何人，而且沒有做任何事，你變得越來越神聖。很快，這個人會開始教導別人。

我聽說有個人的妻子很危險——一如往常的。有一天他比較晚到家。他是一個怕老婆的人——跟大部分的人一樣；我沒遇過不怕老婆的人。他通常會在老婆要求的時間內到家，但那天他的朋友喝醉了，他也喝醉了。當你喝醉，你會忘記你是怕老婆的人：他變成獅子了！於是他在夜裡回到家，大聲敲門並說：「開門！」

妻子無法相信。這不是她的丈夫。他以前回家都跟老鼠一樣——現在他像獅子一樣，在半夜吼叫著！但她不是一個會認輸的女人。她拿了刀，打開門，切下他的鼻子。當他的鼻子被切掉，他恢復意識了，所有酒精都消失了——他的妻子站在他面前，他的鼻子沒了，他清醒了。

他說：「妳做了什麼？」

她說：「你問我做了什麼。我原本可以殺了你！這不算什麼。下一次你再這樣⋯你像獅子一樣的吼叫！」

但現在這成了問題：鼻子沒了該怎麼辦？這個人整晚都在想他要講什麼，但是在他妻子醒來前，他逃出了房子。他跑到另一個城市，閉著眼睛坐在樹下，安定在蓮花坐姿中。

有幾個人聚在他周圍。他們說：「似乎是一個新的聖人。但是這個可憐人的鼻子怎麼了？」

某個人說：「我們應該問他。」越來越多人聚在那兒，他們問：「你的鼻子怎麼了？」

他說：「這是個私人秘密。這個秘密使我是神聖的。我不能告訴你們這些好奇的群眾。如果你是真誠的求道者，就在夜裡來這兒。」

有一個真誠的求道者在夜裡來了。他說：「我準備好了。無論要做什麼，我都準備好了；我是一個真誠的求道者。」

那個人說：「那就準備好」——然後他切了那個人的鼻子。

另一個人說：「你在做什麼？你切了我的鼻子！我是來找尋真理的！」

第一個人說：「等待。這就是找尋真理的方式。你已經找到了。」

「我什麼都沒找到！」

「如果你這麼說——你什麼都沒找到——人們會說你是笨蛋：你沒了鼻子又一無所得！安靜的坐著和思考，然後告訴人們你找到真理了。那是唯一挽救你面子的方式；否則由你決定。我也沒找到真理，但能怎麼辦？」

另一個人想了一下，他說：「聽起來似乎合理：能怎麼辦？」

第一個人說：「去散播這個訊息。」於是這個人去了市區，他說：「那個人有一個偉大的秘密！」

「但是，」他們說：「你的鼻子怎麼了？」

他說：「那是秘密。真誠的求道者是不會錯過這個機會的，因為在我們這個窮地方從未有過這樣偉大的人。讓我在幾秒鐘內就找到了真理！」

有幾個求道者來了。每晚都會有求道者來，漸漸的，城市裡面有一半的人都沒了鼻子，每個人都在談論真理的美和狂喜。

最後國王也開始感興趣。他說：「有這麼多人找到真理，而我是他們的國王：我繼續保持一無所知似乎不太對。」

他的首相試著告訴他：「不要去找那個人。」但是他不理會首相。他說：「無論有沒有鼻子都得達成真理。誰知道明天會發生什麼事？如果我明天死了，你們會把我火葬——包括我的身體和鼻子。而且只是切了鼻子…他做了某件事讓一個人領悟了真理。」

首相感到為難，但他是一個非常精明的人。他說：「你等一下。給我三天，如果我無法知道實際上發生了什麼事，那你就可以去找他；但是你必須給我三天。」

他和幾個警察在晚上去找那個人。那個人說：「你在做什麼？我是一個神聖的人，那些找到真理的人的領袖！」

但是他們不理會他。他們把他帶去首相的房子，打了他一頓然後說：「說實話！否則…我們的首相是可怕的人，他會挖出你的眼睛。」

他想：「我的天！我已經失去鼻子了，但我還是想辦法繼續生活下去，而且一切都進展的很好。現在如果眼睛也沒了，那就很難讓人們相信要找到真理必須失去眼睛和鼻子。我不認為我做得到；光是說服他們切掉鼻子就很難了。而且他是一個可怕的人，最好還是說出實話。」

於是他說了實話：「事實是我的妻子切了我的鼻子，於是我想到這個方式。」

首相說：「很好。你現在跟我去見國王，把整件事告訴他。」

國王無法相信。首相說：「如果你去找這個人，你也會找到真理。一旦你失去鼻子，除了找到真理沒有別的辦法！應該把這個人關起來，每個找到真理的人都應該被帶到這兒毒打一頓，讓他們說出實話。並沒有人找到任何東西。」

他們問這個人：「那你為什麼說你找到真理？」

他說：「能怎麼辦？一旦沒了鼻子，對人們說鼻子被切掉會被當成笑話，並沒有找到真理：他們只會笑我們。現在他們在膜拜我們——甚至我們的妻子也在膜拜我們！」

人們活在各種愚蠢的想法中，而社會從未質疑這些人。另一方面。每當有人真的讓你有了一個透徹的洞見，既得利益者會開始害怕。那個人危及到他們的存在和權力：那個人應該被處理掉。

所有虛假的概念都持續了一段時期，已經好幾世紀。國王和皇帝都在膜拜那些沒有任何心靈特質的人。

但像我這樣的人是危險的，因為我並不是在胡說八道。我不允許任何胡說八道。我只是揭穿他們隱藏的秘密。我只是讓地球上年輕的一代發現到自己一直被老舊的一代欺騙和支配——制約他們，使他們的頭腦無法探索自己、無法了解膜拜是沒有意義的；他們的宗教不過是各種迷信；他們的神是虛假的、他們的祈禱都是謊言。但是說出來會危害到你的生命。

我準備要冒著生命危險，因為我已經從我的生命中得到了。我沒有什麼可失去的。但是我絕對要揭穿世界上所有的虛偽。

第三十六章 禪者

奧修，你曾經說過和你在一起已經顯示出我們的勇氣——但我感覺不是這樣。對我而言，那感覺是最簡單且唯一要做的事。那不會讓我感到害怕而去住在世界上任何遠離你的地方。那感覺就像在生死之間行走。是否可以請你解釋？

首先，和我在一起確實需要勇氣。然而你一旦和我在一起，所有頭腦創造出來的恐懼會開始消失，取而代之的會是全新的勇氣和真誠。慢慢的，我變成你的全世界。那時離開我會需要極大的勇氣。

第一個勇氣是從黑暗走向光明；第二個勇氣是從光明走向黑暗。

第一個勇氣是去愛、去生活、去成為自己的勇氣。第二個勇氣是自殺；第二個勇氣確實更困難、更愚蠢。勇氣無法使一個人變得更有智慧。蠢人在很多情況下都是非常勇敢的：智者在某些地方會停下來，但蠢人會繼續往前。要看出危險是需要智慧的。

你正處於那個情況。你已經完全忘掉第一個勇氣。那是自然的，因為一旦從黑暗走到光明後，誰還會想記住那些黑暗的夜晚和惡夢？慢慢的，一個人會忘掉它們。而且我堅持活在當下，因此過去會被遺忘。

現在如果你想到要離開我，那不只是需要勇氣，那也是愚蠢的。隨時往更高的地方移動——從黑暗到光明，從光明到更多的光明。然後智慧和勇氣會並肩而行。但如果你開始後退，智慧失去了勇氣的陪伴。那時只有蠢人能退回到黑暗。

所以你是對的，那是更困難的。那必須是更困難的。事實上，如果你是有智慧的，往後退應該是完全不可能的。時間不會同意。生命不會同意。

存在無法倒退。整個存在都渴望朝著更富裕、更富有、更多的透徹、更多的領悟、更多的愛移動。當這些結合在一起時，我稱為「神聖」。

奧修，「成為有意識的」是否表示某個無意識的東西被提升到頭腦的層次，而且只有當它經歷過頭腦的狀態，才能提升到超意識的層次？是否一切萬物都必須經歷過頭腦的狀態，或者有可能透過別的方式成為有意識的，並跳脫頭腦的狀態？

那些只相信頭腦的人——例如在西方，心理醫師取代了牧師，創造出和宗教一樣的贗造品——對他們而言，沒有任何東西高於頭腦的層次。只有低於頭腦的層次；因此一切都必須透過你的意識頭腦(conscious mind)而釋放，讓你的無意識卸下負擔。但這是非常漫長的過程，因為你的無意識攜帶了這一世所有的垃圾，那是非常巨大的。

你生命中的每一秒，無論醒來或睡著，你都在收集垃圾。那些垃圾是如此巨大以致於你耗盡餘生都無法使你解脫。此外，當你在清除舊垃圾時，你每天也在收集新的垃圾。而且這些還不是全部。比這些更深入的是你的集體無意識，你甚至還沒觸碰到它。透過意識頭腦釋放它將會需要很多世。

在那之下還有宇宙無意識。也許你需要耗掉整個永恆來做心理分析才能完全清空你意識下方的這三層無意識，使你不再有任何負擔和緊張。一旦這三層被清空了，它們就開始變成有意識的。是因為那些垃圾而創造了黑暗。

心理分析不會成功。失敗是肯定的——毫無疑問的。

令人驚訝的是在東方，他們已經在頭腦上面花了一萬年的時間，沒有人這樣做過——心理分析甚至還沒有一百年——但是他們從未做過和心理分析一樣的事。他們的方式是完全不同的。他們從不關心無意識的部分，因為關注無意識就等於進入了一個沒有盡頭的茂密森林。你永遠無法找到出口。

東方的方式剛好相反：往上走，忘掉你的地下室。在你的意識上還有三層。用你的意識進入超意識。用你的超意識進入集體超意識，然後再用它進入宇宙超意識。奇妙的是當你進入這三層意識，你會擁有無數的光。用卡比兒的話來說，「彷彿數千個太陽突然升起。」它們的光是如此浩瀚無限以致於你所有的無意識會被燒毀，無意識中的所有黑暗都會被驅除。

如果你想要走漫長的路程，那就挖掘無意識。那條路是漫長的，永遠都無法到達目的地。沒有人到達過；沒有任何前例。但如果選擇第二個，如果你進入你存在中更有意識的區域，而那會是更容易的……那正是我一直教你們的。

靜心會帶你進入你更有意識的區域。一旦你取得了所有的意識，它的存在就足以驅除你累積了數千世的黑暗。一瞬間的閃光就能燒毀你累積的一切，無意識的黑暗將會消失。

我教你靜心，而不是心理分析。心理分析只是一個愚弄你自己、欺騙你自己的方式，只是使你以為你在做某件事——為你的心理分析付費，透過專家分析你的夢；但是你選了一條沒有盡頭的路。它會一直持續下去。那就是為什麼心理分析無法創造出成道者。靜心則已經創造了數千個成道的存在。

這是個明顯的事實：當房間是黑暗的，不要和黑暗對抗，只要試著帶進一些光——只要一根蠟燭，黑暗將會離開。它從未存在。如果你開始對抗，和黑暗摔角，你可能會有很多地方骨折，但你永遠無法戰勝它。

最簡單、最有智慧的方式就是找到一個方式進入你的超意識，它將會給你鑰匙去開啟更高層次的門。當你來到意識的頂端，你就不用再擔心了；它隨時會做任何你要它做的事。它會將你的黑暗轉變成純粹的光。

奧修，過去有十年的時間，我每天都在試著催眠自己。唯一發生的是我能夠非常深入的放鬆。我察覺不到任何阻止自己進入無意識的抗拒。相反的，那感覺就像一個讓我想要探索的新路途，然而因為某個原因，催眠並未發生。是否因為它需要更長的時間？我是否該堅持下去？

問題不在於堅持，不在於花更長的時間。也不在於你是否緊張。問題在於自我催眠創造了一個你覺察不到的細微的緊張感。

只要想想你試著催眠自己。是誰在試？——因為你試著催眠自己，你的嘗試就是阻礙。當然沒有嘗試，它就無法發生，所以你進退兩難：如果你不嘗試，不會有任何事發生；如果你嘗試，你的嘗試會使你保持警覺，那個警覺不會讓催眠發生。催眠需要你不付出任何努力。

所以自我催眠是一個不同的過程。先被某個你信任的人催眠。如果你不信任，你不會讓自己被催眠。其次，催眠你的人不能是朋友、愛人、某個你很親近的人，因為你就不會很認真看待。你會嘻嘻哈哈，那會破壞整件事。你應該選擇一個你尊敬和信任的人。使你感到某種完整性…讓他催眠你。

放鬆發生了，所以沒有困難。你放鬆了。除了一個小地方，因為你試著催眠自己。如果是某個人對你催眠，那個小地方將能放鬆。或者如果你害怕催眠你的人…好幾世紀來對催眠的譴責使人們害怕如果被某人催眠，將會被他控制，他會要你做任何事，你必須照做。如果這樣，你可以使用一個錄音機。

不會有人不尊敬、不信任錄音機，不會有人和錄音機很親近、愛著錄音機。所以錄音機滿足所有的條件。而且那是你的錄音機。把門關上，遵照錄音機的指示。放鬆，讓錄音機催眠你。

所以無論是錄音機或某個人，任何讓你感覺適合的，我會建議你找某個人，因為他可以照料你。錄音機是不夠的：它只會重複給你的暗示。它無法做別的事。它是一個學者、一個拉比。選擇這兒的任何人——卡維沙可以幫助你。

讓別人催眠你，當你進入深度催眠，他只會給你一個暗示——如果你從一慢慢的數到七…每當你想要被催眠，你只需要放鬆，從一數到七，然後你就會被催眠。所以你不會付出任何努力；你不用做任何事，你只需要數——那也是來自於你的無意識，不是你的意識。意識是完全放鬆的。

必須在三到七次的過程中給出這個暗示。每天十分鐘，連續七天，但是在每天的十分鐘裡只會有一個暗示被不斷提出——就是每當你想要催眠自己，只要從一非常慢的數到七，不是突然數到七。

先放鬆，看著某個東西。燈泡是適合的。不要眨眼睛，當你感覺你放鬆了，你的雙眼下垂，快睡著了，開始從一非常慢的數到七，用非常令你想睡的方式，不是很吵鬧的方式，對自己小聲說。等你數到七，你會深深的進入催眠，這個催眠會持續十分鐘。

必須在三到七次的過程中給出這些暗示。不要在第一次就給予暗示。也不要自己嘗試，因為如果你失敗了，那個失敗會帶給你一個暗示，你將不會成功。所以這七天不要嘗試——讓別人來做。在第八天嘗試。第八天，對方會坐在你旁邊，讓你感覺你會被照料，慢慢的，對方不在的時候，你將能催眠自己。

自我催眠的問題是自己的涉入；自己必須催眠自己。就像抓著自己的腳，要把自己舉起來，試著讓自己碰到天空。你不會碰到，你會摔倒。你可以用單腳跳，但問題不在於用單腳跳；你想要的是飛翔。

自我催眠本身就存在著一個問題；別人催眠你會是容易的，非常容易。但當你首次成功的催眠自己，你會感到很大的喜悅。因為你做到某件互相衝突的事。為了避免這個衝突，別人是需要的。

奧修，為什麼偉大的譚崔師父把他們的教導稱為「口耳傳承」？

譚崔是人類歷史上所發生過的其中一件最重要的事。其他的一切都比不上它，因為譚崔是一個將生命能量轉變為最終的形式、轉變為成道的努力。但因為生命能量是和性相關的，因此被譴責——被性壓抑的社會和宗教所譴責。如此嚴厲的譴責以致於譚崔行者比其他體系的思想家、哲學家和求道者承受了更多的痛苦。

有一個印度國王，超日王，殺了一萬對伴侶，那是其中一派非常特別的譚崔行者，非常勇敢的人。男人和女人共穿一件袍子，赤裸的。袍子裡面沒有穿任何東西——只穿著一件袍子。他們常穿著一件藍色袍子，表示「因為這個愚蠢的社會，我們必須穿點東西；否則天空會是我們唯一的袍子」——因此他們的袍子是藍色的。因為藍色，所以他們被稱為藍譚崔行者。

他們在國內到處去教導，但是他們教導的一切對一般平庸的頭腦是難以接受的。超日王下令不能讓任何藍譚崔行者活命。一萬對伴侶——那表示有二萬人——被屠殺了。全印度的藍譚崔行者都被殺了。沒有任何人活下來。

其他譚崔派別的行者必須躲在森林中進行轉化能量的靜心。整個社會都反對這些人。他們的經典被燒了。世界上最有價值的經典被燒了。只有非常少的副本留了下來，沒有被燒掉。他們自然把他們的教導稱為「口耳傳承」。

耶穌告訴他的跟隨者：「爬上每個屋頂，對人們大喊，神的兒子在這兒。散播這個訊息。」譚崔行者為什麼說他們的教導是口耳傳承？他們受了這麼多的苦；耶穌並不知道。數千個師父被殺害，但那個教導是如此強大、如此實際、如此科學，以致於它持續吸引有智慧的人。但是他們必須讓他們的教導是口耳傳承的：「不要大聲說出來；否則你會被殺。」原因是什麼？那個情況是非常不同的。

當你殺掉像蘇格拉底這樣的人，他的死會變成對那個社會的譴責並持續好幾世紀。只要人類一直存在，希臘人就無法抹除寫在他們臉上的譴責——他們毒殺了他們最棒的、最高層次的花朵。

但是在印度，情況完全不同。不只有一個蘇格拉底，而是有很多蘇格拉底。每個學校都有自己的蘇格拉底，一或多個。大成就者就有八十四個。光要記住他們的名字就很困難。我試過很多次，但要記住八十四個名字是困難的。我最多可以記得幾個非常著名的、有留下一些經典的：悉達巴、嘎那巴…我談過薩力巴的經典——也就是薩惹哈，被稱為鍾愛的薩惹哈巴。

耆那教有二十四個渡津者，每一個都擁有和蘇格拉底一樣的程度和品質。印度教有自己的師父，而且印度教有很多派別。印度充滿了成道者，因為印度所有的天才都朝著同樣的方向前進，那就是成道。其他的一切都可以忍受，但是成道是他們唯一想挑戰的。

譚崔行者被殺了、活活燒死，但沒有人在意，因為太多人了。蘇格拉底只有一個人。希臘不會再誕生另一個蘇格拉底。耶穌只有一個人。猶太教或基督教都無法再出現另一個耶穌。

印度的情況是完全不同的。譚崔行者自然得口耳傳承他們的教導。「不要大聲嚷嚷。你會被殺掉，那就無法再散播這些教導了。」

他們是對的。在那個情況下，那是唯一可以使他們的教導存續下去的方式——師父悄悄的傳達給導師。他們甚至不寫下來，因為那是危險的。所以只是秘密的、私底下傳達給弟子，師父說：「我們的方法是透過口耳傳承的方式，不要傳達給群眾。不要試著改變他們。你改變了，那就夠了。如果你可以改變幾個人，那就已經超過所需要的。但除非你確定那些人是友善的、忠誠的、不會背叛你，否則不要透露任何事。」他們開始過著偽裝自己的生活。

現在還存在著譚崔行者，但是你不能去打聽：「我要找一個譚崔師父。」沒有人可以幫助你。你必須靠自己找到他，在他們可能出沒的地方走動——孟加拉或比哈。那曾經是他們的大本營。你必須到處走動，去接觸很多人。也許你可以找到一些線索。可能會有某個人悄悄對你說：「我帶你去找師父。」在曼蘇爾被殺害後，同樣的情況也發生了。蘇菲徒開始秘密的運作，特別是他們的學校。現在，如果你想要找到一個蘇菲師父是很困難的。你必須花好幾個月，不知道是否存在著這樣的人。但是你持續去那些餐館，說你來這兒是為了找一個蘇菲師父。在商店、在市場——在任何地方遇到任何人——你持續朝黑暗擲出你的箭。

某個人可能會說：「你真的有興趣？我可以帶你去找我師父。晚上到這個地方見我。」可能需要兩、三年才能找到這樣的人。他會在夜裡帶你去找師父。他們會秘密的會合。

師父坐在那兒。他們只穿白色的羊毛袍；那就是為什麼他們被稱為蘇菲(Sufis)：suf 的意思是羊毛。穿著白色羊毛袍的師父坐在那兒，二十或三十個穿著同樣袍子的弟子也坐在那兒，你會被介紹給師父。

他會問：「你花多久的時間在尋找我？——因為不是只有一個人對我談到你。有很多人告訴我。但耐心是需要的。我在看你是否有耐心，然後我讓這個人在今天⋯我對他說：他已經等了三年，從這兒到那兒，尋找一個蘇菲師父。你把他帶來見我！」

組織化的宗教已經殺害了真正有宗教性的人，他們利用組織化的宗教剝削人們。他們假裝是真正的宗教人士。事實是，真正有宗教性的人被這些人殺了。他們是罪犯。

當超日王殺了二萬人⋯他們沒有傷害過任何人——他們共同穿著一件袍子和你有什麼關係？每

個人都穿著自己的袍子。如果他們要共同穿著同一件袍子…那是一個譚崔的方法：如果男人和女人共同穿著一件袍子，他們的能量會不斷創造出一種有機的整體性，可以被用來發展出更高的層次。

他們沒有傷害任何人——但那被認為會摧毀年輕人。看到他們會讓年輕人開始穿同樣的衣服，那會摧毀整個社會的尊嚴，整個社會不再受人尊敬。我不了解那為什麼會摧毀社會的道德觀。但你們不讓人們做自己，任何試著要成為獨立個體的人必須被摧毀。因此譚崔行者開始安靜的運作著，透過口耳相傳的方式。

奧修，只有動物會為了生存而殺害其他動物。甘藍菜不會為了午餐而吃掉胡蘿蔔，但是人甚至會為了晚餐而吃人。禪者則是選擇不吃肉，消失在巨大的存在中。請解釋。

首先，你沒有發覺到即使動物也不會吃自己的同類。獅子不會吃另一隻獅子，蛇也不會吃另一隻蛇。是的，動物會吃不同類的動物。蔬菜不會吃東西，但非洲有些樹會吃動物、鳥，甚至人。它們會用巨大的樹葉和美麗的香味吸引鳥兒。鳥兒會因為香味而停在樹上，以為這是一棵普通的樹，當牠停在樹上，樹葉會闔上，並吸食鳥兒的血液。

有些樹會用枝幹捕捉動物並吃掉牠們，有些樹還會移動。它們會從某個地方移動到另一個地方。它們需要非常柔軟的泥土以便它們可以把自己的樹根當成腳。然後它們會移動到熟睡的人或動物旁邊，吃掉牠們。

人會吃各種可以吃的東西。他是最不挑食的。有些地方的人會吃那些你從未想過可以吃的東西。

還有食人族會吃人。本世紀初在非洲的食人族有三千個人；現在只剩下三百個。不再有人經過那兒。他們很難再看到人，於是他們開始吃自己人…老人、小孩。漸漸的，三千個人並未變成三萬人，而是減少到剩下三百人。他們的人數越來越少了。

但是他們跟我們一樣都是人。那些吃過人肉的人說那是世界上最美味的食物。你錯過世界上最美味的東西了！但你們在吃那些跟人一樣的活生生的動物。

人存在著一種固有的獸性，隨著出生而帶來的暴力。當小嬰兒看到某些螞蟻或蟑螂，他們會沒有任何原因就殺掉牠們；殺生是一種喜悅。同樣的…有很多獵人在狩獵鹿、獅子和老虎，他們稱為「遊戲」。奇怪的是：當獅子吃掉獵人，他們就不會說那是遊戲。這是完全不合邏輯的。遊戲裡面總是會有對立的兩方。如果你殺獅子是遊戲，而獅子殺了你卻是悲劇。真奇怪！而且獅子是用牠的四肢殺了你，你則是從很遠的地方用槍、箭和各種武器殺掉牠。你是個懦夫。

我曾在巴夫那加爾的皇宮待過，皇宮的牆上掛滿了獅頭、鹿頭和虎頭。而且那是一個很大的宮殿…數千隻動物。而他常自豪的向人們介紹…述說著哪隻動物是誰殺的——這隻是他父親殺的，這隻是他祖父殺的，這隻是他自己殺的，這隻是他兄弟殺的、他兒子殺的。當我和他在一起，他也用同樣的方式向我介紹。

我說：「你的家族中是否有任何真正的人出生？」

他說：「你是什麼意思？」

我說：「你做的一切只是殺害動物。為了什麼？你有足夠的食物；不需要殺掉牠們。」

他說：「這是個遊戲。」

我說：「但是遊戲會有些規則。雙方應該都擁有同樣的器具。正大光明的對抗。你躲在樹後，拿著槍，殺了一隻天真的鹿，而你認為自己在玩遊戲？那隻鹿在遊戲中扮演什麼角色？牠同意玩這個遊戲嗎？而且這是不公平的：你為什麼坐在樹上？」

「你只是個懦夫，而且還拿著槍。這不是遊戲，只是你內在的暴力想找到某個方式去摧毀。如果你還有任何人性，把這些沒有意義的東西拿走！這顯示出你的真面目。這些不是動物的頭，而是你的頭。」

他無法了解。他說：「沒人對我這樣說過。首相來過這兒、總理來過這兒，他們都很羨慕：你的家族是一個偉大的家族，每個人都是獵人。」

我說：「我無法欺騙你。這就是我看到的。」

你問我為什麼禪者不再吃肉。不需要是一個禪者，不需要成道，只需要一點敏感、對生命的尊敬。就如同你想活下去，其他生物也想活下去，而且這個世界不是你專有的。

就如同你在這兒是個過客，老虎也是個過客。如果你殺了老虎，那你是無情的。我不關心老虎，因為老虎總有一天會死掉——星期一或星期二並不重要，一周只有七天。我關心的是你，因為殺掉任何人、動物或其他生物會使你的心變成石頭。如果你的心變成石頭，那你的心靈要有所成長就不可能了。石頭不會讓你碰觸你自己的存在。它會阻止你——它是你創造出來的，它並不存在。

對我而言，基本的問題是，使你的意識無法再有進展的任何東西都是邪惡的——那是個罪——任何幫助你更有意識的東西就是好的。那是我唯一可以給你的定義。然後你就能輕鬆的應用它。更有審美觀的、更敏感的、對生命更尊敬的——因為你是它的一部分。無論你殺了什麼，你都是在殺害自己。你的破壞性是自我毀滅的。

當一個人成道，他自然不可能會吃肉。東方有一個基本的標準。這就是為什麼佛教徒、耆那教徒和婆羅門都不認為耶穌或穆罕默德成道了——因為他們繼續吃活著的生物。他們是無情的。他們的心不是充滿愛的、不是慈悲的。他們還不夠敏感，而那對成道者而言是絕對必要的。他只能是一個素食者；他無法不是素食者。

那和宗教無關，只是一個智力上的問題。不要拖延——當你成道或成為一個禪者，你將會停止吃肉。但不需要拖那麼久。你只需要稍微敏感點。不吃肉不會使你成道，但是會有幫助。會使你更柔軟、更有愛心、更慈悲。使你更能成為周遭充滿生氣的氛圍中的一部分。我們都是它的一部分。如果你現在就可以做到，那何必拖延？

對於成道的人，他的生命確實有了一個巨大的改變。但即使沒有成道，透過全然的了解，你的生命也可以有一個很大的改變。那些改變會幫助你成道。它從兩方面運作：當你成道了，你的生命將會改變；改變你無意識的生命模式，它會幫助你成道。

第三十七章
安靜的平衡

奧修，自從我成為桑雅士，我一直認為要觸碰到我的心，我必須少用到頭腦。然而有一天我聽你說我們應該訓練頭腦，讓我們的智慧保持活躍，幫助它越來越敏銳。是否可以請你解釋？

生命不像你想的那麼單純；它是非常複雜的。確實，如果你想和我聯繫，你必須越來越處於心的狀態，而不是頭腦，因為頭腦沒有任何用於內在成長的特質。對於外在的研究和客觀的科學工作，它擁有很大的幫助。但是對於宗教成長，它是完全無能為力的。

如果你透過頭腦聽我講話，那麼我對你說的話會在沙漠中消失。永遠不會抵達你的心。那就是為什麼我一直堅持：把頭腦放在一邊，用你的心、愛、信任和我在一起。

但那只是故事的一部分。當我說我要你們讓頭腦越來越敏銳，那是完全不同的面向，因為除非你的頭腦夠敏銳，否則你將會被社會奴役。但你已經被社會奴役了，因為你的頭腦無法和社會對抗；它已經屈服了。

這兩段話的背景是不同的，所以不要搞混。當我說用你的心和我在一起，把頭腦放到一邊，那是其中一件事、其中一種情況，成為一個弟子的情況。如果你真的全然的作它，你可以到達最高峰，那是屬於成為一個奉獻者的情況。

有三個階段。學生用頭腦聽；他會收集知識，但是他不會成為一個知道的人。弟子試著把頭腦放到一邊，用心來聽。他付出努力。頭腦會一再來到這兩者之間；努力不會是全然的，但如果某個東西觸碰到心，即使是幾粒種子，它很快就會改變你整個存在的顏色。心開始開花的季節就快來到了。那你就來到了成為奉獻者的邊緣。

現在你可以完全放棄頭腦，沒有任何干涉⋯彷彿你完全不是一個頭腦。你只是心。你的每根纖維都隨著愛、敞開和脆弱震動著。奉獻者和師父開始融入彼此。

弟子偶爾會有個瞥見，但奉獻者則全然的和師父合而為一。弟子還可以退回來，再次進入頭腦。奉獻者已經打斷了通往頭腦的橋。他無法退回來了；過去已經結束了。他成為師父能量的一部分

這是其中一種情況。而你把它和另一種情況混在一起。就社會、外在的世界、宗教和政府而言，你必須是非常敏銳的、有智慧的；否則他們會奴役你。他們會剝削你。好幾世紀來，他們一直在這樣做。就頭腦而言，他們不允許數百萬人的年齡超過十三歲。人們可能已經七十歲了；但卻擁有一個十三歲小孩的頭腦。那就是我所謂的智力遲鈍。

社會不想要你成長；它只想要你變老。它想要你像機器和機器人一樣的運作——完全服從、沒有質疑、沒有問題。它只需要你是有效率的。對社會而言，你不是一個要被尊敬的個體，而是一個要被使用的機制。沒有比把人當成機器或東西一樣的使用更充滿侮辱、更丟臉、更醜陋的。

利用頭腦反對社會。頭腦是一個完美的工具，使你保持獨立和警覺。它是一個很好的戰士，但不是一個愛人。每當需要戰鬥、為你的自由挺身而出時，就使用頭腦；心不會有幫助。心不知道如何戰鬥。

但這些情況是完全不同的，在不同的情況下使用正確的能力而且不會搞混的人，我稱為有意識的人。眼睛是用來看的——你無法用它們聽。耳朵是用來聽的——你不能用它們看。所以有需要就使用它們，不要讓它們互相阻礙。

頭腦是一個美麗的工具。它必須被磨銳，但要記住它的限制。它必須是心的僕人。一旦它變成主人，心就死了。心無法活在奴役中。

所以我說的話並未互相衝突——只是兩個不同的情況。而你的意識和這兩者不同，有意識的人可以在需要用到心的時候就使用心，可以在需要用到頭腦的時候就使用頭腦，當他想要完全處於涅槃的狀態時，不需要用到頭腦或心的時候，他可以讓它們保持安靜。當他只是想成為自己，這兩者都不需要。

如果你可以控制你的工具，那就沒問題了。如果你有笛子，我要求你：「你是否可以暫時不要吹它——我要和你說話，」而你說：「我做不到；笛子不肯停下來，」別人會怎麼想？你瘋了。笛子不肯停下來？所以不是你在吹笛子，是笛子在吹你。當你想要停止頭腦，只要說：「停」——它必須停止。如果它有半點移動，那表示必須盡快採取某個行動。這是危險的：僕人試著成為主人。僕人應該是僕人，主人應該是主人。在這兩者之外是你的存在，既不是僕人也不是主人…就只是存在著。那個「在」就是所有靜心的目的。

奧修，過去一周我看了三冊「超越的戒律」——你談論佛陀的四十二章經。我發現自己是一個奇特的綜合體，一個浪漫的科學家。明天是滿月。你——月亮的主人——對我而言是非常浪漫的。

這是科學的嗎？

卡維沙，那是我一生的工作——拉近世俗和神聖，拉近科學和詩，拉近平凡和浪漫。劃分這兩者就是使每個人分裂，然後會有衝突：無法和諧一致，科學和你的宗教對抗，數學和你的詩對抗。

愛因斯坦的妻子是一個詩人。他們的蜜月選在一個滿月的夜晚——那是她的想法。愛因斯坦勉強答應了，但是他不了解除了「月亮」這個字之外，滿月和蜜月有什麼關係。

此外，當她拿出她特別為蜜月所寫的詩，她將她的愛人比喻成月亮，愛因斯坦笑了，他說：「停止胡說八道。你最好停止在這個蜜月的晚上這麼做。永遠不要對我做這類的事，因為月亮是如此巨大：你無法把我和月亮相比。而且月亮上沒有任何美麗的東西。」

「如果你站在月亮上，地球看起來是發光的，而月亮看起來會像是地球——沒有任何光。所以那是個幻象：某些光反射回來創造出月亮的美；否則並沒有任何光。月亮的光是借來的，那只是反射。它也會反射到地球上；你只需要站在遠方看。」

太空人從月亮上看著地球，無法相信地球這麼美。月亮是很普通的。甚至沒有任何草、水、美麗的山、樹、鳥、任何生命——只是一片沒有任何東西的荒漠。但是從那兒往地球看，地球看起來是如此壯觀、美麗，自然也更巨大。月亮是地球的一小部分。地球是月亮的數倍大，所以自然會有更多的光。他們無法相信地球會如此美麗。

愛因斯坦對妻子說：「那只是無意義的詩意。」她感到震驚，但是她能了解：他是個數學家、物理學家，對他談論心是沒有用的。他只了解一種語言，頭腦的語言。他只了解一種看待事情的方式──邏輯，不是愛。但是她心碎了，她的餘生將要和這個人度過，她無法和她愛的人分享她的作品，因為他只會嘲笑她，讓她覺得愚蠢。

如果你將數學、化學和物理考慮進來，自然會摧毀詩。詩和這些東西無關。

我的努力在於人應該要能夠成為偉大的數學家，同時不會失去成為詩人的能力。這是他存在中兩個分開來的中心，所以不需要造成任何衝突。

當你在解決某個數學問題，用頭腦進行。但當你和愛人在一起，把頭腦放在一邊；否則你無法和一個愛人在一起。綜合不是將頭腦和心合而為一；而是升高到兩者之上，這樣你就能在特定的情況使用任一者而不會使它們阻礙彼此。

你的綜合體將會是你的意識──那是超越頭腦和心的。當一個人感覺到他是綜合的，當分裂消失了，就會有一個很大的慶祝，因為他初次感覺到他的完整性和神聖。

奧修，好幾年來，我常聽到不同的桑雅士說他們經驗到三托歷。三托歷到底是什麼？它是怎麼發生的？

三托歷是瞥見到最終的…彷彿你看到喜馬拉雅山的山峰。但你在遠方，你不是在那些山峰上，你並未成為那些山峰。那是個美麗的經驗，非常迷人的、令人興奮的、有挑戰性的。也許它會引領你朝著三摩地前進。三托歷是對三摩地的一個瞥見。

三摩地是三托歷的達成。原本是一個瞥見，但現在變成了一個永恆的事實。三托歷就像打開一扇窗——一點微風吹了進來，有了一點光。你可以看到一點天空，但它是被框住的。你的窗戶把天空框住了，而天空是沒有框架的。如果你一直待在房間裡，從未離開房間，你自然會認為天空是有框架的。

一直到最近十年才有一些現代畫家在繪畫時不用框架。那震驚了所有藝術的愛好者，他們無法想像：繪畫不用框架？但這些現代畫家說：「存在中沒有任何東西是被框住的，所以透過框架畫出一個美麗的、自然的風景只會是一個謊言。框架就是謊言——那是你加上去的。表面上它並不存在，所以我們拋棄了框架。」

三托歷只是一個瞥見，透過窗戶看到遍布星星的美麗天空。如果它可以使你走出來，看到布滿了數百萬顆星星、沒有被框住的巨大天空，那就是三摩地。

三摩地(samadhi)這個字是非常美麗的。Sam的意思是平衡；adhi的意思是所有的緊張、混亂和打擾都消失了。只有一個安靜的平衡⋯⋯彷彿時間停止了，所有的移動都凍結了。即使只有一瞬間感受到它就夠了：你無法再失去它了。

三托歷是可以失去的，因為它只是一個瞥見。三摩地是無法失去的，因為它是一個達成。三托歷是通往三摩地的路途，但是它可能會變成一個幫助或一個阻礙——如果你了解它只是某件事的開始，離目的地還很遠，那就是一個幫助，如果你認為你到了終點，那就是個阻礙。

在靜心中，首先你會來到三托歷的階段——瞥見到光、喜樂和狂喜。它們來了又去。但記住，無論它多麼美，因為它是來了又去的，所以你還沒到家——那個到了後就不再離去的地方。

奧修，我看了一篇德國桑雅士寫的文章。有些部分使我留下深刻的印象。文中提到對很多弟子而言，桑雅士似乎變成只是一個流行運動。很多弟子不再使用你提出的愛滋病預防措施，他們辯稱那是席拉想要掌權的其中一個手段。有些桑雅士拿掉了項鍊和橘色衣服，他們問其他繼續使用項鍊和橘色衣服的桑雅士：項鍊和橘色衣服還有什麼意義？似乎有些桑雅士用你的話來為自己的自大行為辯解。對我而言，不只是你的治療師，似乎還有很多桑雅士堅持這就是你所說的自由之路。奧修，桑雅士發生什麼事了？

這個問題裡面有很多問題。首先，愛滋病的預防措施和任何人的掌權手段無關。事實上，過去社區曾經採用的預防措施，現在已經被很多政府採用——完全一樣的預防措施。甚至美國的很多州也使用同樣的預防措施⋯當然，沒提到我的名字。沒有任何地方提到過。我們第一個提出這些預防措施，全世界將會使用它們，因為愛滋病開始散播了。

就在某天，阿南朵告訴我有一個新病毒被發現了。舊的愛滋病毒還存在著，但是新病毒也在人體裡出現，而且似乎更危險，因為你無法在血液中檢測到。第一種可以被檢測出來；第二種是進化過的——你找不出來，所以你以為它不存在。它會殺了你，還有和你有所接觸的人。

但因為我解散了在我靜默期間所發生的組織化宗教，現在每個個體都要為自己負責。沒有任何組織化的、中央集權的體系會照料你。那正是自由真正的意義：責任。但對蠢人而言，它的意思是放縱。

我的努力是要給你更多的責任和自由。我允許桑雅士⋯我讓他們決定是否要戴項鍊或穿橘色衣服。對那些真正了解的人，並沒有任何改變；對那些勉強戴著項鍊、強迫自己穿橘色衣服的人而言，他們早已拋棄項鍊和橘色衣服。沒有任何東西失去。那些參加桑雅士運動卻不了解為何加入的人，我卸下了他們的重擔。他們一定也叫別人拋棄項鍊和橘色衣服：「因為奧修這麼說。」

我沒有說要拋棄它們；我只是給你選擇。現在由你決定要保留或拋棄它們。但他們為什麼要這樣告訴別人？他們一定是因為自己拋棄但別人沒有拋棄而感到內疚；也許他們做了某件錯事。如果別人也拋棄了，那會使他們感到安慰，他們不是唯一拋棄的人。最奇怪的是我告訴過他們：「你可以拋棄項鍊、你可以拋棄橘色衣服；但你仍會是桑雅士。」

但是很難預測愚蠢的頭腦會怎麼做、如何理解。他們不只是拋棄了橘色衣服，他們還說他們不再是桑雅士：「因為奧修這麼說。」我說的是，即使沒有橘色衣服和項鍊，我仍接受你是桑雅士。但是他們以為現在他們不再是桑雅士，而且他們還試著讓別人也這麼做——辯稱這就是自由。

那些人應該這樣回復他們：「我們可以自由決定是否要穿橘色衣服，而我們的決定是要穿。你們決定不穿——那是你們的事。你憑什麼給我們建議？試著把想法強加給我們？那才是違反自由的——試著改變任何人就是反對自由。」

所有的傳教士都是反對自由的。

但就我而言，我很高興我卸下很多負擔，因為我感覺對你有責任，我要你成長。我不要你浪費生命。如果我在這兒的時候你都無法成長，那你何時才會成長？

所以無論發生什麼事都很好。只有那些留下來的人是值得留下來的。那些離開的人不必要的浪費了他們的時間和我的時間；他們早就該離開了。現在桑雅士會是一個完全不同的運動：它將會更屬於真正的求道者。它不會屬於任何只因為對社會感到厭倦就想要改變社會的人。他想要另一個社會，所以他加入一個桑雅士的社區，把它當成另一個社會——但是他對真理沒有任何渴望。只是因為這個社會的人穿著橘色衣服——他不想要看起來很尷尬和奇怪——他開始穿橘色衣服，成為桑雅士。但事實是他逃離了那個巨大的世界，那個他完全感覺厭倦的，沒有地方可去的。社區變成各種人的庇護所。

現在桑雅士會是一間學校，一個神祕學校。只有那些想要成長和改變的人會加入。還有數百萬人想要更有意識，他們感覺自己是沉睡的、無意識的。所以不用擔心有些桑雅士會消失；新的人會來到。

現在這會是一個完全不同的現象。我會慢慢改變全世界的本質，不只是一起生活，而是一起成長。

奧修，當桑雅士清除掉社會給予的制約，他們是否會把你的某些教導變成另一種制約——例如成為全然的；除非是我們自己的經驗，否則保持懷疑；不要嫉妒等等？是否可以請你解釋你和我們在一起的工作不只是一種價值觀的改變——或另一種制約？

首先，我的教導不是新的價值觀，不是用新的價值觀取代舊的價值觀。

例如，有的人相信神——那是一種價值觀。有的人不相信神——那是另一種。我是在對那些沒有相不相信的問題的人說話。把一個信念改成另一個信念是在改變制約，但你仍是被制約的。我是在說你必須保持沒有任何信仰體系、探詢實相——無論你發現什麼，那都是你自己的真理。

不需要相信，因為一旦你知道了，就不再有相信的問題。你只會相信你不知道的事。當你知道它們，那你就知道了：那和信念無關。

所以我不是給你另一種信念、另一種價值觀：我是在給你一種技巧以便你可以摧毀所有制約。那個技巧本身不是制約。它無法是，因為你不需要相信它；你需要去經歷過它，除非你的經驗是支持它的，否則不需要信任它。

現在你必須相信全然的生活，因為我這麼說。我說我是全然的生活，這是我唯一發現的生活方式。你也可以試試。我不是要你相信去全然的生活；不需要有任何相信。只是生活或不生活。但如果你決定去經歷、去探索，你將要用一個乾淨的頭腦，沒有任何信念，只是去看它是什麼，如果它碰巧是一個喜悅、一個慶祝，那由你決定是否要繼續。

所有的制約都以信念為基礎。

而我所有的努力在於，經驗才是唯一的標準，不是信念。

所有的信念都是謊言。

甚至我的真理也不是你的真理：只有你的真理才是你的真理。

所以不會有制約的問題。發問者只是用理智來思考，他沒有去嘗試。邏輯上他可以說服自己：這是一種新的價值觀，它會是一種制約。所以你要怎麼辦？——無論你做什麼都會是一種新的價值觀；如果你什麼都不做，那也會是一種新的價值觀，所以你永遠無法擺脫制約。

你的問題比較不像問題，比較像是陳述。你是在說沒有辦法擺脫制約，所以何必擔心？和舊有的在一起，因為新的也會是制約。舊有的至少是熟悉的、有人走過的路——我們祖先繼承來的、古老的路。數百萬人深信不疑——何必改變它？你只是在用邏輯術語為自己開脫。

再去看看你的問題，你會了解靜心不是制約。它是解除制約，因為它不會帶給你任何思想、意見和觀念。它只是清除一切，使你完全空的。所以它怎麼會是制約？

覺知不是制約。那是你自己的。你與生俱來的。沒有人可以把它給你；你只需要扔掉黏在它上面的垃圾。

我的努力是在於把你的個體性給予你。我不要任何東西被添加給你。你生來就是完美的；是社會使你不完美。我要你知道你自己的完美、你的美、你的喜悅、所有祝福對你是可能的，是社會透過制約你的頭腦而造成阻礙。

我不會給你任何制約。如果人們可以因為制約而更覺知，那事情會很容易。如果透過制約可以讓人們變得很喜樂，那事情會很單純。你一直被塑造成去相信謊言——上帝、先知、救世主、化身——但沒人可以用喜樂、自發性、全然性制約你，因為這些是你已經有的特質；它們只需要被發現。

制約你的東西是你沒有的特質，但社會會不斷重複用思想填滿你的頭腦，慢慢的，你會相信它們，因為人們害怕空，而這些思想會給你一種充滿的感覺。

但奇蹟在於如果你夠勇敢去成為空的，你將會被你所有天生的特質填滿，它們是非常美麗的，它們擁有讓你成為永恆的最終特質。一旦找到它們，就不再會失去。

奧修，有一天你談到克魯泡特金的失敗是因為不了解真正的成長只能從基礎往上開始而不是從上

方強加。這似乎是每個思想體系失敗的原因。想法被系統化而形成計畫，然後被強加到存在。這有點像走到花園，發現躺在土裡的花莖，花莖頂端黏著一些美麗的花瓣，將它筆直的插到土裡，然後驚訝的看著它垂下頭，儘管他們大喊著「多麼美！」是否可以請你評論？

確實，所有思想體系的失敗原因都是：它們試著透過改變結構來從外在改變社會——政府、宗教和社會的經濟結構。它們都以社會為單位進行改變，但沒人想過社會並不存在。存在的是個人。社會就像叢林。從遠方你會看到叢林；當你靠近，你開始看到單獨的樹木。你可以繼續尋找叢林，但是在任何地方都看不到它；你遇到的都會是單獨的樹木。叢林只是一個幻象：這麼多樹木以致於從遠方看起來，它們就像合而為一的。

社會並不存在。所有思想體系都試著要改變社會。你無法改變那個不存在的——因此它們失敗了。事實很單純，如果你想要改變社會，那就改變個人。如果所有的個人都改變了，你認為還需要去改變社會嗎？如果所有的個人都改變了，你將不會發現任何需要改變的社會。隨著所有個人的改變，社會自動就改變了。它只是一個名字。

克魯泡特金是一個美麗的人，非常單純，他的想法是完美的，但他的方法是錯誤的。那是幼稚的。永遠都不會成功。

同樣的情況也發生在馬克斯身上。他認為首先窮人會掌權，創造出無產階級的獨裁政府，然後他們會強迫富人均分財富，一旦財富均分了，不再有任何階級，獨裁政府就結束了。非常合理。但其中一個不幸是，邏輯只是人為的，存在沒有義務要去遵循。

在蘇聯，已經七十年了：富人早就消失了。現在沒有任何中產階級或富人；每個人都一樣窮。獨裁政府是時候該消失了，早該消失了。但馬克斯沒想過掌權的人不願意失去權力。為什麼有錢的人不想要分享錢？——因為錢就是權力。那是同樣的東西。

現在蘇聯的掌權者，他們何必放棄權力而變成一般的人民？他們想抓著權力不放，現在俄國似乎不可能再發生革命。

即使馬克斯想入境俄國也不行，因為他是危險的人。他會談論解散無產階級的獨裁政府——它不需要了。

和無產階級的獨裁政府相比，歷史上從未有任何富人造成傷害過。為了均分財富，光是史達林就殺了一百萬人。沒有任何富人有這麼大的權力。以無階級社會的名義、解散所有權利的名義，一個非常強大的政府首次出現了。而且他們對人們所做的事是難以想像的。

有個人得了諾貝爾化學獎，蘇聯不願意他去領獎，但他說：「這和政府無關；這是我個人的榮耀：我在化學上的貢獻，這是世界對我的肯定。」因為他得了諾貝爾獎，他立刻被逮捕並關進監牢。

連續三個禮拜，他們不讓他睡覺。他們不斷打針使他無法睡覺。慢慢的，十天後，他開始對家人失去興趣。十五天後，他對化學失去興趣，三周後，他對一切失去興趣，甚至他自己。如此嚴重的折磨以致於死亡是非常容易的。在他被折磨了三周後，使他保持活著，他們讓他上了法院。

你可以了解他們的策略：為了符合法律的要求，他們讓他上了法院。法官問他問題，但是他無法回答。他連語言都忘掉了。他會四處張望——而他還是個天才！他們摧毀了他的腦部。

法官說：「這個人瘋了！應該把他送到瘋人院。」

從那時起就再也沒人聽過他。他一定是待在某個瘋人院。這個情況發生在三個諾貝爾獎得主身上。還有數百萬人都受到這類的對待。世界上的人永遠無法知道，因為廣播電台是政府的、電視業是政府的。每個新聞媒體都是政府的，所以除非政府願意公布；否則沒人知道。

人們在半夜被叫醒：「你被傳喚到共產黨的辦公室」——然後他們就消失了。他們的妻兒會等待很多年。沒人聽說他們發生什麼事，他們甚至不能問，因為「那和你無關。」政府知道要做什麼。不只是蘇聯；到處都有這樣的情況。

我環遊世界後有了一個很棒的經驗。在這個小國家，他們假裝是民主的，三天前的早上，他們決定讓我留在這兒，他們會幫助讓我的人來這兒，提供各種設施。美國大使一定是馬上通知雷根。他們收到威脅，如果讓我留在這兒，那他們必須立刻付清貸款——那是數十億元。沒有任何貧窮的國家可以做到。他們連利息都拿不出來。「如果你們無法付清，那我們將會提高利息」——這是一點。第二點：「未來，我們專門撥給你們的貸款將會停止。」

立刻的，一小時內，一切都變了。總統說：「我們不能讓他留在這兒。」

雷根一定被告知了：「他們改變主意了，願意讓他離開。」就在昨天，他們被獎勵了。立刻得到一億五千萬元貸款，還有另一個獎勵：他們過去貸款的其中兩億元不用再支付；他們不會追討。

所以馬上有三億五千萬元的獎勵。事實上，我想要叫阿南朵去問他們：「我的佣金呢？你拿了三億五千萬元。為了公平起見，裡面應該有一部分是我的佣金。」如果每個國家都這麼做，我非常高興：我可以從這個國家到另一個國家，去收取我的佣金。

但這就是「民主。」沒什麼不同——他們只是方法不同。就文明而言，並沒有任何實質的進展。

我常想到威爾斯說過的話。有人問他：「你對文明的看法如何？」他說：「我認為這是很好的想法，但應該要有某個人去實踐。它還沒有出現在任何地方。」

第三十八章
真實的話語

奧修，十五年前，我是激進的從政者，我試著透過散播想法來改變社會。失敗和挫折使我來到你身邊。現在你的人無法和你聯繫，散播你的想法、出版你的書和錄音帶是否足以誕生出新人類？或者有其他我們可以做的？

你來到我這兒之前所做的事和我現在要你做的事並不一樣。你是在相同的誤解下工作著——當社會被改變後，個人也會自行改變。

你失敗了，不是因為你在散播想法，而是因為你的想法是根據一個誤解：社會擁有一個可以被改變的靈魂。「社會」只是一個集體性的名字。你無法對它做任何事。任何需要完成的事應該要在個人身上完成。他是存在中有生命、可以理解的一部分。

所以第一件事，當我說：「讓話語散播出去，」我是在談論個人，不是社會。

第二件事，沒有任何東西比話語還要強大。它是如此強大以致於聖經傳統以它為開頭。「一開始就存在的是話語。話語和神同在。話語就是神。」

我不同意這段話，「一開始就存在的是話語，」但我確實同意無論誰寫了這段話，他一定很清楚話語的力量。他把話語放到神之前——因為「神」畢竟是一個字，一個空洞的字，沒有任何內容。

他至少洞悉到話語是如此強大以致於存在應該是從它開始的。

我不同意這段話，因為話語需要某個人去了解，某個人給它意義；否則它只是一個聲音。話語是什麼？——我們給予特定意義的聲音。意義是多變的，所以同一個字在某個語言可以代表某個東西，在另一個語言則代表另一個東西，在第三個語言又代表了不同的東西。話語本身沒有意義，意義是預先設定的。所以這段話：「一開始就存在的是話語，」雖然這是一段重要的話，確認了話語的力量，但它不是事實。

印度教經典——不是一本，而是一百零八本奧義書——都以聲音開始，不是話語。它們以嗡開始——那不是一個字，因為它沒有任何意義。那是一個更深的洞見。「在一開始」就存在的只會是聲音，不是話語。聲音可以變成一個字，如果有人給了它意義。

但是佛經深入到根源。他們說：「在一開始只會是寧靜。」

寧靜、聲音、話語是連結的。寧靜就像海洋一樣巨大。它是潛在的聲音；它尚未宣稱自己。就像熟睡在琴弦上的音樂——需要一些手指喚醒音樂。寧靜是熟睡的聲音。但在一開始只會是寧靜。

這個洞見從話語深入到聲音，再到寧靜，但是我都不同意，因為從未有過任何開始。有開始的想法是錯誤的。

如果我來寫，我會寫：「在結束時會是話語，然後是聲音，然後是寧靜——如果有任何結束的話。」當然沒有任何開始⋯沒有任何結束。但對於思想家、成道的存在而言，一旦考慮到別人，就會有一個開始和一個結束。對於成道者自己而言，只有開始，沒有結束。而在一開始會是寧靜。

也許奧義書過於被成道的經驗所影響。當你的頭腦消失，會有一個開始，只剩下永恆寧靜的空間，但是對你的自己(self)而言，沒有任何結束。當然對別人而言，你會死亡——對你自己而言，你會活下去。死亡是別人對你的看法。對他們而言，結束時會是話語——因為師父的訊息必須包含在話語裡面。

所以不要認為話語不是強大的。一般而言，世俗裡的話語是沒有力量的，它們只有實用性。但是當成道者說話，話語是沒有實用性的；它只會擁有一股轉變你的心的巨大力量。

所以當我說：「散播話語，」我的意思是無論我對你說了什麼，盡可能用各種方式散播它們。使用各種新聞媒體，使用科技提供的各種東西，以便話語可以到達地球的每個角落。而且記住，它比任何核武還強大，因為核武只會帶來死亡——那不是力量。但是來自成道意識的話語可以帶給你一個新生命；一個重生、復活——那才是力量。

摧毀某個東西是任何蠢人都能做到的。

創造則需要智慧。

我會為你留下擁有無窮潛力的話語。如果你可以只是不斷小聲的傳達它們，你會很驚訝它們可以改變全人類的心。

如果話語來自於覺醒的意識，當它進入你裡面，它會變成聲音——因為意義是屬於頭腦的。比頭腦更深的是，沒有意義，只有聲音。但是再深入，聲音會消失而變成寧靜。真正的話語、真實的話語總會在你裡面創造出寧靜。那就是它的力量的標準——它不是空洞的；它包含了聲音，聲音包含了寧靜，而寧靜是存在的本質。

你問：「只有散播話語就夠了嗎？」

你想怎樣——做炸彈？變成恐怖分子？殺人？你還想要什麼？不，沒別的了。從古到今，覺醒的人從未見過任何比話語還要強大的。問題只是在於散播它，而且不要像隻鸚鵡或留聲機一樣的散播它，而是以代言人的身分去散播它。無論你說了什麼，你都得成為你所說的；你說的話只有那時才有力量。

所以不要擔心。這個世界在二十五世紀以來有過多少皇帝？但沒有人的名字可以接近佛陀。只有他的名字像埃弗勒斯峰一樣的佇立著——任何東西在它旁邊都像個侏儒。那個人的力量是什麼？他什麼都沒做，除了使用了一個方法：把他的寧靜轉變成聲音、轉變成話語。

那就是覺醒者的內在所發生的。他處於寧靜中：他創造出寧靜，實現它的潛力；它變成了聲音。他給了它意義——因為只有意義可以做為橋樑。

你也聽到了話語。然後同樣的過程必須發生。你透過頭腦了解意義，但是你讓聲音更深入。意義留在頭腦中。聲音觸碰到心。如果你也允許聲音消失，然後你就觸碰到你的存在，那就是寧靜。發生在師父身上的必須反過來。那是一個加密的語言——你必須解密。

而且問題不在於只是重複我的話語，問題在於活出那些話語。你的生命應該是它的證明；然後就不需要其他東西了。

整個人類的革命已經透過話語發生了。每個師父都將意味深長的話語留給世界，那些話語在正確的人手中將能繼續成為一股用來轉變的巨大能量。

我們在這兒不是要殺掉任何人或摧毀任何東西。我們在這兒是要創造某個東西，最重要的、最不可或缺的是人的意識。是的，當意識被創造出來，很多事會自行消失；你不用去摧毀它們。

這就是整個工作的美：沒有任何東西被摧毀，但數千個東西消失了，最後只有一個東西留下——永恆的經驗。甚至你也消失了。但是稱為「經驗」也不太對，它只是存在。我教導的是存在性的革命。

奧修，我看過貓在吃掉老鼠前會先玩弄牠。彷彿這就像個遊戲，貓似乎藉由折磨可憐的老鼠而得到很大的愉悅。我發現自己常因此介入其中。殘忍是存在的一種特質還是我們生物性的一部分？或者是其他原因？

殘忍是一個誤解。它是因為對死亡的恐懼而出現在我們裡面。我們不想死，所以在任何人殺掉你之前，你會想先殺掉他們——因為最好的防禦就是攻擊。我引用了馬基維利的話，他的曾孫女是一個桑雅士。馬基維利對西方的政治頭腦有很大的影響。

五千年前，同樣的人出生在印度；他的名字是考底利耶。他用同樣的方式影響了東方的政治頭腦。

你會驚訝的知道即使在印度獨立後，所有非暴力的談論和非暴力的強大力量為印度帶來了自由……那時甘地還活著，他們將新德里的外交部命名為Chanakyapuri，那是考底利耶死後五千年。Chanakyapuri的意思是考底利耶的城市。他說的話和馬基維利在二、三百年前說的話一樣：「最好的防禦就是攻擊。」

你不知道誰會攻擊你。在動物的世界裡、人類的世界裡，有一個很大的競爭。所以人們只是不斷的攻擊，不在意他們攻擊的是誰或者對方是否真的會攻擊他們。沒有辦法知道——所以最好不要冒險。

當你攻擊某人，慢慢的，你的心會變得越來越堅硬，你會很享受攻擊。可以透過動物觀察到這個現象，因為競爭的目的是相同的——為了食物、權力⋯

最新的發現指出幾乎所有的動物都存在著某種階級。如果你看到二十隻猴子坐在樹上，頂端的枝幹會被總統占據。牠是最有權力的猴子，牠擊敗過每隻猴子。當然，因為牠是最強大的，所有最棒的母猴會圍繞在牠身邊。其他猴子不能碰觸那些母猴。坐在最下方枝幹的可憐猴子沒有任何母猴陪伴，因為兩性的數量是相同的。

總統下來會是首相；牠擁有屬於自己的一群母猴。然後是內閣。再下來是一般的猴子——商人、軍人。到了底部會發現最可憐的猴子——乞丐、遊手好閒的人、罪犯。牠們什麼都沒有。

而混亂總是會發生。如果老猴子死了，那會再次發生一個很大的衝突：誰會變成首領？或者即使老猴子還活著，但已經年紀大了，比較年輕的猴子無法忍受牠；牠們會把牠趕出去。某隻比較年輕的猴子會成為首領，牠會佔有屬於老猴子的母猴，而老猴子現在坐在最下方的枝幹上。

就像尼克森——沒人關心、沒人在意：你失敗了。或者卡特，再次賣起他的花生，甚至不覺得從總統到賣花生是一個很大的失敗，不因此感到羞愧。但是能怎麼辦？而且你再也不會聽到這些人，除非他們死了。然後報紙上會有一個小小的新聞說偉大的前美國總統死了。

殘忍只不過是想要成為第一的競爭心。如果那代表暴力，那就代表暴力吧——但一個人必須成為第一。它存在於動物裡面；存在於人裡面。但為什麼急著要成為第一？

原因是死亡。生命是不確定的：你今天還活著，明天你可能就死了。而且還有這麼多要享受，時間是如此短暫。這個短暫的時間、還有這麼多要享受、要經歷、要去愛，創造出興奮的狂熱：你必須先得到一切，這樣你就不會錯過任何東西。如果某個人得到了，即使需要殺掉他，那就殺掉他。

殘忍會消失，除非——那就是我如何發現殘忍是存在的——它只有當你知道死亡並不存在時才會消失。當你經驗到你裡面某個永恆的東西，所有的殘忍將會消失。然後一切不再重要了。你不需要追逐了，你可以只是繼續你的晨間散步。如果某人推了你，你可以讓他走在你前面，因為這個可憐的傢伙不知道世界是無限的，生命是無限的。不會錯過任何東西——如果不是今天就是明天。如果你了解，你知道你是不會錯過任何東西的。

事實上，殘忍的對待別人、和別人對抗、對別人施以暴力，你將會錯過很多，因為這個過程會使你更麻木，使你的心變得像石頭。如果心變成石頭，那你將會錯過所有偉大的、美麗的、喜樂的一切。

但很難對動物這樣解釋。真正的問題是，甚至很難向人類解釋，透過競爭和暴力的慾望、在每個地方得到第一，那是在創造一個瘋狂的世界，在那兒沒有人可以享受，每個人會保持貧窮。

唯一使人們了解的方式就是幫他們感覺到他們永恆的自己，然後所有的殘忍會立刻消失。是因為生命的短暫創造出這些麻煩。如果你的兩邊都是永恆的——過去和未來——那就不需要急急忙忙，甚至不需要競爭。生命是如此多汁豐富，你的生命是不會耗盡的。

但非常少人會靜心，而且非常少人知道永恆的自己；所以他們自然會是殘忍的、暴力的。它不是你固有的，不是自然給你的。它是一個副產品，一個誤解，而你沒有做任何事去了解為什麼會這樣。

我有一次在印度的那格浦爾火車站，我正準備進入有冷氣的車廂時，另一個人衝了進來，把我推到一邊，用力塞進手提箱。我站在旁邊看著整件事——因為火車會停留半小時。在冷氣車廂不會擠滿人。而且我的座位是預訂的。

當他把所有東西拿進來後，我問：「我能進來嗎？」

他感到有點羞愧。他說：「我很抱歉把你推到一邊。」

我說：「不，問題不在這兒。人們都會急急忙忙的趕火車；但有個誤解：你不了解火車會在這兒停半小時。而且只有兩個乘客，你和我。半小時內，我想我們可以輕鬆的搭上火車——誰先進來不會有什麼差異。」

「而我的座位已經預訂了，所以沒有問題：我想你的座位也是預訂的。」坐冷氣車廂很難不先訂位。習慣坐冷氣車廂的人必須提早十五天預訂；否則只能碰運氣看看是否有多的座位，因為座位並不多。整列火車只有一個車廂是有冷氣的。

他說：「不，我的車票並不是預訂的。」

我說：「儘管如此，不用急。與其先進入車廂，你應該先問列車長是否有多餘的座位。」

我進了車廂，找到我的座位。他看了門上的名牌：沒有多的座位。

所以他對我說：「也許你是對的——我應該先找列車長。似乎沒座位了，除非有人沒來或者在中途或下一站下車。」

然後列車長來了。他對那個人說：「我把你趕出第三級車廂是因為你沒買票。然後你進了第二級車廂；我把你趕出第二級車廂。你又進入第一級車廂，現在你以為也許在冷氣車廂不會有人查票。通常不會有人查票，因為每個座位都被預訂了，但是我在跟著你。」

我對那個人說：「你甚至沒買票，而你還以為也許有個座位會為你預定好！而且你衝進來，把我推到一邊。我不了解你是什麼樣的人。但是有件事我可以了解：你的憂慮。」

「現在我可以了解你並不是故意推我——你是害怕列車長看到你。他從其他車廂把你趕出去，他將會來這兒，所以在他來到前，你先進去在某處安頓好，假裝你在睡覺還是什麼的，或者去廁所待在那兒。你的匆忙和無理的行為、粗暴的推開我，顯示出你裡面少了某樣東西。」

人做錯事總是因為心理上少了某樣東西，如果可以讓他們做些靜心，就不會有這個問題；至少人類的社會可以驅除所有的暴力。如果社會驅除了所有的暴力，那會是一個在心理上和精神上都是健全的社會。

但是你無法直接對殘忍做任何事，你必須間接的進行。你必須透過靜心來進行。自古以來，靜心者都證明了他們變成完全非暴力的。非暴力似乎是他們的經驗，了解到沒有任何東西可以摧毀他們；然後所有的恐懼都消失了。是因為恐懼創造出暴力，是因為恐懼創造出殘忍。你不能直接對殘忍做任何事；你必須對恐懼做某些事，從它出現的地方著手。

貓和老鼠的遊戲是非常意味深長的。不只是殘忍，還有更多的含義。貓很確信會抓到老鼠。牠給老鼠機會，讓老鼠以為也許牠能逃走。牠很享受這個遊戲。老鼠從這個角落跑到另一個角落，以為牠可以逃走，而貓給牠機會逃走，因為牠知道只要一躍就能結束老鼠的生命。

直接結束老鼠的生命不會有任何喜悅。牠想要一點刺激，一些挑戰——不只是殺掉普通的老鼠，而是幾乎快逃走的大老鼠。不只是殘忍，牠享受的是自我。牠可以馬上殺掉老鼠。沒有必要讓老鼠從這個房間跑到另一個房間，從這個地方跑到另一個地方，但這樣做會讓牠認為：「我擁有多麼大的權力！牠也許善於逃跑，但那是因為沒遇到我。」最後牠殺了老鼠。吃掉老鼠的基本需要被滿足了，同時，感覺到自我、感覺良好的重要需要也被滿足了。

我聽過一個故事——你一定也聽過——某間房子裡的貓殺了非常多老鼠，於是老鼠們聚在一起，詢問年老的聰明老鼠：「我們該怎麼辦？」

有一隻年老的聰明老鼠說：「有個簡單的方法：只要在貓脖子上掛上鈴鐺，無論牠到哪兒，鈴鐺會響起，老鼠會保持警覺。」

一個完美的方法，就像宗教、政客鼓吹過很多完美的方法；你找不到任何缺點。

有隻年輕的老鼠說：「但誰來完成這個工作？」

年老的聰明老鼠說：「我的工作是給予建議。我只提供諮詢，個人的諮商；行動的部分要由你們決定。我已經給你們完美的建議。現在誰要完成這個工作——那是你們的問題。

這是一個著名的故事，數千年前的故事。但是我必須使它更完整，因為它很老舊了，需要添加一些新的東西。

所以那個情況又發生了——再次有了聚會和同樣的建議。一隻年輕的老鼠，不再說這是不可能的，牠說：「好，我來做。」其他老鼠都感到震驚，因為這是違反傳統的。這故事已經持續好幾世紀——每隻老鼠都在問如何完成工作，誰來做，然後故事就結束了。而這個笨蛋卻說牠要做這個工作！

牠們說：「你知道這個故事嗎？這不是新的故事，這個故事跟老鼠一樣古老。在我們整個歷史中，我們一直在聚會，然後年長的老鼠給予建議。你是第一個笨蛋；否則故事不是這樣結束的。」

但年輕的老鼠說：「無論是不是笨蛋，我將會做這個工作。」

牠們說：「這樣會摧毀整個故事！」

牠說：「無論會發生什麼事——無論故事是否會被摧毀——明早，貓脖子上將會被綁上鈴鐺。」

牠們都認為牠瘋了。數千年來，老鼠們一直在談論這個故事，享受這個故事，總是會得到同樣的結論，然後聚會就解散了，因為還能怎麼做？誰能做這個工作？奇怪…只是差了一個世代。牠不了解這個古老的故事、傳統的做法——這個工作從未被完成，也無法完成。但是誰來對這個笨蛋解釋，而這個笨蛋說：「明早你們就會看到。」

隔天早上牠們都聽到鈴聲。「我的天！」所有老鼠都從洞裡小心翼翼的向外看。貓脖子上被綁了鈴鐺，當貓靠近時——牠非常驚訝，因為鈴鐺響著——在牠靠近之前，老鼠們就躲進洞裡。牠不了解發生什麼事，脖子上為什麼會有這個鈴鐺。到了晚上，牠餓得奄奄一息，因為沒捉到任何老鼠…

然後所有的老鼠都聚在一起問：「你做了什麼？你摧毀了整個故事，但沒關係，因為你真的做到了！」

牠說：「很簡單。我反而好奇為什麼數千年來，這個故事都沒被摧毀。我只是走到外面，到某個藥局，拿了一些安眠藥，把它們扔到貓每天傍晚都要喝的牛奶裡面。牠睡著了，於是我把鈴鐺綁到牠的脖子上。到了早上，當牠醒過來，牠無法相信發生了這樣的事，牠無法把鈴鐺弄掉——不可能。從現在起，不再有任何老鼠需要害怕任何貓了。」

一個簡單的方法…這些偉大的顧問和長者只是給予建議。牠們不會告訴你怎麼做；牠們只是提出一個適合的傳統做法然後說：「不要嘗試錯誤的做法。」

如果你想要某人不做出殘忍的行為，不要告訴他：「不要殘忍。殘忍是醜陋的、獸性的。那會使你不像人類。」那個人會壓抑他的殘忍，但是會用其他方式、透過其他源頭發洩出來。要用正確的方式。

每個人都害怕死亡。害怕短暫的生命和激烈的競爭，所以除非你夠暴力，否則你會失敗。但事實是，只有非暴力的人可以勝利；其他人都會失敗。

奧修，你是否因為發覺到譚崔的缺點而使你感覺它不適合我們？

它不是一個完整的系統。人類對它有一個基本的誤解：他們發現了片段的真理，一部分的真理，但沒有再去發掘整個真理，他們透過想像填補剩餘的部分。因為他們已經有一部分的真理，他們可以據以爭論，創造出一個系統，但剩餘的部分只是他們的發明。

所有的體系都是如此。沒有去探求整個真理，人類傾向說：「何必費心？我們已經發現一小部分，用來展示已經夠了，足夠讓任何想提問的敵人閉上嘴巴，」——而剩餘的部分只是發明。

例如，譚崔說性能量是基本的能量，這是對的，所以這個能量應該被轉變成更高的形式。確實如此。但問題是他們從未深入靜心；靜心變成次要的。而人的性慾是如此強大以致於在譚崔的名義下，它只是變成性放縱。沒有靜心就一定會發生這樣的情況。靜心才應該是最主要的，因為那一定會轉變能量，但是它變成次要的。

而且很多性變態、性壓抑的人進入了譚崔學校。正是這些人把他們的變態和壓抑帶進來。他們對任何轉變沒興趣，他們有興趣的只是擺脫他們的壓抑；他們的目的在於性。

所以雖然譚崔擁有片段的真理，但是它無法被正確的使用。除非那部份的真理變成次要的，而靜心變成首要的，否則在譚崔裡面會一直發生，人們會進行各種性變態行為。在這個偉大的名義下，他們不會認為自己做了任何錯事；他們會認為自己的行為是有宗教性的、神聖的。

譚崔失敗的原因有兩個。其中一個原因是內在的——靜心沒有被列為首要的。第二，譚崔沒有特別用來處理變態和壓抑的方法，應該先解決他們的變態和壓抑，讓他們恢復正常。一旦他們恢復正常，再讓他們靜心。只有在深入的靜心後才能開始譚崔的實驗。他們的順序弄錯了，所以在偉大體系的名義下，整件事變成只是性剝削。

那就是許多治療師在做的。有一天我看到拉傑為了譚崔團體所做的廣告——一張淫穢的照片。那會吸引人們前來，因為那是真實的色情表演。如果你可以看真人做愛，何必還去看印在紙上的照片？而拉傑完全不了解靜心，他從未靜心過。

這些人將會感覺良好，解脫了，因為社會不允許他們……在團體裡面他們可以做任何想做的事，這麼多的壓抑將會被扔掉，他們會感到解脫和輕鬆，他們會感謝擁有一個偉大的譚崔經驗。但那不是譚崔經驗——只是性放縱。而且幾天後，他們會再次收集壓抑，因為他們無法在社會上這麼做。於是他們會變成永久顧客，慢性病的譚崔行者。

所謂的治療師則高興的收下那些人支付的費用。他們沒有任何損失，他們只是允許一切的自由。他們使用我常使用的偉大話語——「自由」、「表達」、「不要壓抑」、「只要成為你自己，不要擔心別人怎麼想」、「做你自己的事」。而那些笨蛋會開始做他們自己的事！

首先人們應該先靜心，然後才是譚崔方法。他們的方式不是譚崔。譚崔的方法是完全不同的。這些人認為自己在進行譚崔，但他們根本對譚崔一無所知。

例如，拉瑪克理虛納深入靜心時，每當他感到任何性渴望影響到他的靜心，他會要他的妻子莎達——一個美麗的女人——坐在一個高腳凳上，赤裸的，他會坐在她面前看著她，用她來靜心，直到性渴望消失。然後他會觸碰莎達的腳，他的妻子，他會感謝她：「妳給了我很大的幫助；否則我能怎麼辦？這個渴望需要抒發，看著妳就夠了。」

克久拉霍的寺廟有擺出各種性交姿勢的雕像。是一個譚崔學校興建了那間廟和那些雕像。學生要做的第一件事就是對那些雕像靜心——這些雕像設置的方式使你可以從寺廟的一角開始走完一圈。需要六個月，但你必須看著每個雕像，直到你只是把它們當成雕像而沒有任何性慾——雕像擺出不同的性交姿勢。但是你看著它，好幾個月，它變成純粹的藝術品；所有的情色都消失了。然後你才繼續看下一個雕像。人類腦海中所有的變態都用那些雕像展示出來。

當你看完寺廟外的雕像，那時師父才會讓你進入廟裡。那六個月是非常棒的靜心，非常大的釋放，所有的壓抑都消失了：你感覺非常輕鬆。然後師父會讓你進來。廟裡面沒有擺放任何性交姿勢的雕像；廟裡面什麼都沒有——空。

然後師父會教你如何加深這六個月來所產生的靜心，現在你可以非常深入，因為不再有任何阻礙、問題和性慾了。沒有任何性阻礙而深入靜心表示性能量會隨著靜心移動，而不是反抗它。那就是如何轉變性能量並以更高的形式呈現。

這些所謂的治療師對譚崔一無所知，不知道為什麼會失敗。但是他們不關心，他們在意的是如何剝削壓抑的人們。而那些壓抑的人會很高興，因為在七或十天的譚崔課程後，他們感覺解脫了；他們以為這是某種心靈的成長。但是在兩到三天內，所有的心靈成長將會消失，然後他們會準備加入另一個團體。

有些人——你可以稱為「狂熱的追隨者」——從一個團體來到另一個團體，再到另一個團體。他們的生命只是從一個團體移動到另一個團體。就像嬉皮…但是你可以把他們稱為「狂熱的追隨者」。

第三十九章 存在的奧秘

奧修，那些自認在政治上和經濟上沒有依賴美國並拒絕你停留的國家，我們知道事實並非如此，你會對它們說什麼？也許某些國家被欺騙了，它們應該去了解真正發生的一切，去了解美國為了反對智慧而利用它們所犯下的罪。

人類只是活在幻想的自由中。環顧人類整個歷史，並沒有存在著任何像自由的東西。奴役改變了；新形式的奴役取代了舊形式的奴役，但自由從未發生。自由仍然是個夢。曾經有一段時間，人就像東西一樣被賣到市場上。我們認為那就是奴役，花了數千年擺脫它——但我們只是擺脫了形式。內容仍然一樣。

現在你不會購買一個人的一生，你購買他一天的五或六小時，把他當成僕人。而那看起來似乎是自由——事實上那對購買者是有利的。完全購買一個人：你不會一天二十四小時都在使用他，他只會工作五到六小時。剩下的時間是不必要的花費；有時候他會生病，有一天他會變老。而且他可能會死於意外，那你的投資都沒了。

所以形式的改變對人類沒有幫助，只有幫助了購買者——奴隸仍然是奴隸，兼職的奴隸。

政治上的依賴曾經存在於世界各地。那些帝國都瓦解了，使得現今的國家誤以為自己擁有了自由。每當幻象是美麗的，你會希望它是真的，你想要相信它；但無論你是否相信，幻象就是幻象——不會有任何不同。

我在環遊世界的過程中發現那些大國對於自有的獨立非常自傲，但那只是活在幻象中——沒有人會被它們欺騙，它們欺騙的只是自己。

我從未去過德國。我沒有對任何人造成傷害。我沒有違反過任何德國的法律——而他們卻決定我不能進入德國。

壓力來自於美國。二次大戰後，一半的德國人還留在蘇聯；被蘇聯的軍隊控制著，他們從未能離開。所以看起來似乎一半的德國人都還是保持依賴的，而另一半，被美國軍隊控制著，被給予——表面上——政治上的自由、民主；但德國仍然是美國在歐洲最大的軍事基地。

數十億元被投入到那些國家，它們永遠無法付清；而美國也不打算讓它們付清，所以它們一直背負著壓力，經濟的壓力。而美國承諾接下來的幾年內還會給它們數十億元。它們的經濟完全被美國控制著。而這是比政治上的奴役還要危險的奴役。

事實上，在像印度這樣的國家⋯邱吉爾不傾向讓印度獨立；印度是大英帝國最大的寶藏——失去它是危險的。而邱吉爾是對的：一旦你讓印度獨立，你全部的帝國將會瓦解，因為其他國家也會要求獨立，沒有理由拒絕它們。

在邱吉爾之後，掌權的是艾德禮，他是比邱吉爾更在意經濟的人。邱吉爾是過去導向的；他的頭腦還是維多利亞時代的頭腦，他是一個重傳統的人。

艾德禮認為這是愚蠢的——英國背負著極大的經濟負擔。像印度這樣的國家將會發生爆炸性的人口過剩，它們的貧窮、飢餓和死亡將會由英國承擔。英國繼續保有這些國家絕對是不明智的、不聰明的。

但是你可以創造出不同的方式以便私底下仍然掌控著它們。這有兩個優點：第一，因為沒有任何政治上的依賴，因此不會有任何反對你的革命。第二，你可以透過控制它們的經濟來繼續讓這些國家依賴你。

他的計畫是可靠的。你會驚訝的知道蒙巴頓被艾德禮派到印度當總督，他收到的命令是：「盡快離開印度。我們不想為印度的貧窮負責——人口成長將無法控制。」

那時印度只有四億人。現在印度有九億人——多了一倍——到本世紀末將會超過十億人。就人口而言，它首次成為世界上最大的國家。現在中國還保持領先，但透過生育控制，證明了中國是更理智的，因為它不再受到任何宗教迷信的控制了。

但印度仍然存在著許多宗教迷信——那些宗教都認為生育控制是在反對神。到本世紀末，印度將會有五億人因為飢餓而瀕臨死亡。而且似乎沒有辦法幫助他們。

就盡快離開印度而言，艾德禮是對的；否則英國將要負所有責任。艾德禮已經決定一九四八年是最後期限。但蒙巴頓，看到印度的狀況，認為艾德禮的計算只是理論；印度已經奄奄一息了。於是他加緊腳步，沒有等到一九四八年，在一九四七年就讓印度獨立了。

印度以為它自由了，但它錯了。現在它會比以往還不自由。現在它依賴蘇聯的科技。依賴美國的經濟支援。現在甚至還依賴像日本這樣的國家。但獨立的假象還持續著。如果蘇聯抽離對印度的支援，印度將會馬上崩毀。

到處都發生這樣的情況，即使在這個美麗的人、一群非常好的人、非暴力的人所組成的小國家。他們相信民主，他們認為他們是民主的；但事實上並非如此。

就在五天前，組成聯合政府的三個政黨和總統都同意我能永遠留在這兒。當美國大使聽到這個消息，他立刻詢問美國：「要採取什麼行動？」

他打電話給烏拉圭的總統並說：「由你選擇——你是自由的，你們是民主國家；我們不能強迫你做任何事——但白宮給我的指示是，如果這個人在烏拉圭擁有永久居留權，那我們將要撥給你的所有貸款」——明年和後年一共要貸給你們的數十億元——「將會中止。」

「其次，我們會請你們付清過去貸給你們的數十億元。如果你們無法付清，那我們會提高利率。由你選擇——你是自由的。」

現在一個貧窮的國家，一個小國家，雖然他們想要我留在這兒，卻無法做到：如果這個援助中止，他們將會滅亡，而且還要付清舊貸款，他們完全無能為力。他們立刻告知無法讓我們停留，而白宮也收到通知，威脅奏效了。

這根本是勒索。但我準備告訴全世界。他們是這樣進行的，所以沒人會發覺：烏拉圭的人民不會知道，甚至政府機構的人也不知道。只有總統知道他被勒索了、被威脅了。

當華盛頓收到消息，知道他們改變了主意⋯就在隔天，他們立刻被獎勵，立刻貸給他們一億五千萬元——那還不是計畫中的預算，只是個驚喜。然後過去兩億元的貸款紀錄被抽掉了、被抹除了；不會再向他們要這筆錢。所以總共有三億五千萬元的額外獎勵。而且原本決定要撥給他們的貸款會繼續進行，但是這三億五千萬元⋯

如果烏拉圭總統有任何榮譽感，就應該把我的佣金給我！要不是我，他不會得到這三億五千萬元。而且如果這個情況持續發生，我可以從這個國家到另一個國家；這會是一門好生意。

但這不是民主，不是自由。

事實上，環遊世界使我得到一個結論，世界上只有兩個國家：美國和蘇聯。其他國家只是傀儡。他們被綁著一條繩子，他們稱為「自由」，但繩子卻是被蘇聯或美國控制著。

你一定看過木偶秀——木偶跳著舞，擁抱彼此，做著各種動作，簾幕背後則是操縱它們的人，不斷拉著它們身上的線。如果那些木偶有靈魂，它們會想：「我的天，這個女孩很美；我愛上她了」——但卻是操縱木偶的人做了這一切。不是你愛上她，也不是那個女孩愛上你……操縱木偶的人在進行這個表演，所以你會擁抱那個女孩，親吻她，甚至對她說：「我愛妳，我會永遠愛妳。」

印度一直有這樣的傳說，認為我們都是木偶；神在操縱木偶。祂拉著線——我們跳舞、唱歌、慶祝、哭泣、流淚、痛苦、快樂。一切都被祂控制著。

我反對這個說法，因為如果存在著操縱木偶的神，那人就不存在了；人會是沒有自由的，只是個假象。但很多時候，情況似乎正是如此。而且他們非常美麗的掩飾——無聲的、秘密的——表面上一切都是平靜的、寧靜的。

烏拉圭永遠不會知道有個陌生人在這兒，愛著這個國家和它的人民，想要留在這兒。而且他完全不會造成任何危險。

但美國認為我是最危險的人。所以美國大使告訴烏拉圭總統：「他是最危險的人，因為他是高智慧的無政府主義者。他能夠改變人的思想。所以不要冒這個危險。連我們都無法面對這個危險——

你們是一個小國家；你們會後悔。」

我不是恐怖分子。我不製造炸彈，我不教導暴力。

我教導愛。我教導靜心。我教導寧靜。

但對掌權者而言，這些比核武還危險，因為如果人們開始靜心，他們將不再是平庸的——不再和以前一樣。他們變得有智慧，可以看出笨蛋在支配他們，而且那些笨蛋擁有非常大的摧毀力量。

如果人們是寧靜的、平靜的、充滿愛的，他們會把這些政客趕走——政客就是戰爭販子。

這是他們所謂的「危險」。但我認為世界上需要有這樣危險的人，因為只有這些危險的人可以使地球不因為第三次世界大戰而被摧毀。

但恐懼很容易因此而產生。而且他們一直在這樣做：全歐洲，我每到一個國家，他們就創造出這個想法：「這個人是危險的」——如此危險以致於英國甚至不讓我在機場的頭等艙候機室過夜。

恐懼似乎是無止盡的。

我能做什麼？我在半夜抵達，明早就要離開了。只是在機場候機室過夜就會摧毀英國的道德觀、教會和政府？就因為我是「一個危險的人」。

那就是英國國會被告知的——因為隔天會有人質問：「為什麼不讓他在候機室過夜？」然後答案會是：「他是一個危險的人。」不會有人詢問：「危險的人是指什麼？怎樣算是危險的人？」

正是同樣的政府允許雷根以英國為基地轟炸一個貧窮的小國，利比亞——完全無辜的。而且是在半夜轟炸平民區。對英國而言這不是危險的。但事實是，英國和德國一樣都受到美國的經濟控制。希特勒及其政權的失敗不是英國、法國或其他國家的勝利、而是美國的勝利。隨著希特勒的消失，全歐洲的自由也消失了：它們在經濟上都要依賴美國。

我去過愛爾蘭。也許機場的負責人喝太多啤酒以致於：我們只要停留一天，以便機長可以休息——他給我們七天。他不在乎我們是誰，有什麼目的。他一定喝醉了。

我們到了旅館，早上警察來了，查看我們的護照，把七天的居留權取消了。

我們說：「我們會立刻對全世界的新聞媒體做出聲明。你們給我們七天的居留權，然後沒有任何原因就取消了。我們沒有離開旅館；沒有犯任何罪。你們不能這麼做。」

他們開始害怕，因為他們進退兩難。他們先是給了七天，現在又取消了，而且他們沒有說為什麼。於是他們說：「你們想停留多久就多久，但不能離開旅館。」

「但是，」我說：「那會是違法的，因為我們沒有任何簽證。」

他們說：「沒人會在意；你們只要留在旅館裡面。」我們在裡面待了十五天，因為我們需要時間。我們的人在西班牙努力著，西班牙政府願意提供永久居留權給我們。

然而在烏拉圭發生的情況也發生在西班牙，完全一樣的模式：他們同意了，立刻的，不到一小時，他們說：「不，不可能。」我們不知道發生什麼事——但現在我們知道了。

在烏拉圭這兒，因為這是個小國家，每個人都認識彼此；我們和所有的政黨、首長聯繫過——都支持我們，除了一個，外交部長。看到每個人都支持我們，他也改為支持我們。

他是美國的代理人——創造一個讓我無法得到永久居留權的情況——讓美國和這一切無關。他有他的報酬，就是美國會讓他擔任聯合國的秘書長。我為他感到抱歉。他失去他的報酬，因為他對我的支持——看到每個人都支持我們。

現在我們知道西班牙發生了什麼事：同樣的故事。一個月來，他們不斷說：「一切都準備好了，只要簽名就生效了。」所以我們只需要時間：如果西班牙準備好了，我們就能從愛爾蘭遷移到西班牙。我們在愛爾蘭住了十五天，沒有任何簽證。

我們離開愛爾蘭後；就在離開的那天，愛爾蘭國會的相關首長，內政部長，對國會說我們從未在愛爾蘭待過。

可以了解政客是如何成為偽君子，如何編織醜陋的謊言。這是個大謊言——因為我們可以證明我們住在旅館裡。當我們離開旅館，新聞媒體都在場。他們為我們拍照，刊登我們的言論。而且旅館就在離機場十五哩外的地方。

但內政部長欺騙了國會和國家。也許⋯他一定有威脅記者不能刊登我的言論和照片；否則我不了解他要如何應付一切。而這些都是文明國家、有教養的人、受過教育的人——公然的說謊，說我從未到過愛爾蘭。但是他知道，他的政府知道，警察首長也知道。

我在考慮一旦我定居在某個地方，我會開始⋯把每個政府告到法院，為他們說過的謊、說我是「危險的」、答應我們然後不到一小時又拒絕。我要把一切告知全世界，讓人們了解民主不存在於任何地方。

就在昨天，我收到模里西斯總理的邀請，他希望我能留在模里西斯。我要我的秘書和他聯繫，讓他知道他將會面對的所有情況，因為一個月後⋯他會經歷這一切，最後是美國的干涉。「所以讓他知道我們在西班牙經歷的一切，在烏拉圭也發生了。」

在德國，他們不讓我入境——甚至不給予旅遊簽證。

在希臘，他們讓我停留四周，但在十五天後，我被逮捕了，沒有任何原因。他們威脅——因為我在睡覺——他們威脅我的人：「我們會燒掉房子。」他們拿炸藥說：「我們會使用炸藥，如果你不把奧修交給我們。他將會立刻離開這個國家。」

約翰跑來找我。他把我叫醒，他說了發生的一切：「現在我們要怎麼做？」當他對我說話時，警察開始用大石頭砸門窗，破壞房子。彷彿炸彈已經引爆了。

我走下樓告訴那些人：「你們這些野蠻行為是不必要的。如果我在睡覺，他們必須把我叫醒；我必須穿衣服，然後下來見你們。你們不能等幾分鐘嗎？為什麼把我的簽證縮短？我已經在這兒住了十五天，沒有離開房子過。」

他們說因為主教認為我是危險的。我會摧毀人們的道德觀、傳統、教會；因為他是教會的領導，政府必須聽他的。於是總統決定了。

我說：「你們聽他的話沒有問題，但總統應該問問主教：『你們兩千年來都在把道德觀教導給人們，而他在兩周內就會摧毀這一切？』那你們的道德觀是沒有價值的。你們兩千年來創造的是什麼樣的教會？居然會害怕一個沒離開房子的人、一個沒和你們的人們說過話的人、一個只有對他自己的人說話的人？你們為什麼要擔心？」

而主教在教會傳道：「愛你的敵人如同愛你自己，」卻威脅如果我不離開，就會被活活燒死。另一方面「愛你的敵人」——我甚至不算是敵人，只是個遊客。但確實他們的聖經沒有說「愛你的遊客」，所以沒有和他們的宗教衝突；他們可以燒死遊客。

他說我是地獄派來的使者，要來摧毀希臘的東正教會。我說：「我沒有那麼特別，我只是一個人類。地獄的使者不會需要任何旅遊簽證。你的政府或你都無法阻止我，因為一直以來，你們的上帝都無法摧毀惡魔。

「你們的上帝是全能的，可憐的惡魔不是全能的，在各方面都無法和上帝相比；但連上帝都無法摧毀惡魔。我們也不認為未來祂能摧毀惡魔，因為上帝或惡魔並不存在；天堂或地獄並不存在。」這些是存在好幾世紀的謊言，用來支配人的思想。我稱為心靈的奴役。

奴役的形式有很多種，最深層的是心靈的奴役——你無法覺知到。如果你是基督教徒、印度教徒、回教徒、猶太教徒⋯你永遠不會想到成為猶太教徒是一種奴役，你會以為這是你注定的。你會認為成為印度教徒是一個偉大的榮耀，你是世界上最古老的宗教的一部分；那表示你是世界上最古老的奴隸；你被奴役了一萬年，而你仍然沒察覺你是個奴隸。

心靈的奴役是最危險的，因為那不是來自於外在。你的雙手沒有被銬上。鎖鏈不是有形的，它們在你的腦海深處；它們從你童年時就不斷被強加到你裡面。

就我而言，我沒有在任何地方看到自由。而自由擁有最偉大的價值，是生命中最偉大的達成。每個人都應該避免各種束縛——政治的、經濟的、心理的、心靈的。

除非我們可以創造出一個真正自由的世界，否則我們就只是活在自由的幻象中。

奧修，我的問題是毫無意義的。沒有什麼可以問你，但請繼續對我們說話，因為你是在給我們鑰匙。每個奧秘都顯示出一把可以開啟更巨大奧秘的鑰匙，將我召喚到一個我永遠不會錯過你的地方。

這指出一個必須了解的事實，因為基本上，我對你們的談話和其他人的談話是不同的。

當人們說話，他們是想要讓你接受他們的想法：試著傳達一種微妙的支配。當人們說話，他們想要把想法灌輸給你——因為每個有自己的信念的人，內心深處都擔憂那是否是真的。只有一個方式可以讓人感覺那是正確的方法，就是把想法灌輸給許多人，從他們的眼中看到相信與接受。然後他會感到輕鬆，因為他打的算盤是：「如果有這麼多人都從我對他們說的話裡面找到慰藉，那表示裡面一定有些東西是正確的。」

人們對其他人說話以便他們可以相信自己講的話。

我的情況是完全不同的。我對你們說話不是為了要給你某個思想體系，而是為了摧毀你所有的思想體系。我的做法基本上是負向的：空掉你的頭腦——不是用新的想法去填滿它，而是清除所有老舊的垃圾，給你的頭腦一個空間，你可以在那兒成為你自己。

我不是試著要給你任何想法，告訴你必須成為這個或那個。我只是試著幫你了解到你已經是那個你需要成為的。只要拋棄所有的渴望、慾望、成為某個人的野心，以便你可以只是做你自己。

我不想轉移你對你的存在的注意力。

我要你越來越接近你的存在，以致於最後只有你被留在你自己裡面。

我對你說話也是一種設計。當我對你說話，你的頭腦是被占用的，當你的頭腦被占用，我的心就能和你的心交流。頭腦無法打擾；它已經被過度占用了。所以我的談話比較像是一個技巧，一個策略，而不是訊息。無論我對你說什麼，我的目的都是多面向的，但沒有任何目的是要使你成為奴隸。

所有的目的都指向一個目標：給你完全的自由，因為自由就是你的開花，你的蓮花在太陽的照耀下綻放了。除非那發生了，否則你永遠無法滿足、達成、感到寧靜、覺得自己回到家了。

每個人都在自己裡面攜帶著自己的家。

你不用去任何地方：

你必須停止走來走去，這樣你才能待在你所在的地方，你所是的地方。

只要存在。

在存在的那個純粹寧靜中，隱藏著所有存在的奧秘。

奧修，每當我看到你，我就知道我正處於稀有的存在中。數年來，我一直把你當成「人類裡的巨人，」特別是你的方式，解決每個人可能會提出的問題、以前從未被提出的問題。你摧毀了世界上所有的謊言和虛偽，為人類清除前方道路上的障礙過去失敗的腐朽垃圾。在某一天我受到祝福，可以把你談論芭蕉禪師的話語打成一篇文章「靜靜的坐著，不做任何事⋯」我感受到你的柔軟、你的親切、你無止盡的耐心。你的話語和寧靜是如此脆弱、充滿愛，以致於我首次完全確信不用太久，這些你在烏拉圭的講道將會轉變整個世界。我愛你，奧修，在某個地方，我將會一直待在你身邊。

我不是一個思想家。我不是一個哲學家。我不是一個光說不做的人。雖然我使用的文字超過歷史上的任何人，但我不是一個光說不做的人。

我的話語只是用來指向寧靜。我說話以便你可以學習如何不說話。我對你說話以便你可以保持寧靜。

這是一個非常矛盾的工作。

但是我很享受它，我很喜歡這麼做，我發現了解矛盾的人不會因為矛盾感到困擾。他們將文字拋到腦後，帶著意義深入到他們裡面。

文字只是容器。意義則是寧靜。

你是對的，在烏拉圭的這些話語將會幫助無數人，將會觸碰到無數顆心。不幸的是烏拉圭將會想念我。有一天它會後悔。

但情況總是這麼發生。猶大為了三十個銀幣出賣耶穌。對他而言，三十個銀幣一定比耶穌更珍貴。

但基督教徒沒有把整個故事說出來。當耶穌被處以十字架刑，隔天——二十四小時後——猶大因為悔恨而在一棵樹上吊了，了解到他做了這一切只是為了三十個銀幣。三十個銀幣、三十五萬元或三億五千萬元都不是重點——數量不重要。

烏拉圭不會因為拒絕美國而更貧窮，因為接受威脅會使你失去心靈上的力量。如果它拒絕美國，那會給美國上了一課，而且會向其他國家證明——德國、希臘、英國、義大利、西班牙、葡萄牙——「雖然我是個小國家，但我有一個更寬大的心胸。你也許是大國家，強大的國家，但你沒有任何氣度。」

但可以確定有一天它會後悔。今天它決定選擇金錢。但金錢無法帶給你心靈上的力量和整合性。

我在這兒將會帶來數千個桑雅士。烏拉圭會成為一個朝聖地。會大大強化它的心靈強度。隨著來自世界各地的美麗的人、新的、年輕的、新鮮的、有智慧的人，這個小國家會一起開花。它錯過機會了。

你無法用那些錢買到寧靜，你無法買到愛、平靜、慈悲、任何貴重的東西。事實上，接受這些錢使你出賣了自己。

與其被賣到市場上成為奴隸，最好還是保持貧窮。

我要這些話傳到烏拉圭總統、所有部長和這個國家所有人的耳裡。有一天他們會了解。那是已經覺醒的人繼續工作的唯一希望。儘管不斷的失敗、儘管人們是無知的、智力遲鈍的，他們仍繼續工作著。他們的希望是無窮的，他們的耐心是無止盡的。

我不會一直在這兒，但是我在這兒說過的話將會到達地球的另一端。沒聽過烏拉圭的人們將會首次聽到。而烏拉圭會聽到這些話語並感到羞愧。

情況本來可以不是這樣的。本來可以是個驕傲，並證明大國和強權是虛偽的，證明弱小貧窮的國家擁有自己的靈魂。

我不懂這個國家的語言，但是我看到這兒的人，我感覺也許沒有任何國家比這兒還要平靜，在這兒的人是如此放鬆。我願意在這兒成立我的神秘學校。但如果主人不同意，那我不是那些會不斷強迫主人的其中一位客人。

如果我在這兒對這個國家的各方面都是個麻煩，如果它因此被美國的法西斯主義折磨……不用等到這個國家的總統對我說不，我會自行離開。我不要任何人因為我受苦。

第四十章
心靈的無產階級

奧修，過去數年，我一直是個「狂熱的追隨者」，透過各種方式了解我自己。我處於如此大的痛苦以致於任何要求都不算什麼，只要它能緩和我的悲痛。現在你提供了靜心，一個讓我將痛苦放到腦後的方法，而所有我做的就是抵抗。保持寂靜沉默的想法吸引不了我。事實上那使我感到恐懼，當我不再靜心，我甚至變得更焦慮。我不了解為什麼會這樣。是否可以請你解釋為什麼會抗拒靜心？

保持寂靜沉默的想法不會吸引任何人。那不是你才有的問題。那是全人類的問題，因為保持寂靜沉默表示處於無念的狀態。

頭腦無法保持寂靜。它需要不斷的思考和憂慮。頭腦的運作就像腳踏車；如果你不斷踩踏板，它會持續轉動。當你停止踩踏板，你將會倒在地上。頭腦是一個雙輪的車輛，就像腳踏車，而你的思考就是不斷的踩踏板。

甚至有時候你稍微寧靜些，你就立刻開始擔心：「我為什麼會沉默？」任何事都會創造出憂慮和思考，因為頭腦只能用一種方式存在——追逐，一直追逐某個東西或逃離某個東西，但要保持運作著。運作中就是頭腦。當你停止運作，頭腦就消失了。

現在你是認同頭腦的。你認為你就是它。恐懼從那兒產生。如果你認同頭腦，如果頭腦停止運作，你自然會認為你結束了，你不再存在。而你不知道任何超越頭腦的東西。

事實是，你不是頭腦，你是某個超越頭腦的；因此頭腦停止運作是必須的，然後你首次知道你不是頭腦——因為你仍然存在。頭腦離開了，你仍然在這兒——擁有更大的喜悅、更大的光芒、更多的光、更多的意識、更多的存在。頭腦是虛假的，你落入陷阱了。

你必須了解認同的過程——一個人是如何認同某個他並非如此的狀態。

一個古代的東方寓言，有隻母獅從一個山丘跳到另一個山丘時生下了一隻小獅子。小獅子掉到路上，剛好有一群羊經過。牠自然和羊群混在一起、和羊群生活在一起、行為像羊一樣。牠不知道，甚至在夢中，都沒想過牠是隻獅子。牠怎麼會知道？周圍的一切都是羊。牠從未像獅子一樣吼過；羊不會吼叫。牠從未像獅子一樣獨自生活著；羊是不會獨自生活的。牠總是待在群眾中——群眾是舒適的、安全的、有保障的。如果你看過羊走路，牠們移動時非常靠近，以致於快要絆倒彼此。牠們非常害怕獨處。

但獅子開始長大。那是個奇怪的情況。心智上，牠認為自己是羊，但生理狀態不會遵循你的認同；自然不會依你的想法進行運作。

牠變成一隻美麗的獅子，但因為成長的過程是緩慢的，於是羊群習慣和獅子在一起，而獅子也習慣和羊群在一起。羊群自然覺得牠有點瘋狂。牠不是很守規矩——有點奇怪——而且牠持續的長大。不應該會這樣。而且假裝自己是獅子⋯但牠不是獅子。羊群從小就看著牠長大，羊群把牠帶大，給牠羊奶。而牠的天性不是素食主義者——沒有獅子會是素食主義者。但這隻獅子是素食主義者，因為羊群是吃素的。牠已經習慣非常快樂的吃著草。

羊群接受這些許的差異：牠有點龐大，看起來像獅子。一隻很聰明的羊說：「是大自然出錯了。有時候會發生這種情況。」獅子也接受了這個說法。牠的顏色不同、身體不同——牠一定是畸形，不正常的。但牠不可能是獅子！牠被羊群圍繞著，羊群裡的心理醫生向牠解釋：「你只是大自然偶爾誕生的畸形。不用擔心。我們會照顧你。」

但有一天一隻老獅子經過，看到這隻年輕的獅子混在羊群中。牠無法相信自己看到的！牠從未看過這樣的事，也沒聽說過去有獅子待在羊群裡面而羊群卻不害怕。而且這隻獅子走起來像隻羊，並吃著草。

老獅子無法相信自己看到的。牠忘記自己打算抓隻羊當早餐。牠完全忘記早餐這件事。這件事如此奇怪以致於牠想要抓住那隻年輕的獅子。但是牠老了，而年輕的獅子是有活力的——牠跑掉了。雖然牠以為自己是羊，一旦有了危險，牠忘掉對自己的認同。牠像隻獅子一樣的奔跑，老獅子很難抓住牠。但最後老獅子還是抓到牠了，年輕的獅子一邊哭泣一邊說：「原諒我，我是隻可憐的羊。」老獅子說：「你這笨蛋！跟我到池塘去。」

附近有個池塘。牠帶著年輕的獅子到了那兒。年輕的獅子不情願的跟去了。如果你只是隻羊，你還能怎麼辦？如果你不聽牠的，你可能會被殺掉，於是牠跟去了。池塘是平靜的，沒有任何漣漪，幾乎像是面鏡子。老獅子對年輕的獅子說：「去看看。看看我的臉然後再看看你的樣子。看看我的身體然後看看水面映照出來的你。」

不到一秒鐘，牠立刻發出很大的吼聲！迴繞在所有的山丘間。羊消失了；牠是一個完全不同的存在——牠認出了自己。以為自己是羊的認知並不是事實，那只是一個想法。現在牠知道事實了。老獅子說：「現在我什麼都不用說了。你已經了解了。」

年輕的獅子感受到從未有過的能量⋯⋯彷彿那股能量本來是睡著的。牠可以感覺到無窮的力量，而牠過去一直扮演一隻虛弱的、謙虛的羊。所有的謙虛和虛弱都消失了。

這是一個關於師父和弟子的古代寓言。師父的功能只是讓弟子看到他的實相，讓弟子了解到他所相信的一切並不是真的。

你的頭腦不是大自然創造的。隨時知道這個差別：你的頭部是大自然創造的。你的頭部屬於身體的機制，但你的頭腦是你的社會創造的——宗教、教會、你父母遵循的思想體系、你接受的教育系統和各種東西。那就是為什麼會有基督教的頭腦、印度教的頭腦、回教的頭腦和共產主義的頭腦。頭部是大自然的，但頭腦是被創造出來的現象。這要看你跟隨哪群羊。是印度教的羊群嗎？那你自然會像是印度教徒。

我的一個朋友，研究巴利語和佛教的教授——他是個婆羅門，非常正統的婆羅門——為了博士論文去了西藏，研究西藏佛教和印度佛教的差異。但是他無法在那兒待超過兩天，因為他從小時候就被教導要在日出前洗冷水澡。現在，要在西藏的日出前洗冷水澡會凍死！你會害死自己。但是沒有洗澡，他就無法膜拜和進食。那個澡是必須的。

在炎熱的國家是適合的，例如印度，但是在西藏？——終年積雪，從未融化過。

西藏的經典說每個人至少一年要洗一次澡。那是宗教上的義務⋯⋯一年至少一次。現在達賴喇嘛從西藏流亡到印度，數千個喇嘛來到印度，但是很難和他們談話。他們常來找我，但是他們很臭——

因為他們在印度仍然遵循他們的宗教⋯一年洗一次澡。

在印度，如果你一年洗一次澡，光是你一個人就足以讓左右鄰居都聞到你的臭味——這麼多的汗水和灰塵。而且那些喇嘛仍然穿很多衣服，一層又一層，我想至少有七層。他們忍受著炎熱的痛苦，但頭腦⋯他們覺得不對，但頭腦的制約是如此深入。好幾世紀來，他們一直這樣生活。

我對他們說：「如果你們要和我談話，至少要站在十呎外。不要靠近我，因為我對各種味道過敏——即使是佛教徒，但那不是重點。」

在印度，洗兩次澡是很常見的，早上一次，傍晚一次。那些有時間的人，像是我⋯我常洗三次——早上一次，傍晚一次，睡前一次。只有那樣才能保持清新。

一個回教徒可以娶四個女人；他不會感到不舒服。他不會認為這樣是不人道的——因為地球上的男女數量是相當的，如果一個男人娶了四個女人，那會有三個男人無法結婚。而且回教徒是世界上第二大宗教。如果每個回教徒都結婚⋯而且他們沒有限制：四個是最少。穆罕默德就有九個妻子。

有一個回教國王，海德拉巴的邦主，有五百個妻子——就在本世紀，印度獨立前。彷彿女人是牲畜——你想要有多少都可以。那會傷害到對此不認同的人。

在中國，人們會吃蛇，蛇被認為是一道佳餚。切掉頭，毒腺的所在，然後身體被享用。世界上其他地方沒有人想過要吃蛇，但他們會做出其他的事情。你會吃不同的動物，但沒想過牠們也是有生命的。就如同你想要活下去一樣，牠們也想要活下去。只是為了你的口腹之慾而殺掉牠們，如此微不足道的⋯在你的舌頭後方有一些用來感覺味道的味蕾。

你可以動手術，然後你就嚐不出任何味道；你可以吃任何東西——都會一樣。只是為了那些味蕾，人們殺了各種動物⋯⋯而他們還嘲笑彼此！

我不認為有任何動物是沒有被吃過的。即使是依賴人類排泄物而活的動物也被吃了。頭腦只需要不斷的制約，讓制約變得越來越深，然後你慢慢忘掉你和頭腦是分開的；你變成頭腦了。那就是問題所在。

阿維巴瓦問了這個問題。

靜心是唯一可以讓你覺知到你不是頭腦的方法；那使你擁有很大的主導權。然後你就可以用頭腦選擇什麼是對的，什麼是不對的，因為你是保持距離的，一個觀察者，一個觀看者。然後你就不會很依賴頭腦，但你因此感到恐懼。

你完全忘記自己了；你變成頭腦了。那個認同太徹底了。

所以當我說：「保持沉默。保持寂靜。保持警覺和注意你的思想過程，」然後你害怕了，你嚇壞了。那會像死亡。某種程度而言，你是對的，但那不是你的死亡，是制約的死亡。它們合在一起就是你的頭腦。

一旦你能夠清楚的看出那個不同——你和頭腦是分開的，頭腦和頭部是分開的——馬上就會發生⋯⋯同一時間：當你抽離了頭腦，你突然發現頭腦就在中間；頭部和意識則位於兩邊。

頭部只是個機制。無論你想用它做什麼都能做到。頭腦就是問題，因為是外在的世界為你創造出來的。那不是你，甚至不屬於你；它是借來的。

神職人員、政客、掌權者、既得利益者都不想要你知道你位於頭腦之上、你在頭腦之外。他們所有的努力就是使你認同頭腦，因為頭腦是他們弄出來的，不是你創造的。你被非常微妙的方式欺騙了。外在的世界控制著你的頭腦。

問一個印度教徒：「如果你相信母牛是你的母親，我們不質疑你——但為什麼不是父親？」他會準備與你打一架。

其中一個印度最富有的人，彼拉。聽過我這個人，看過我的書後想要見我。我說：「他會有什麼事要找我？但是無妨。」

我經過德里時遇到他。他說：「我準備要給你錢，無論你要多少。我可以給你需要的一切，只要你在世界各地宣揚印度教教義，特別是停止殘殺母牛。」

我說：「你找錯人了。為什麼只是停止殺害母牛？各種殺害都得停止⋯如果你這樣說還可以理解。」

他說：「因為母牛是我們的母親。」他是一個老人。

我問：「那公牛呢？牠也是你的父親嗎？」

他非常生氣，他說要不是把我當成客人，他會把我趕出去。

我說：「你可以立刻把我趕出去。沒問題。那將會顯示出你對生命有多少愛和尊敬——甚至人類，甚至那些你邀來作客的人。而你還要求停止屠宰母牛！」

「那並不是你想要這麼做，那只是個制約。你是個印度教徒，你有一個印度教的頭腦，你從未能稍微離開一下頭腦，去看看它怎麼運作的。」

當意識認同頭腦，頭部將無能為力。頭部是無意識的。無論頭腦要什麼，頭部就會照做。但如果你是保持距離的，那頭腦就會失去它的力量；否則它會是主人。你害怕靜心正是因為如此。

但我是活生生的——沒有人因為靜心而死！事實上師父只會帶你到池塘邊，讓你看看鏡子裡面的兩張臉。我是活生生的，我沒有任何制約：我不屬於任何宗教，我不屬於任何政治的思想體系，我不屬於任何國家。我沒有用各種稱為「神聖經典」的胡說八道填塞自己。我只是把頭腦推到一邊。我直接使用頭部；不需要任何制約，不需要任何媒介。

但你的恐懼是可以理解的。你在某種觀念下長大成人，也許你害怕失去它們。

例如，對基督教徒而言，喝酒不是罪惡，但對甘地而言，連喝茶都是罪惡的。在他的修行所，喝茶是不可能的——喝酒則完全別想！

基督教徒不斷在世界各地提到耶穌所做的各種奇蹟；其中一個就是他把水變成酒。但如果你問耆那教徒或佛教徒，他們會說：「這不是奇蹟，這是犯罪！如果他把酒變成水，那會是奇蹟，但這是犯罪——把水變成酒。應該把他關起來；不該因此尊敬他。」耆那教徒和佛教徒無法想像任何有靜心的人會喝酒或服用任何藥物。

所有的藥物都被用來忘掉你的痛苦。但如果痛苦消失了，就沒有需要忘掉的東西了。如果疾病離開了，你會把靜心的藥瓶扔出窗外。你不會一直攜帶它：「這是一種偉大的藥，我這輩子都會膜拜它，有時候我會嚐嚐它，因為它治好我的病。」

一個處於靜心的人不再是悲慘的。他忘掉了痛苦、憤怒和憂慮的語言。他只知道喜悅。他知道愛和平靜。他沒有什麼要遺忘的。事實上，如果你強迫他喝酒，他會拒絕，因為那會使他遺忘平靜、喜悅、喜樂和安寧。

如果你是悲慘的、受苦的、持續緊張的、憂慮的，那酒精確實可以讓你放鬆，只是暫時放鬆，而且也許代價不斐，因為你明天會再次醒來，你會想要再喝酒，用同樣的藥物忘掉那些痛苦。而且每次都會增加藥物的劑量，因為你對它的免疫力會越來越強。

我認識一些人……有一個曾經住在我家隔壁。他是我父親的朋友，一個非常多采多姿的人。你很少會遇到這樣的人，特別在印度，人們過著單純的生活；他是非常有趣的人。

他一年三百六十五天都穿不同的衣服——都是西方的衣服。在那個小城市裡，沒人穿著西方的衣服——他是唯一。他有美麗的帽子和拐杖……他總是喝醉。他沒有結婚。他繼承了很多遺產。他算過那些遺產夠他用了——「就算我活兩輩子也夠用。」他唯一做的就是喝酒，不斷喝酒……早上開始喝酒，晚上睡覺前還在喝酒。但是你永遠不會發現他有喝酒。他看起來總是很正常。

人們常拿酒給他——只是為了確認——盡可能讓他喝很多酒，他會一直喝。他們的酒都會被喝掉，但他仍是意識清醒的。他是完全正常的。你無法想像他對酒的免疫力是如此強大。但每種藥物都會造成免疫。藥物遲早會失效。

他的名字是曼默汗雷。他非常愛我。他常帶我去他家並對我說：「聽著」——讓我看他的酒吧——「永遠不要喝酒。」

我說：「那很好……那是很好的建議。」

他說：「是的，因為它把我搞得一團糟。現在太遲了。我無法回頭。事實上我父親給我那麼多錢才把我搞成這樣。我不用工作。但一個人總得做些事：否則會焦慮不安和緊張。為了使自己平靜下來，我開始喝酒，我發現那帶給我很大的慰藉，很快的，我開始不斷的喝酒。」

他說：「現在我甚至懷疑在我身體裡面的是酒精還是血液，因為我喝了這麼多酒。問題在於我的憂慮仍然存在。事實上我現在變得更憂慮，因為我浪費了一生。我甚至不知道生命的意義。我只是一隻動物。」

「我在所有人面前假裝過得很好，每個人都以為我過著很棒的生活；但是我在床上哭泣，因為這是什麼樣的生活——從早上開始喝酒，整天都在喝酒。醫生說：「你在浪費你的生命。你可能會有心臟病。」但是我無法停止。因為酒精至少能幫我暫時忘掉一切。但是它們會再回來報復。」

阿維巴瓦，如果你真的想要過一個有意義、真正的生活，一個可以為它編首歌、編首曲子、編隻舞的生活，一個知道內在深處不朽存在的生活，你就必須拋棄所有對靜心的恐懼。

而且你會失去什麼？人害怕是因為會失去某樣東西。我看不出你有任何可以失去的東西；你什麼都沒有。

馬克斯在他的書「共產黨宣言」的結尾有一段美麗的話——時空背景不同，但它們是有意義的。他說：「全世界的無產階級，團結起來。」全世界的窮人聯合起來，因為你沒有任何可以失去的東西，所以你反而可以得到所有東西。何必等待？

我不會對窮人這麼說。但我會對心靈貧乏的人說：「因為你沒有任何可以失去的東西，所以你反而可以得到所有東西。」

一般的窮人沒有什麼可以失去的——馬克斯錯了。他還有自由和個體性。馬克斯沒想過這些東西。他只想到錢——窮人沒有錢。但窮人還有自己的個體性。他有自由和表達的自由。至少他不是奴隸。他也許是乞丐，但是他還有可以失去的東西。在蘇聯，他失去了他的自由和個體性。但得到了什麼？七十年來，他只是和以前一樣貧窮。

但對於心靈的貧乏⋯心靈的無產階級沒有任何可以失去的東西。沒有需要團結起來的問題。我說：「心靈的無產階級，開始靜心。因為你沒有任何可以失去的東西，所以你反而可以得到所有東西。」

那不是一個團結的問題，因為我們不是要和任何人爭鬥。團結是用來爭鬥的。心靈不是爭鬥；它不需要團結。那就是為什麼我說不需要組織化的宗教。

為什麼需要組織？每個人都必須探詢他自己——真理、實相。組織不會有幫助。但它會造成阻礙。它的目的不在於讓人們成為心靈的巨人。它的努力在於讓人們保持智力遲鈍以便引起宗教戰爭、聖戰、護教戰爭、殺害彼此⋯他們都為了宗教殺害彼此。

宗教和殺人無關、和爭鬥無關、和征服領土無關。它和尋找你自己的內在空間有關。它是一個個人的現象——不需要組織或團結。

你沒有任何可以失去的東西。你沒有個體性——你可以透過靜心得到它。你沒有自由——因為你的頭腦奴役了你。如果你可以把頭腦放在一邊，你就可以得到自由。

你是充滿恐懼的。恐懼基本上是和死亡相關的。如果你靜心，知道了自己，你就知道死亡不存在。死亡從未發生。它是其中一件最虛假的事情。它只出現在別人身上、出現在外在的世界，某個人死了——但是在內在，沒有人死亡過。而靜心會帶著你來到你最深處的核心。了解它，所有恐懼就會消失。

了解它，所有貪婪就會消失——因為不會有任何寶藏會比你在你裡面所發現的寶藏還要珍貴。全世界和所有的帝國都無法和它相比。但一開始就像學游泳——會有恐懼。不懂游泳的人會害怕。

有個蘇菲故事，穆拉納斯魯丁想學游泳。他找了教過很多人游泳的老師，和他去到河邊，但是他在階梯上滑倒而掉進深水中。老師用了很大的努力把他救起來。他在水裡浮沉並大喊：「救命！救命！」當他被救起來時，他拿了鞋子就跑。

老師問：「你要去哪兒？」

他說：「除非我學會游泳，否則我不會再碰水！」

但是如果你不碰水，要如何學會游泳？你無法在床上學游泳：你可以躺在上面擺動手腳，也許因此有一兩處骨折——但是你無法學會。你必須進入水中——只需要有方法的進行。

靜心不是在你還不會游泳時就把你丟進深水的方法；它會一步一步的引領你。

所以游泳教練都會先帶你到水淺的地方，當你站立，你的頭不會在水底下，而是水面上。他會讓你有信心，一旦你開始在水淺的地方游泳，那和水的深淺無關，因為游泳一直是在水面上。然後慢慢的，他會帶你到水深的地方，當你知道游泳是如此簡單，所有恐懼都會消失。相反的，有了一個很大的喜悅和興奮感——你學了一個新東西。

靜心非常緩慢的開始，你會越來越習慣它而越來越深入。所以不用擔心。恐懼是自然的，但是它會消失。而且我在這兒。

這些人都在這兒靜心。如果你無法和這些人一起靜心，那你就很難獨自靜心。當你看到這麼多人在游泳，你突然覺得如果這些人都可以做到，我為什麼不行？我有手腳，我同樣有身體。只是在一開始會害怕，但不要把它變成一個大問題。它不是。

奧修，你最近談到笑的全然性，成道者的行為是如何的全然。但對於保持觀照和全然的行為，我仍然有一個問題——而笑似乎是一個好例子。我發現我偶爾可以觀照憤怒、傷害、挫折；但大笑總是在我了解到它、觀察到它之前就發生了。你是否可以對我們談談這方面的觀照？

某方面而言，笑是獨一無二的。憤怒、挫折、憂慮、悲傷——它們都是負面的，而且它們永遠都不會是全然的。你無法全然的悲傷，不可能。任何負面的情緒都是無法全然的，因為它是負面的。全然性需要正面。笑是一個正面的現象——那就是為什麼它是獨一無二的——也因此有點難以覺知到笑，原因有兩個。第一，它是突然來到的。事實上，你只有當它出現時才會覺知到。除非你在英國出生…笑在那兒永遠不會突然出現。

據說如果你對英國人說一個笑話，他會笑兩次——第一次只是為了保持友善。他不了解有什麼好笑的，但因為你說了笑話，你期待他笑，而他不想使你感到受傷，於是他笑了。但是他沒有真的想笑。到了午夜，他懂了那個笑話…於是他笑了。

不同的種族有不同的反應。德國人只笑一次——當他們看到別人都在笑。他們會加入，不會待在一旁，因為人們會認為他們不懂。他們也不會問任何人：「那是什麼意思？」——因為那會使他們顯得無知。

我的一個桑雅士，哈里達斯，和我在一起十五年了，但每天他都會問某個人：「怎麼回事？為什麼人們在笑？」——而他也在笑。他無法了解笑話。德國人太嚴肅了，因為他們嚴肅的特質…

如果你對猶太人說笑話，他不會笑——不只如此，他會說：「那是個老笑話，而且你講的方式不對。」他們是最會講笑話的民族。我沒有看過任何不是來自於猶太人的笑話。

永遠不要對猶太人講笑話，因為他一定會對你說：「那笑話太舊了——不要煩我。而且你講錯了。先學習講笑話；那是一個藝術。」但是他不會笑。

笑的發生自然會像打雷——突然的。那正是笑話的作用，任何簡單的笑話。它為什麼使人們笑？它的心理學是什麼？它在你裡面累積某種能量；當你聽笑話時，你的頭腦開始用某種方式思考，你很興奮的想要知道它好笑的地方——它是如何結束的。你開始期待某個邏輯性的結束——因為頭腦除了邏輯之外無法做任何事——而笑話不是邏輯的。所以當結局來到，它是如此的不合邏輯和荒謬，但又如此的適合，以致於你控制的能量，一直等到最後，突然爆發，以笑的方式表現出來。笑話是否好笑不重要，它們的心理學是一樣的。

小學女老師拿著一個美麗的玩偶。她想要把它當成獎勵送給答對問題的人。上了一小時課後，她將會提出一個問題，任何答對的人將可以擁有這個美麗的玩偶。

在那一小時內，她一直對學生談論耶穌——他的故事、他的哲學思想、他被處以十字架刑、他的宗教、他擁有世界上最多的信徒——一切都被濃縮在一小時內交代完。最後她問：「我想知道，誰是世界上最偉大的人？」

一個小男孩站起來說：「林肯。」那個男孩是個美國人。

老師說：「他很偉大，但沒那麼偉大。坐下。」

她談論了一小時的耶穌，而這個美國人卻說是林肯！還好這是個老笑話；否則他會說是雷根。

當老師再度詢問：「誰是世界上最偉大的人？」，一個小女孩舉起手：「甘地。」她是個印度人。

老師感覺非常受挫。努力了一小時！她說：「他很偉大，但還不夠偉大。」然後一個很小的男孩瘋狂的揮著手。老師說：「好，你說誰是世界上最偉大的人。」

他說：「毫無疑問……是耶穌。」

老師感到驚訝，因為那個男孩是個猶太人。他贏了獎勵，當每個人離開後，她把他拉到一旁問：「你不是猶太人嗎？」

他說：「沒錯，我是猶太人。」

「那你為什麼說是耶穌？」

他說：「內心深處裡我知道是摩西，但生意終究是生意！」

笑話以一個你想像不到的變化告終，然後你裡面所有累積的能量突然以笑的形式爆發出來。

一開始很難察覺，但不是不可能。因為那是一個正面的現象，所以會花更多的時間，但不要努力嘗試；否則你會錯過笑。那就是問題所在。如果你努力嘗試要保持覺知，你會錯過笑。只要保持放鬆，當笑來到，就像海上的波浪，靜靜的看著它。但不要讓你的警覺干擾到笑。兩者都必須被允許。

笑是一個美麗的現象。它不該被拋棄。以前從沒有人這樣想過。你們沒有任何畫像是大笑的耶穌、大笑的佛陀或大笑的蘇格拉底——他們都非常嚴肅。

對我而言，嚴肅是一種病。幽默感使你更人性、更謙虛。幽默感——對我而言——是宗教性最主要的一部分。一個宗教人士如果無法全然的笑，那他就不是完全宗教性的。某個東西仍然失去了。所以你幾乎必須走在剃刀的邊緣。笑必須是完全允許的。

所以先注意笑，完全的允許它。然後觀察。也許一開始是困難的——笑會先來到，然後你突然察覺到。沒關係。慢慢的，那個間隔會變小。只是需要時間，很快你就能完全覺察到並全然的笑。

但它是一個獨一無二的現象；別忘了，沒有動物會笑，沒有鳥兒會笑——只有人，有智慧的人，能立刻發現那個荒謬，那是智慧的一部份。而且到處都發生許多荒謬的現象。整個生命都是可笑的；你只需要提高你的幽默感。

所以記住：慢慢的進行，不用急，但不能影響到笑。覺知到全然的笑是一個偉大的成就。其它的東西——悲傷、挫折、失望——它們是沒有價值的。必須扔掉它們。不需要太注意它們。處理它們的方式不用太仔細；只要完全的覺知，然後讓它們消失。但笑必須被保留。

記住為什麼佛陀、耶穌和蘇格拉底沒有在笑——他們忘了。他們把笑當成負面的情緒。他們是如此著重在覺知以致於連笑也消失了。笑是一個非常美妙的現象，而且非常寶貴。透過覺知，當悲傷、痛苦、不幸消失了，他們變得越來越根植於覺知，忘記有些東西必須被保留下來——那就是笑。

我的感覺是如果耶穌能夠笑，基督教就不會是一個如此大的災難。如果穆罕默德能夠笑，那回教就不會是如此殘忍和暴力的宗教。如果佛陀能夠笑，那數百萬的佛教僧侶就不會如此悲傷、遲鈍、沒有任何生氣和活力。佛教散播在全亞洲，整個亞洲因此變得晦暗。

佛教選擇灰色作為僧衣的顏色並不是偶然的，因為灰色是死亡的顏色。當秋天來到，樹掉光了葉子，葉子變成灰色的，開始掉落，只剩下枝幹。那種灰色就像一個人臨死前的臉會變得灰白一樣。人垂死前——死亡到來了，數分鐘後他就要死了。如果你切割他的皮膚，你不會看到血液，只會有水分。血液已經分離了，不再是紅色的。在他臨死前，血液會開始分離；那就是為什麼他看起來一臉慘白。事實上，我們和樹並無不同。運作方式是一樣的。

佛教使全亞洲變成悲傷的。

我曾經找尋來自印度的笑話。但我沒有找到。嚴肅的人……總是談論神、天堂、地獄、化身和業的理論。笑話不適合這些。

當我開始談論——我談論靜心——我可能會講個笑話。有時候會有某個耆那教和尚、佛教僧侶或印度教的教士來找我：「你談論靜心的方式如此美，但是為什麼要加入那個笑話？它摧毀了一切。人們開始笑。他們本來很嚴肅。你摧毀你所有的努力。你花了半小時使他們變得嚴肅，然後你說了笑話摧毀一切。你為什麼要講笑話？佛陀從未講過笑話，克理虛納從未講過笑話。」

我說：「我不是佛陀也不是克理虛納，我對嚴肅沒興趣。」

事實上，因為他們變嚴肅了，我必須說個笑話。我不要任何人變嚴肅。我要每個人保持玩樂的心情。生命必須變得越來越接近笑，而不是嚴肅。

第四十一章
把健康散播開來

奧修，我在「新聞周刊」裡的一篇快速治療的文章中看到一個笑話。一個中年人有個強迫性的習慣，無論他走到哪兒，都會把紙張撕成碎片並灑在地上，他的家人對他感到絕望，花了許多錢讓他去接受佛洛依德派醫生、榮格派醫生和阿德勒派醫生的治療，但結果令人失望。試著讓光進入他無意識的深淵，他的習慣一定有其原因，但失敗了。最後他的親人帶他去找一個不知名但方式創新的精神治療師。這個人帶著他在辦公室裡來回踱步，在他耳邊說了些話。然後告訴他的家人：「你可以帶他回家了；他已經被治好了。」一年後，那個問題都沒再發生，家人問醫生對病人說了什麼。他聳聳肩說：「不要撕紙。」

奧修，這讓我想到你曾經說過：「存在裡面有兩個東西是無止盡的：一個是師父的耐心和愛，另一個是弟子的愚蠢。」好幾年來，你一直在我們耳邊低聲說著單純但又非常強大的革命性訊息。我感覺我很愚蠢，但我只是試著靜靜的等待，不再撕更多的紙張。

生命的奧秘是非常單純的，但頭腦試著把它們變得很複雜。頭腦喜歡複雜，因為它需要某個複雜的東西。如果沒有複雜的東西，對頭腦的需求就會消失。頭腦不想要放掉它對你的控制。它只是一個僕人，但是它讓自己變成主人，然後你的生命變成一片混亂。

這個笑話只是指出一個非常明顯的事實。那個人把紙撕成碎片並灑得到處都是；每個人自然認為有什麼地方出錯了：他需要心理治療，他需要一個可以了解頭腦運作方式的人以便治好他。甚至沒有人會想要告訴他：「不要這麼做。」

顯然的，這個人發瘋了，於是他們去找佛洛依德派的醫生、阿德勒派的醫生、榮格派的醫生，所有偉大的心理醫生。那些心理醫生一定努力了好幾小時、好幾年，分析那個人的夢以便了解他為什麼要撕紙並灑得到處都是。但沒有人成功。抱著一線希望，家人帶他去找了一個魔術師，把那個人治好了。

但「新聞周刊」是一個勢利的雜誌，因此這個笑話是不完整的。那就是為什麼你沒發現這個笑話的偉大之處。

魔術師在樓梯上下來回，然後在那個人耳邊說：「停止撕紙；否則我會把你從樓上踢下去。」而且他是一個強壯的人。

「所以注意，因為我不相信心理分析，我只相信踢人。而且我從這兒把人踢下去。他們會從數百個梯階一直往下滾到馬路上。現在你可以回家了；記住我只會踢人。每當任何病人被帶來我這兒，我就會治好他。那就是為什麼我要帶你走這些樓梯，讓你了解當我把你踢下樓梯會發生什麼事。所以現在回家並記住。下一次我不會說任何話，我只會直接這麼做。」那個人了解了；任何人都會了解。

他們把笑話的那部分拿掉了，摧毀了它的美。那個人一定是喜歡做幼稚的事，把紙撕成碎片，然後灑得到處都是。這讓他覺得很好玩，因為每個人都因此感到困擾。那只是一個幼稚的現象。那個人只是智力遲鈍；他不需要任何心理分析。他需要的是狠狠的被踢——那是他馬上就能了解的語言。

很多時候，我們一直用複雜的方式去思考單純的事情。我們的問題大部分是非常單純的，但頭腦會使你困惑。再加上人們會剝削你。他們使你的問題更加複雜。

曾經有個男孩被帶來找我。他一定有十六或十七歲，他的家人一直被困擾、被騷擾，雖然那不需要騷擾任何人。那個男孩不斷說有兩隻蒼蠅飛進他的肚子，牠們一直在他的身體裡面飛來飛去——現在牠們在頭部，現在牠們跑到手臂。

他被帶去看醫生，醫生說：「那不是病。」他被照了X光，裡面什麼都沒有。他們試著對男孩說：「並沒有任何蒼蠅在你裡面。」

但他說：「我怎麼能相信你？牠們在我身體裡面飛來飛去。我應該相信自己的感覺還是你的解釋？」

剛好有個人建議他父母來找我，於是他們把男孩帶來了。我聽了整個故事。男孩看起來是不情願的、固執的，因為他已經對醫生感到厭煩，他們都說：「沒有蒼蠅。」

我說：「你們找對人了。我可以看到蒼蠅。這個可憐的男孩在受苦，而你們還說他很愚蠢。」

男孩覺得解脫了。有人支持他——第一次，有人接受他的說法。

我說：「我知道牠們怎麼跑進去的。他一定是睡覺時把嘴張開了。」

男孩說：「對。」

我說：「這很簡單。當你睡覺時把嘴張開，任何東西都會跑進去。你很幸運，只有蒼蠅飛進去。

我看過別人……老鼠跑進去……」

他說：「我的天，老鼠？」

我說：「不只老鼠，老鼠進去後，貓也……」

他說：「那些人一定遇到很大的麻煩。」

我說：「確實。你不算什麼，你的情況很單純——只是兩隻蒼蠅。你只要躺在這兒，我會把牠們弄出來。」

他說：「你是第一個能夠理解我的人。沒有人相信我。我一直說牠們在裡面。我指出牠們的位置……牠們在這兒，現在牠們跑到那兒……而人們都在笑我，讓我覺得我好像笨蛋。」

我說：「他們才是笨蛋。他們沒遇過這種事，但這正是我的專長。我只處理睡覺時張開嘴的人。」

他說：「我相信你能理解，因為你馬上就知道牠們在這兒——牠們的準確位置。」

我要他父母離開房子，讓他和我在一起待十五分鐘。然後我叫他躺下來。我蒙住他的眼睛，叫他把嘴張開。

但他說：「如果更多蒼蠅飛進去……？」

我說：「你不用擔心；這個房子使用空調，沒有蒼蠅。你只要躺下來，把嘴張開，我會試著讓蒼蠅飛出來。」

我把他留在那兒，然後跑到房子外面抓了兩隻蒼蠅——這是第一次，我從沒這樣做過。但我做到了，我用一個小瓶子裝了兩隻蒼蠅。然後我把瓶子對準他的嘴，我拿掉蒙住他眼睛的布說：「看！」

他說：「就是這兩隻蒼蠅……牠們造成了多麼大的困擾！我的生活都被毀了。你可以把蒼蠅給我嗎？」

我說：「可以。」我把瓶子拿給他。

我問他：「你要做什麼？」

他說：「我要拿給那些醫生看，任何對我說沒有蒼蠅的醫生……我會讓他們看看就是這兩隻蒼蠅。」

他被治好了。他的頭腦一直卡在這個想法上。但如果你去找心理醫生，他會小題大作——很多理論和解釋……那會花很多年，但問題仍然存在，因為一直沒有觸碰到問題。他會談論哲理，試著把他的理論用在這個可憐的病人身上。

但頭腦大部分的疾病——百分之七十的疾病都來自頭腦——可以很容易就被治好。最基本的條件就是接受；不要否定，因為你的否定會傷到那個人的自尊。你越是否定，他就越堅持：這是簡單的邏輯。你否定他的理解，你否定他的感受，你否定他的人性，他的自尊。你是在說：「你什麼都不懂」——而且那是他自己的身體！

第一步是接受：「你是對的。那些否定你的人是錯誤的。」立刻就成功了一半。你和他產生共鳴。那些承受心理疾病的人需要認可；他們需要同意，不是否定。他們不要你把他們當成瘋子。只需要認可他們，理解他們，愛他們。

讓他們接近你，然後找到一個簡單的方法。不要用佛洛依德的理論繞來繞去——幾乎把它們當成聖經，心理分析的文獻一直在增加，越來越多。你把那些想法用在那個可憐的人身上，對他並不重要。

我的了解是每個人都需要愛，每個人也都需要去愛。每個人需要友情、友善和認可——而每個人也都想給予。

我想到：蕭伯納將近八十歲時。他的醫生有九十歲了——他的私人醫生——他們是好朋友。有一次在午夜時，蕭伯納感覺心臟突然陣痛，他很害怕：也許是心臟病。他打電話給醫生：「立刻過來，因為我可能見不到明天的太陽了。」

醫生說：「等等。我要過來了，不用擔心。」醫生來了。他走上三層樓——一個九十歲的人，拿著包包，流著汗。

當他到了之後，他把包包放在地板上，坐在椅子上並閉上雙眼。蕭伯納問：「怎麼了？」醫生把手放在自己的胸口，蕭伯納說：「我的天，你心臟病發作了！」他可以理解：一個九十歲的人，在半夜爬了三層樓，全身大汗的。

蕭伯納站了起來，用扇子搧著他，並用冷水擦拭他的臉，給他喝了一點白蘭地，因為晚上很冷，試了各種方式：用毯子蓋住他，完全忘掉自己把醫生叫來是為了自己的心臟問題。

半小時後，醫生感覺好多了，他說：「我沒事了。這次發作很嚴重。這是第三次了，我以為這會是最後一次，但你給了我很大的幫助。現在把錢給我。」

蕭伯納說：「錢？——我一直跑來跑去，拿東西照料你。你才應該給錢。」

醫生說：「胡說。我是在演戲。我對每個心臟病人都這麼做——而且都會成功。他們會忘掉自己的心臟病，開始照顧我——一個九十歲的人。你只要把錢給我。現在是半夜，我還得回家」——然後他收了錢。

蕭伯納說：「我常以為我是說笑話的能手，但這個醫生才是高手。他治好我了。」他摸了自己的心臟，沒事了。他完全忘記自己的問題。那是一個小陣痛，但他的頭腦把它複雜化…他對心臟病的恐懼、心臟病的想法，死亡的想法誇大了整件事。

但那個醫生確實很厲害。他使蕭伯納從床上爬起來，得到所有的照顧，喝了酒，最後拿了錢然後走下樓。蕭伯納則是大為驚奇。「這個人說他用這個方式處理每個心臟病人，而且他總是成功的。因為他的年紀使他的方法很成功。任何人都會忘記…」

「任何醫生都會把問題複雜化，打針、吃藥和休息，或者改變環境、二十四小時的看護。但那個醫生的方式簡單迅速，毫不複雜。」

我看過各種和頭腦有關的案例。他們所需要的是認可、友善、關懷的方法和專門的治療——因為如果病人接受的治療是常見的、不變的，慢慢的，他會認為自己打敗了所有醫生——對抗療法、順勢療法、自然療法、阿育吠陀、針灸——各種醫生，但沒人可以治好他。他開始有了一定的自我，他的病是非常特別的。他會想要被人認可他的病是特別的。

必須了解：每個人都想要是特別的、與眾不同的——偉大的音樂家、舞者、詩人——但不是每個人都能做到。那需要漫長的、費力的訓練才能做到。

我認識一個偉大的印度音樂家，阿里可汗，世界上其中一個最好的西塔琴手。他常常從早上開始練習，大約四點，練到九點或十點——每天五、六個小時。他曾經和我待在一起，坐在花園裡面，我問他：「現在你已經聞名全世界；為什麼還要練習？」

他說：「你不了解。如果我一天不練習，我可以發覺那個差別。如果我兩天不練習，那麼懂音樂的人會看出那個差別。如果三天不練習，連那些不懂音樂的人也會察覺那個差別。那是一個非常微妙的現象，你必須不斷練習和經歷，越來越深入它。你不能停止。」

所以音樂是一個費力的練習；雕刻也一樣…任何和創造力有關的活動。但是擁有一個特別的疾病不需要練習。任何人都可以，而且擁有它就可以變成特別的。你可以從很多情況中發現到這種現象。我們看過嬉皮跟隨流行，然後又消失了。為什麼會吸引年輕人？他們看起來特別——他們是真正的失敗主義者，生病的；他們是逃避現實的人。

那就是「嬉皮(hippie)」的意思——藏住自己，只露出屁股(hip)以逃避問題的人。他們的長髮和奇怪的生活方式——事實上是骯髒的、不健康的生活方式…因為他們在一開始都來自於基督教家庭，被教導「潔淨近乎於神」——他們想要否定神，但要去哪兒找到神？你可以是骯髒的，你可以證明骯髒是你的生活方式；如果潔淨是舊世代的方式，那骯髒就是新世代的方式。他們藉由骯髒否定神。確實，如果有神的存在，祂一定不會站在嬉皮旁邊——嬉皮太臭了。

現在還有龐克…我看過他們的照片。他們剪掉頭髮…一半的頭髮，另一半染成綠色的、紅色的。一半的鬍子被剪掉，另一半則染色。他們只是在嘗試，用幼稚的方式，與米開朗基羅、達文西、莎士比亞、梵谷、畢卡索或拜倫對抗。

你必須了解這些人只不過是在渴求認可——「我在這兒，」沒有人注意他。必須做點事；必須強迫人們注意。如果某個人剪掉了一半頭髮，另一半染成綠色，當他經過你，很難不多看幾眼。那就是重視(respect)這個字的意思：再看一次(re-spect)，然後再看一次，那就是窮人要的——重視。無論他走到哪兒都會是顯眼的。

在印度，有一個關於女人的古老故事，一個窮女人——但那不重要，無論貧富、黑人或白人、東方或西方，頭腦都是一樣的。她買了一個手鐲。那是唯一的裝飾品，在她的一生中，那是她想盡辦法才掙得的。她打掃人們的屋子；甚至不夠她買食物和衣服。

現在她想要人們注意到她的手鐲。她整天都在村莊裡走來走去，抬高她的手，做出各種人們可以看到手鐲的姿勢。但一個普通的銀手鐲⋯沒人稱讚，如果人們說幾句，那個窮女人會非常高興。但沒人說任何話。

到了傍晚，很沮喪的——她整天都沒吃東西；她感到很大的挫折，彷彿亞歷山大大帝失去了全世界——她點火燒了她的小屋，全村的人都來圍觀。她很難過，但銀手鐲在火光中閃閃發亮。有個女人說：「我的天，多麼美的手鐲！妳在哪兒買的？」

窮女人說：「如果妳早點這樣說，我可憐的小屋就會得救。現在我沒房子了。全村的人是如此吝嗇以致於沒人稱讚我的手鐲，現在太遲了。但我仍然感到快樂，雖然房子燒掉了，我沒了屋子，但至少有人說：妳擁有一個美麗的手鐲。」

確實，你會想要人們對你說：「你是美麗的。」如果無法做到，那退而求其次：「你的裝飾品是美麗的，你的衣服是美麗的」——任何話。

梵谷，其中一個最偉大的畫家⋯他長得很醜，但那不是他的錯。沒有女人愛過他。他希望至少有某個女人說她愛他，說他是俊俏的。

他甚至向他的一個堂妹提親。父母非常生氣，他居然敢做出這樣的事！那個女人很生氣。他在想什麼？這麼醜的人——誰會愛上他？他們旁邊剛好有一支燃燒中的蠟燭，她對梵谷說：「如果你可以把手放在燭火裡直到我同意……」他把手放進燭火中——那個女人沒想到他會這樣做。手燒焦了，但是他沒把手移開。女孩的父親只得把蠟燭拿走：「他瘋了——不只長得醜，還發瘋了。他燒了整隻手！」

但沒人了解到心的需要……某個人應該對他說：「你是完美的。你被接受了。」他準備要燒掉他的手……他的餘生裡，那隻手都帶著燙傷的疤痕。

他的弟弟，看到這個情況，找了某個妓女，把事情告訴她：「請對他仁慈點。我會付錢，但至少……他不會知道妳是不是妓女。妳只要偶爾遇到他，不經意的在花園遇到並閒聊，妳只要說妳愛他。把他帶回家。至少有個人對他這麼說——讓他不會感到空虛，沒有被全世界拒絕，不是每個人都會侮辱他、羞辱他。」

那個妓女是一個美麗的女人。她照做了，她覺得梵谷是一個偉大的天才——只是長相醜陋。但是當她說：「我愛你，」梵谷不相信。

他說：「真的嗎？但妳喜歡我哪一點？——因為我長得醜，每個人都這麼說。我知道我自己，因為我照過鏡子。我是醜陋的。」

那個女人不知所措，但是她必須說些話，於是她說：「我喜歡你的耳朵；它們是美麗的。」

那晚他回家把一隻耳朵割掉並包起來，他的臉和衣服都是血。然後他去找了那個妓女並把耳朵給她。他說：「我的生命中首次有某個人喜歡我的某個東西。這是個里程碑。我不會忘掉今晚。我沒有什麼東西可以給妳，但妳喜歡我的耳朵，所以我把其中一隻送給妳。」

那個女人無法相信。這個男人真的瘋了！她從未想過喜歡他的耳朵會讓他切掉其中一隻。但是你們知道，他並沒有發瘋；他是一個人，擁有人類所有的缺點。只是似乎沒人了解他。每個人似乎都是封閉的。沒有人的心是敞開的。沒有人願意打開門歡迎一位客人。整個情況創造出奇怪的現象。頭腦的實際需求沒有被滿足；於是它開始有了怪異的舉止。

也許這就是那個人會撕紙並灑得到處都是的唯一原因——只是為了讓人們知道：「我在這兒，我和其他人不同。我正在做沒有人做過的事。」也許只是沒有人接受他、愛他。

而他得到的治療比他的病還糟糕。真正的病因是——沒有人愛他——現在魔術師給了解藥：「如果你再這麼做，我會狠狠踢你，讓你滾下這幾百階樓梯，最後你會在馬路上變成碎片。」

但是他停止這麼做了——那表示他沒有得到任何愛，而是更多的恐懼。

恐懼也會改變你的行為，但不是因為好的原因而改變，而是因為不好的原因而改變。如果愛是可以得到的——不需要任何付出——何不使用它？

除了愛之外，我看不出有別的原因。如果心理醫生可以表現出他的愛，那疾病不需要任何分析就會消失。

所有的分析都是胡說八道。

心理醫生自己就避開愛。他避開和病人面對面。他害怕知道事實。佛洛依德派的所有醫生，人數最多也是最重要的一派，都沒有坐在病人面前。病人躺在沙發上，而醫生坐在沙發後面。躺在沙發上的病人對著空氣講話，而心理醫生只是坐在那兒。沒有任何人與人之間的接觸——他甚至無法握著病人的手，他無法看著病人的雙眼。

在東方從沒有像心理醫生的東西出現過，原因是有數千個師父，深入靜心的，任何人去找他們：

只是他們的愛、認可、看著病人的雙眼就夠了。人們就被治好了。在東方，發生在精神病患和神經病患身上的是，他們很快就被改變了。他們需要的是不要求任何東西的愛——一個平靜沉默的人，他的存在就是解藥。

你會驚訝的知道，藥和靜心來自同樣的字根。藥治療身體，靜心治療頭腦。字根是一樣的，意思是一樣的——只是應用的場合不同。

一個長久靜心的人會變成一個無邊無際的源頭。他散發著某種看不見的東西，但是心可以感受到。某個東西進入你最深處的存在並改變了你。

問題是簡單的。答案是簡單的。一個人只需要離開頭腦去了解它的單純。然後無論一個人在沉默、平靜和喜悅中做了什麼，都會是有療效的，都會把健康散播開來。那會是一股有療效的力量。

奧修，我昨天找卡維沙幫我做了生平的第一次催眠。當我結束後，我看著樹被風吹拂著。隨著它們的移動，我感覺如此的寂靜以致於我心想：「如果我能一直擁有那樣的寂靜，即使只有一點點，那我會是多麼不同的人啊，我會發覺周圍的環境是多麼的不同啊。」這就像發現到「放鬆」是最驚人的真相，那個字，是用來開啟我視為最重要的一切的鑰匙。這是否就是聖經中的美麗話語的精華：「保持寂靜就能知道，」以及「超越所有了解的平靜」？

是的，放鬆是開啟你最深處存在的鑰匙。而放鬆由寂靜和平靜組成；確實，這個寂靜、這個平靜，超越了所有了解。你可以知道它，你可以成為它，但是你無法解釋它。你無法把它理論化。它仍然是最神秘的經驗。

聖經這樣說是對的。如果你是寂靜的，你會首次發現你是誰——你的存在——你的存在就是神。你是包圍一切的神性的一部份。

只要這些放鬆的短暫片刻，慢慢的，會使你覺知到它們不會只是片刻；它們可以是你的生命態度。你可以二十四小時都保持沉默和平靜，做著生命中需要做的每件事。而且做這些事不會影響到你的平靜或你的沉默；不會使你對自己的存在分心。

那是其中一件我想要強調的最重要的事，因為在過去發生的情況是，變得平靜和寂靜的人也變得害怕世界。這是正常的反應。他們心想現在他們要如何當店主人、辦事員、站長、教士或老師？——這些責任會使他們失去沉默，影響到他們的平靜。所以世界上舊有的宗教都變成反對生命的：「棄世。逃到山上和洞穴，可以保護你的平靜和沉默的地方。」但那只是謬見。

真正的平靜和沉默必須在俗世或市集裡接受測試。如果受到影響，那只是表示你的平靜和沉默是非常膚淺的——你必須更深入。而市集可以幫助你了解。

躲到深山沒辦法知道你的沉默是否夠深入，或者只是表面上的。你可以一輩子沉默到死，但你的沉默仍會只是表面上的，因為沒有東西會影響到它，所以你無法知道它有多深入。

我要有宗教性的人待在俗世中，但不屬於俗世——待在俗世，因為你可以在那兒隨時測試自己。你應該要感謝俗世，因為它不斷使你覺知到你待在什麼地方。直到任何事都無法打擾你、影響到你的寧靜……只有在俗世中才能了解，而不是喜馬拉雅山。

在喜馬拉雅山很可能產生錯誤的了解——因為喜馬拉雅山的寧靜不會影響到你的寧靜。喜馬拉雅山的寧靜會使你產生錯誤的想法——那是你的寧靜。但你的寧靜只有薄薄的一層。

我反對棄世。

我贊成待在俗世中。

世界是一個偉大的學校。

實驗、靜心、不斷的接觸那些會打擾你的事。直到不再有任何事會打擾到你，那一天會是極大的慶祝。

第四十二章
桑雅士的本質

奧修，昨晚你說等你找到地方安頓下來，你會揭穿各國政府和政客的虛偽。我還沒被揭穿。我錯過機會了嗎？

馬里巴，你不是政客。你不需要被揭穿。你已經是一個在太陽底下、在雨中、在風中跳著舞、沒有對任何人隱藏任何事的桑雅士。

那就是桑雅士其中一個最重要的基本原則——不隱藏。只要保持敞開、任人檢視。你的心不該有任何門窗關上，然後一股清新的微風就會不斷來到，使你隨時保持清新，隨時準備去探險，隨時等待某件神聖的事發生。你變成一個等待客人的主人。

封閉自己並關上所有門窗的人，他們活在腐壞的空氣和生命中。不會有任何新鮮的微風吹來而使他們煥然一新。他們永遠不會變年輕；他們出生時就老了，或者說出生時就死了。他們從未冒險去探索未知的事物。他們非常害怕打開窗戶。他們擔心強風。他們擔心像我這樣的人，像陣強風不斷撞擊著他們關上的窗戶，敲擊著：「請開窗。」一旦完全封閉，你就已經在墳墓了。

我常提到一個美麗的蘇菲故事。一個偉大的國王非常害怕死亡，害怕被自己的首相、自己的兒子、自己的軍隊刺殺。他建造了一座美麗的皇宮，沒有門窗，只有一個可以進入的門。他在那個門外安置了七個守衛——第一個守衛負責看守皇宮，第二個守衛負責看守第一個守衛，第三個守衛負責看守第二個守衛⋯⋯以此類推。他活在妄想中。他不相信任何人，無法愛任何人，所以自然也無法接受愛、無法接受信任。一個沒有愛、信任和活力的生命；那是枯燥乏味的。那個人只是一副會走路的骨骸。

皇宮興建好了，他很高興，現在不會有任何敵人、刺客、殺人犯或綁匪可以進入皇宮。如此小心的看守以致於守衛不可能做任何事；其他守衛會立刻殺掉他。

鄰國的國王得知了這座皇宮的存在。他也遇到同樣的困難——危險、恐懼、死亡。你擁有越多，人們就越嫉妒你，你就為自己創造出更多的危險。

他來拜訪國王，想看看這座皇宮，而皇宮是很雄偉的。他說：「我無法形容你是多麼的有智慧。你做了一件從未有人做過的事——如此安全的措施！」

擁有皇宮的國王非常高興。他走出皇宮為鄰國國王送行。鄰國國王坐在他的黃金馬車上說：「我很喜歡你的皇宮，希望你能把建築師送來我這兒。我想要建造一個類似的皇宮。我也遇到同樣的困難——我們都在同一條船上。」

國王說：「沒問題。我會把建築師送過去，無論你有什麼需要，我都能幫助你。」

就在那時，當鄰國國王正在稱讚那座皇宮時，一個坐在街上的乞丐大笑著。非常不以為然的嘲笑著。

國王問那個乞丐：「怎麼回事？你在笑什麼？」

他說：「我笑是因為皇宮是完美的，但只是幾乎完美，不是絕對的完美。我每天都坐在這兒乞討，我很好奇：你是否知道還有一扇門？死亡可以從那扇門進入？——你的守衛將無法阻止它。而且沒有任何門可以讓你逃走。」

「我的建議是你進入皇宮後，不要安置守衛，並叫建築師把門封起來，變成一道牆——那你就會是絕對安全的；連死亡也無法進入。」

國王說：「你一定是瘋了！——那我要怎麼活下去？我會窒息而死！那時我是否活著已經沒有差別；那不會是我的皇宮，而是我的墳墓。」

乞丐說：「你還算有點智慧。現在看看你所做的一切：你已經關上了所有門窗，當你不斷封閉所有的門窗，你是在切斷自己的生命。現在你的生命只剩下這個小門。你可以像我一樣自由。整個天空都是我的。」他是一個赤裸的僧侶。在印度，赤裸的僧侶被稱為天衣。意思是天空和星辰就是他的衣服——除此之外，他是赤裸的。

這個故事是重要的。桑雅士選擇的路會使他對人們、樹木、鳥兒、海洋和河流敞開。他不會活在恐懼中；無懼會是他的芬芳。死亡會來到：每個人都會遇到，因為它是如此確定，不需要害怕它。在生命中，除了死亡之外，一切都是不確定的；也許會發生，也許不會。但是死亡，你可以確定它會發生。

當死亡是完全確定——歷史上沒有任何人逃過——你對死亡的擔憂是完全不必要的。當時間成熟時，它會來到；它是無法阻止的。所以你可以忘掉它。那和你無關。是存在決定何時改變你的身體，何時給你一個新的身體，一個新的外形。

你要在意的是盡可能全然的生活，不是在意死亡，而是全然的熱愛生命。

肯定生命就是桑雅士的本質。

你不需要被揭穿，馬里巴。藉由成為一個桑雅士，你已經揭穿了自己。政客需要被揭穿，因為他們有很多秘密。每個政客都是罪犯，一個成功的罪犯。有兩種罪犯：創造歷史的、強大的成功罪犯；被囚禁的、死於不光彩的失敗罪犯⋯毫無意義的活著，毫無意義的死去。

成功的罪犯，有時候你能揭穿他。例如尼克森總統。如果你沒能揭穿他，你永遠不會想到他是個罪犯。他會一直是歷史上的一個泱泱大國的偉大總統。

當尼克森顏面盡失的下台後，毛澤東說：「我不了解尼克森犯了什麼罪——因為我們政客無論在哪兒，做的事都是一樣的。他的錯在於被揭穿了——不是他犯了什麼罪，而是他被揭穿了。」而且當尼克森不再是總統時，毛澤東還從中國派了一架專機去把他接到中國度假，並安慰他：「你沒做錯任何事。不用有罪惡感。每個政客都這麼做；你只是做的時候得小心點。」

史達林殺了超過一百萬個俄國人，但俄國並沒有一百萬個富人；那一百萬人都是窮人——以共產的名義，史達林成了獨裁者，統治了俄國。為什麼那些窮人會被殺？他們不知道成為共產黨、發動革命會鑄成大錯；他們只想到共產黨將會讓每個人富有。他們不知道。

他們的想法很單純——他們是單純的人：當共產黨掌權，每個人都會富有、快樂、有工作。但是當共產黨掌權後，許多事開始發生，人們不知道為什麼會發生那些事。

他們不是為了那些事發動革命、對抗沙皇和他的帝國。首先他們很震驚。沙皇全家人——十九個人——都被殘忍的殺害，其中一個只是六個月大的嬰兒。他們甚至不讓那個小女嬰活下來⋯沒有傷害過任何人，甚至不知道生命是什麼，完全不在意貧富和各種胡說八道。他們被要求站成一排，然後被機關槍掃射。

當人們聽到這件事，他們無法相信，因為他們沒想過情況會如此發展。然後其他的事開始發生。教會必須變成醫院和學校，因為共產黨不需要神。它不相信人有靈魂，也不相信有意識，它認為人只是一堆物質的組合；意識只是副產品，所以殺人就跟拆椅子一樣——都只是物質。

窮人不知道他們發動了革命、為革命而死，卻成就了唯物主義。當教會關閉後，他們開始抗爭；當聖經被拿走後，他們開始抗爭。結果是一百萬人被殺了，因為他們不準備接受共產黨的唯物論。

沒有人想到史達林會是一個殺人犯——歷史會認定他是一個偉大的領袖。但殺了一個人的殺人犯會被社會、法律和法院譴責；無論他們做了什麼，社會也會這麼對他們。它仍然活在石器時代，數百萬年前，那時的法律規定以牙還牙——如果你對我扔石頭，我也會對你扔石頭；那就是法律。現在的法律仍然一樣。雖然沒有使用同樣的文字，但結果是一樣的。

希特勒為了一個愚蠢的慾望殺了六百萬人：支配全世界。而且你不會相信：我在美國時曾收到一封美國納粹黨主席寄給我的威脅信，說我會因為批評希特勒而有生命危險：「因為希特勒是舊約先知以利亞的轉世，批評他會傷害我們的宗教感情。」希特勒，殺了六百萬人，是以利亞的轉世！

從未有人用如此精密的科學殺過這麼多人。他下令興建了毒氣室。可以容納一千人；只要啟動開關，幾秒鐘內你就能透過煙囪看到那一千人在煙霧中消失。只剩下骨頭。他們挖了數哩長的壕溝，用來掩埋那些骨骸。戰爭結束後，當那些壕溝被發現，沒人相信會有人做出這種事。

但還有些人的「宗教感情」會被傷害！我從沒想過批評希特勒會大大傷害了某個人的宗教感情，

以致於如果我再這麼做，他將會殺掉我。

政客，全世界的政客，擁有這麼多秘密，就為了達成他們的野心——成為總統或首相——他們做了一切……是否合法、是否合乎道德並不重要。對政客而言，手段不重要，結果才重要；一旦結果達到了，所有的手段都是對的。

政客確實需要被揭穿，因為就我來看，如果政客被完全揭穿，那人類——將首次——不再受到政治的束縛。

政治是一種病，必須用那樣的方式治療。它比癌症還危險，如果需要動手術，就去做。政治基本上是骯髒的。它一定是這樣，為了一席位子，數千人嚮往著、渴望著；所以他們自然會爭鬥、殺人、做出任何事。

我們的頭腦被灌輸的一切是完全錯誤的：我們被灌輸要成為有野心的。那就是政治。不只在政治的世界，它甚至汙染了你的生活。

連小孩也開始對父母笑——一個虛假的笑；不是由衷的。但是他知道，每當他微笑就能得到獎品。他已經學到成為政客的第一法則。他還在搖籃的時候，你就教他學習政治了。

在人際關係中，政治無所不在。男人使女人殘廢。那也是政治。

一半的人類是女人。男人沒有權利使她們殘廢，但好幾世紀以來，男人一直使她們完全的殘廢。不讓她們受教育。甚至不讓她們看聖經。在很多宗教中，女人不能進入寺廟。或者，如果她們可以進去，男女必須分開來；甚至在神的面前，她們都不能和男人平等的站在一起。

但這一切都是上帝造成的。你也許不曉得……因為一般人早就忘了。基督教徒沒有提過，猶太教徒沒有提過。亞當和夏娃被認為是第一個男人和女人；亞當確實是第一個男人，但夏娃不是第一個女人。上帝創造了亞當和莉莉絲，祂使他們是平等的——同樣的高度、同樣的智慧、同樣的力氣和同樣的頭腦。

但蠢人的上帝不可能很聰明。他創造了這兩個人，但是卻無法創造雙人床！祂弄了一個小床，第一晚，問題來了，誰要睡床上？誰要睡地上？於是——枕頭戰開始了，跟人類一樣古老——他們開始向對方扔東西。兩個人的力氣和心智都是相等的，女人未被征服：亞當只得睡地上。

各種動物靠在窗戶上看著發生的一切——那個女人是固執的，一如往常的——她睡在床上，可憐的亞當則睡在地上，但是他很生氣。隔天他去找上帝並說：「這個女人不行。太多問題了。我一個人比較好，是我的錯，我不該對祢說：賜給我一個伴侶。」

「祢賜給我什麼樣的伴侶？祢不能有點同情心嗎？兩個人要怎麼睡一張小床？我需要一個在各方面都不如我的女人。」

莉莉絲被送走了。現在夏娃被不同的方式創造出來。世界上的第一個手術。可憐的亞當睡著後——也許他被氯仿弄昏過去——上帝拿了他一根肋骨，用那根肋骨創造了一個女人，這樣她就永遠不會和他平等；她只會是一根肋骨。夏娃被認為是世界上的第一個女人，但她其實是第二個。

我寧願選擇第一個女人；她有某種味道，某種強度。她第一晚就讓亞當睡在地上。他需要被這樣對待。

但夏娃非常喜歡成為一個奴隸。她最常做的就是，每當亞當晚歸，上床睡覺後，夏娃會去計算他的肋骨。她擔心上帝拿了別的肋骨創造出另一個女人。而男人，從那時起⋯也許上帝這個想法也是來自於男人。上帝也是沙文主義者：在祂的三位一體中並沒有女人。

男人試著用各種方式剝奪女人的自由。這是政治；不是愛。

你愛一個女人，但你不讓她自由。什麼樣的愛會害怕給予自由？

你把她像隻鸚鵡一樣的囚禁著。你可以說你愛那隻鸚鵡，但你不了解你在謀殺那隻鸚鵡！你把鸚鵡的天空拿走，只給了牠一個籠子。也許那是黃金製的籠子，但並無法和在天空自由飛翔的鸚鵡相比，從這棵樹飛到另一棵樹、唱著歌——不是你強迫牠們學的，而是牠們自然發出的聲音，真實的聲音。

女人不斷做男人希望她做的各種事。漸漸的，她完全忘記她也是人類。

在中國，數千年來，丈夫是可以殺死妻子的。直到一九五一年，頒發了新的法令，禁止這個現象。在那之前，丈夫有權利——如果他想殺掉妻子，那是他的事；那是他的女人，一個財產。法律不會干預你的財產。此外，中國人認為女人沒有靈魂；只有男人有靈魂。

所以中國歷史上，找不到任何可以和老子、莊子、列子、孔子或孟子相比的女人——完全沒有。如果你沒有靈魂，你只是一樣東西；你不能和男人競爭。

每個國家或每個文明中，有一半的人類被家族政治摧毀。你也許不會把它稱為「政治」，但它就是政治。任何地方只要有人想要掌控另一個人，那就是政治。權力一直是政治的——甚至包括小孩。父母以為他們愛小孩，但那只是他們這麼想，因為他們想要小孩服從——服從是什麼意思？意思是父母擁有控制一切的權力。

如果服從是一個如此偉大的特質，那為什麼不是父母服從小孩？如果那是非常有宗教性的，那父母應該服從小孩。但是那和宗教無關。所需要的就是將政治隱藏在美麗的話語背後。

任何政治介入的地方都必須揭穿——它已經出現在每個地方、每段關係中。它已經污染了人的生命，而且持續的汙染著。

你們在學校教小孩得到第一名。但為什麼？你們有考慮到心理層面嗎？得到第一名的人會開始成為一個自我主義者——他是最好的——最後一名的人開始感到自卑。有需要這麼做嗎？考試制度可以直接被取消。

不需要考試；老師可以打記號，就像學生出席時一樣。可以每天為每個小孩紀錄，最後，比較聰明的小孩就提早進入高年級；比較懶惰的小孩就晚點進入高年級——兩個月後、四個月後。但不需要考試，不會有一級班、二級班、三級班。

如果一個人在學校、學院或大學一直名列三級班，你會打擊到他的自尊。你謀殺了他的自尊；他認為自己是毫無價值的。現在任何人都可以對他為所欲為。

在印度，「三級班」這個字已經變得很醜陋，如果你問某個人：「你是哪個班？」——如果他是三級班，他會說：「甘地班」，因為甘地從未進入其他等級的班。他一直名列三級班，所以他這輩子出遊都搭乘三級艙的火車。在印度不會有人說：「我進了三級班」，而是「我進了甘地班」——掩飾一切，試著愚弄自己。

那個創造出來的野心使你必須成為世界上的某個人；你必須證明你不是普通人，你是與眾不同的。但為什麼？能達到什麼？只有一個：你變成強而有力的，別人會奉承你。你是與眾不同的人。他們是可憐的跟班——甘地班；他們只能做辦事員，無法做別的工作了。他們沒有膽量。你已經用不同的方式閹割了全人類，這個閹割是政治性的。

所以那些掌權者從一個世代到下個世代不斷控制權力。現在在印度，四十年的抗爭後，一個家族脫穎而出。它已經變成一個王朝，不是民主國家。而且不可能讓他們離開，因為四十年來，他們已經控制了一切，以致於無法讓他們離開。他們已經變成不可或缺的，而且他們一直在蒐集資料——我自己就親眼看過英迪拉甘地收集用來對抗其他政客的資料。

在那些資料中都是那些政客犯下的罪，他們的賄賂行為，所有不合法的行為，所有濫權的行為。那會使政客擔心，如果反抗英迪拉，他的一切會被揭穿。現在那些資料會從家族裡的這個世代交給下個世代。那會是很大的權力。

你會驚訝：當桑傑甘地，英迪拉的第二個兒子，死於意外後⋯她是一個政客也是一個母親。他墜機的地方離英迪拉的住宅只有幾條街的距離。當她聽到消息，立刻趕到現場。群眾和警察在那兒。她說的第一句話不是：「桑傑怎麼樣？他還活著嗎？意外怎麼發生的？」她說的是：「他有兩把鑰匙，它們在哪兒？」其中一把是用來打開收藏所有資料的箱子，另一把是用來打開存放所有選舉用的黑錢的箱子——有數百萬元。

政客可以犧牲一切，但不會犧牲自己的權力——他們是無意識的。當她得知那兩把鑰匙在警察局，她沒有去醫院看兒子，而是先去警察局拿那兩把鑰匙——因為那兩把鑰匙比一百個桑傑甘地還重要。沒關係；可以晚點去看他——反正他遲早都會死。

當我聽到這件事，她第一句話問的是那兩把鑰匙，我感到震驚⋯但不是因為桑傑甘地的死。人們都會死——那不是很大的問題——每個人都有自己的死亡方式。有的人死於意外，有的人死於別的方式；有些人的死法是普通的，死在床上。床是最危險的地方；百分之九十九的人死在那兒！永遠不要睡在床上，因為百分之九十九的人死在那兒，而你每晚都睡在同樣的地方。最好還是睡在地板上。

桑傑甘地死於意外——那是他的死法。那不是大問題……但這個女人，一個母親，卻在詢問鑰匙！——而不是兒子的死亡或意外。她在那兩把鑰匙不見之前趕到了警察局。

你會驚訝的知道英迪拉並沒有和他的丈夫生活太久——而那是一個因為愛而結合的婚姻。英迪拉是一個婆羅門，她的愛人是一個拜火教徒，所以這樣的婚姻對於傳統的頭腦是難以接受的。但是英迪拉是尼赫魯唯一的女兒。他不想干涉她，而且她很頑固：如果要結婚，她只要這個人，不要別人。於是她嫁給這個年輕的拜火教徒——尼赫魯同意讓她嫁給他。

她也把他的丈夫拉入政治圈。他成為國會議員，但她很少和他住在一起——他很生氣。我認識他。他真的很失望，因為英迪拉一直和尼赫魯住在一起——權力的核心，而且她是唯一的女兒。

尼赫魯沒有兒子，他的妻子死了。英迪拉極可能繼承他的一切。她的丈夫能給她什麼？最後他們完全分居，他開始酗酒；也許他是因為酗酒而死。

但英迪拉仍然和她父親住在一起，因為一切都在那兒；全國的權力核心就在那兒。而且她得到尼赫魯在政治上的訓練和所有資料。當他死後，她擁有了那些資料和那些錢：她的政黨無法沒有她。必須選擇她——因為即使是黨主席也害怕她，因為她擁有那些資料。而且她擁有那些黑錢。

不然你要如何競選？——特別是印度這樣的國家，用兩盧比就可以買一張選票。不需要做任何事，只要給兩盧比，他就會投給你。他不了解任何政治體系，任何民主制度。兩千年來，印度一直被奴役著，所以他不了解自由。兩盧比似乎比任何事還重要——更有實質意義，更有幫助。民主制度和自由對於飢渴挨餓的人而言似乎只是文字；兩盧比似乎更實在。所以無論誰擁有那筆錢、擁有資源和得到錢的管道，他就能掌權。

印度不可能擺脫尼赫魯家族。表面上打著民主的口號，但實際上只是君主政治，一個王朝。這就是全世界的情況；這就是事情如何運作的。人們只會看到表面；他們不了解內幕。

我非常想揭穿政治的運作方式。我不在意政客，我在意的是政治運作的方式：它是醜陋的、不人道的、野蠻的。我們應該過著非政治性的生活。人與人的關係應該是非政治性的；否則我們不會擁有人與人之間的關係，只會有名字和標籤，在那標籤背後的是其他的東西。

奧修，我感覺我比過去還要接近和深入某個我不想放棄的東西，某個長久以來我一直渴望的——圍繞在我們周圍的光、溫暖和愛。看到我急遽的改變，長久以來待在遙遠的某處，直到越來越接近家，很興奮的期待它發生。但內心裡還是有一種煩惱的感覺，感覺你可能會被帶走、離開我們、不知道你會被帶去哪兒，我們是否還能待在你的存在中。可否請你評論？

不用擔心。沒有人可以把我帶到任何地方，因為對於任何人、政黨或國家而言，即使只是碰了我也會是危險的。

我想到他們在美國逮捕我——沒有任何法律的理由或逮捕令——他們不接受保釋，只是從這個監獄到另一個監獄不斷的騷擾我。我幾乎走遍美國：十二天內換了五個監獄。但奇怪的是每次我下了飛機後坐上警車，逮捕我的人把我移交給美國司法執行官時都會在他耳邊說——而我就坐在他後面，我聽得見——「這個人很危險，不要直接對他做任何事。甚至不要觸碰他的身體，因為全世界都在看，一旦他被釋放，他會揭穿在這些監獄中發生的一切。所以對他禮貌點，和他的互動要聰明點；不要把他當成罪犯。」

每次當我從一個監獄被換到另一個監獄時，這個指示都會被轉達。他們不會觸碰我的身體；他們不會直接做任何事。他們試著間接的採取行動，但他們失敗了。

例如，我在晚上十一點抵達某個監獄後，美國司法執行官要我不能在表格上寫我的名字——他說我的名字應該寫「大衛華盛頓。」

我問：「你依據什麼法律不讓我寫我的名字並強迫我寫下假的名字？我不會這麼做。」

「你應該是一個法律的執行者。你的外套上有司法部三個字——但這是什麼樣的司法？在大半夜，我全身疲憊⋯一整天的旅程，而你要我寫某個人的名字？你必須給我解釋。」

他說：「我不知道原因。不要對我生氣——我只是遵照上層的指示。」

我說：「告訴那些人，給你指示的人，我不會寫「大衛華盛頓。」如果你要寫，你可以填好這個表格，我會簽名。」

他說：「那似乎是一個完美的折衷方式⋯因為我也想睡覺。除非你簽名，否則你也不能進入監牢並睡覺。」於是他填好那個表格，我也簽了名。他看了我的簽名說：「這是什麼意思？」

我說：「當然是「大衛華盛頓」——你不是要我這麼寫嗎？」

他說：「我看不懂你寫了什麼。」

我說：「我用自己的語言寫了：這是「大衛華盛頓。」我告訴他：「明天早上你會在電視上看到你寫的一切和我的簽名，還有你們整個計畫：出現在所有的新聞媒體。你為什麼要隱藏我的名字？因為你甚至可以殺了我，不會有人發覺到我的存在——因為我從未來過。明天你可以釋放大衛華盛頓；只需要簽名。但記住，你無法模仿我的簽名。」

他問：「但你怎麼知道新聞媒體會知道這一切？」

我說：「你明天早上就會知道。」

有個女人在警車上和我坐在一起。她似乎是一個囚犯，非常有經驗的。她說她正要被釋放。

我說：「幫我一個忙。只要仔細聽我和美國司法執行官的對話。所有新聞記者都會來。當你出去後把他們找來，告訴他們這件事。」她做得很成功。

隔天早上，另一個司法執行官來了，敲了他的頭。他說：「你做了什麼？報紙和新聞上到處都是！現在把一切準備好；我們必須把你轉移到別的監獄。我們不能把你關在這兒。」

我說：「我喜歡待在這兒。不需要轉移。換地方有什麼意義？無論你想要多久，大衛華盛頓都願意待在這兒。」

他說：「不要開我玩笑。我已經因為強迫你簽假名而被譴責了。但我很好奇，你是如何聯絡媒體的？」

我說：「你已經完全忘記有兩個囚犯，另一個囚犯坐在旁邊聽到所有對話。她把一切告訴媒體了。」

他們失敗了。他們立刻把我轉移到別的監獄，這樣他們才能說我從未到過那兒，所有的報導都是錯誤的。我說：「你無法這麼做。那份表格就在那兒。我的簽名也在那兒，而且我的簽名已經是舉世聞名的——那是不容易模仿的。連我都無法模仿！每次都會不同。」

在第二個監獄，他們把我和一個生重病的囚犯關在一起——一種傳染性疾病——垂死的人。六個月來，醫生說不能把任何人和他關在一起，他應該被單獨關起來，因為他的病是高度傳染性的。他們把我和他關在一起——醫生在場，典獄長在場，美國司法執行官也在場。

但那個囚犯的英文說得不好——他來自古巴——然而他想辦法寫了紙條給我：「我在受苦，奧修，我因為重病快死了。六個月來，他們都沒把任何人送進來這間牢房。他們故意把你關進來。這是要間接的殺掉你。」

我立刻叫來醫生、典獄長和美國司法執行官，我說：「看看這張紙條。」

我問醫生：「你是什麼樣的醫生？你在這兒是要照顧囚犯還是殺掉他們？因為這個人的病，這間牢房六個月來都沒讓任何人進來過；那為什麼把我關進來這兒？我知道你有收到指示：『用間接的方式造成他的麻煩。』但你甚至沒有這麼做。你沒有這樣的頭腦！你看起來像是笨蛋。這個人甚至比你還有人性和同情心。」

他們立刻換了牢房，他們說：「請把那張紙條給我。」

我說：「這張紙條會交給新聞媒體，不是你們。」

似乎罪犯在控制和管理無辜的人們。我很驚訝的發現在這五個監獄中——每個監獄有五百到六百個囚犯——全部都是黑人，沒有任何白人。

我問守衛：「這是否表示美國沒有任何白人犯罪？否則為什麼我到過的監獄都沒有任何白人？

而且我問過這些黑人。他們說他們沒有犯任何罪。」他們只是被抓起來強迫送進監獄等待審判。某個人已經等了九個月，每天他們都說：「明天就輪到你了。」但是他們不會上法院，因為法院會釋放他們。他們沒有做任何事。這只是在折磨黑人。」——這些都是被懷疑是革命份子的年輕人。

所以不用擔心；沒有政府可以對我做任何事。如果他們對我做任何事，對他們而言會是自殺。那樣一來，我揭穿政客的工作將會完成。

他們真的很害怕沒有任何權力但擁有洞見的人。他們都瞎了，那些瞎子無法傷害我。他們是如此害怕以致於他們創造謊言攻擊我，散播完全荒謬的說法。但是那不會有用，因為我將把每個這麼做的政府送上法院，他們不得不證實我說的一切。

就在昨晚，我得知德國通知所有國家——包括這兒——說我在鼓吹賣淫。但事實剛好相反：我反對賣淫。而且我不斷說你們的婚姻已經不再是婚姻，它們是賣淫，長期的賣淫。你使用女人的身體一個晚上或是一生並不重要；沒有愛，付錢使用她的身體，或者你提供舒適的生活換取使用她的身體，都是賣淫。而他們卻說我鼓吹賣淫、鼓吹小孩濫交！那是我第一次聽到⋯⋯事實上我們這兒沒有任何小孩。

我要上法院控告德國政府。他們必須提出我鼓吹小孩濫交的證明，或者我有參與這類事件的證明、或者證明我必須為此負責。我不會放過這些人。他們是有權有勢的——我沒有任何權勢——但是他們說的謊言和所做的罪行，我會在他們的法院裡揭穿他們。他們捏造無法證明的謊言來誣賴我。

英國政府要如何證明我在機場候機室過夜對英國是危險的？即使想像力再豐富也無法解釋。他們已經對我做過檢查：我沒有攜帶任何炸彈、武器或藥物。在候機室睡覺要如何做出對英國不利的事？他們必須提出證明。一旦我在任何地方安頓下來……我將會揭穿這些國家。

在義大利有六十五個聞名世界的傑出人士——詩人、舞者、電影導演、演員、科學家和諾貝爾獎得主共同簽署一份反對政府的請願書，聲明只是因為教皇反對就不讓我進入義大利是錯誤的。

我通知我的人：「你們也去找教皇簽署。如果他拒絕，那表示他反對自由，對我們而言就夠了。如果他簽了，那他就會進退兩難。」

在荷蘭，反對者一直增加中。這種情況一定會發生在這些國家，最後一定會是聯合國。你不能迫害某個人——沒有任何原因、沒有犯任何罪——無論在哪兒。這樣的陰謀必須引起人們的注意：「這就是你們的領導人。」

但你們不用擔心——不會有任何事發生在我身上。我會完成我的工作。這是我的承諾。

第四十三章 有意識的生活

奧修，我喜歡聽你說你和來自孟買的成道沙雕家相遇所發生的事。在你的旅行中，你是否有遇過其他成道者呢？

我曾遇過一些非常不凡的人，但他們沒有成道：他們還在邊緣。你可以說：「幾乎成道。」但即使在那個狀態下也有可能退轉。

他們在很多方面都是卓越的。其中有些人是音樂家。奇特的是我遇到的大多數非凡的人都是音樂家。那不可能是意外。音樂和靜心有某種相似性。

演奏樂器時會有兩種狀態。一個是完全的消失——只剩下音樂——那個人會是偉大的音樂家，獨一無二但未成道的。另一個是——就音樂而言會有點困難，也許這就是他們還在邊緣徘徊的原因——就是全然的投入音樂中，但同時保持覺知的。

在其他的活動中，你可以是全然並覺知的。但音樂或舞蹈是不同的。當你全然的投入，那個經驗是如此美麗，如此令人歡喜，你會完全忘記要保持覺知。那個經驗是如此珍貴以致於你想要它永遠持續不斷，包圍著你。但即使是如此美麗的經驗，成道也需要你對它保持漠不關心。

受苦的時候，保持漠不關心和覺知是容易的。當你是痛苦的，保持覺知是容易的，因為誰想要痛苦？誰想要悲慘？痛苦、憂慮和悲慘的經驗會幫助你擺脫它。但音樂、舞蹈、繪畫和雕刻的經驗——任何有創造性的活動都會吸引你、需要你全然的在它裡面，甚至不能有任何小小的分心，那是最困難的。

那些人是非凡的。他們非常的美——獨特的、自由的、有創造力的——但少了某個東西。他們也覺得少了某個東西，但是他們不知道少了什麼東西。

這個經驗是如此令人滿足以致於不可能去想到缺少了什麼東西。其中一個音樂家問過我：「你可以幫我理解少了什麼東西嗎？——我看不出少了什麼東西：因為我全然的待在它裡面。」

他很驚訝的聽到我告訴他：「那就是問題所在：你必須同時做一個非常矛盾的行為——全然的進入你的音樂，同時看著它。」

他說：「那很困難。」

「我知道那很困難，」我說：「但是沒別的方式。那不是不可能。只是因為你的經驗是如此美麗，因此你不想離開它。你的整個存在都淹沒在它裡面，而且你不想離開它。但你不了解，如果你能離開它，你不會有損失。更多的喜樂、更大的祝福在等著你。」

「你只需要試一下。你不會有什麼損失。如果你覺得你損失了任何東西，那就回到你原本投入音樂的狀態，快樂的過你的生活。不用急。你已經很接近了；有一天，在某一世，你會走出那一步。」

他問：「我怎麼可能在這一世或來世走出那一步？我無法想像。」

我說：「你不了解一件事：無論那個經驗多麼美，多麼奇妙，有一天你將會對它感到厭煩。也許你需要好幾世，但因為那是相同的經驗，遲早會感到厭煩，那將會是你開始覺知的時候。但那是對沒有智慧的人而言——直到感覺厭煩。有智慧的人會立刻嘗試。」

他做到了…他是拉維香卡的老師，也是拉維香卡的岳父。他是一個老人；他活到一百一十歲。但就在他做到的那一天，他死了。死的時候西塔琴還在他手上。但是你可以在他臉上看到那個記號、那個足跡：佛陀走過了潮濕的沙灘。在一百一十歲時，他看起來仍然非常寧靜、安詳和年輕。

他在其他方面也非常的卓越。我擔心會發生：如果他試了，因為他很老了、很脆弱，他可能無法繼續留在身體。突如其來的閃電般經驗會使身體死亡，使靈魂離開身體。而那正是實際發生的情況。

我遇過很多音樂家，但沒有任何人的品質跟他一樣。他可以把任何東西當成樂器——他可以用鐵棍演奏。你會驚訝，他可以用那些原本只會產生噪音的鐵棍創造出非常美麗的音樂。

他是一個回教徒。我因為他而認識他的女兒，她嫁給了拉維香卡。而拉維香卡背叛了她。他不是一個有愛心、優雅的人。他只是為了成為最高階級的弟子而娶了師父的女兒，因為那可以使他成為最知名的弟子。但當他到了西方，他不再理會他的妻子。她繼續過著貧困的生活。

她也是一個偉大的音樂家，但女回教徒不能公開表演——除非她們宣稱自己是妓女。因為她無法這麼做，所以她不能公開表演。但是我聽她演奏過，我也聽過拉維香卡的唱片：拉維香卡遠遠的落後她。他變成舉世聞名是因為他在西方演奏，沒有人了解西塔琴。沒人可以分辨好壞。他很少來印度，因為在印度有很多人遠遠的勝過他。他自己的妻子就是。

這個老人活著的時候無法成道，但是他在死時成道了。我所認識的其他音樂家在全神貫注的演奏時，沒有一個能保持覺知。我可以了解他們的困難：那是如此的吸引人以致於他們會忘記要保持觀照。

其次，當他們得知有一個人試過我的方法後死了，他們的頭腦產生了一個很大的恐懼，因為他們不知道透過成道而發生的死亡並不是死亡：那是通往神性的門。但每個人從表面上來看，那是死亡。

我認識的一些舞者也有同樣的問題。拉維香卡的弟弟，烏達香卡，也許是本世紀最偉大的舞者，但同樣的問題…他完全的消失在舞蹈中。沒有覺知。他像平常人一樣的死去。

我告訴過他：「你可以選擇平凡的死亡或是成道的死亡。現在你的全盛時期已經過了。你越來越老了：是時候了，你可以冒險了。無論如何，死亡都會來到；現在沒有必要害怕了。」但是他仍然很害怕，死時已經非常接近成道。

對我而言，所謂的宗教人士並沒有很接近成道；相反的，他們還很遙遠。藝術家比任何人還要接近。雖然他們很接近，但他們大部分的人都會錯過。奇怪的是，就成道而言，痛苦的、憂慮的、悲慘的生活會比較適合。也許這是存在的設計——這麼多人受著苦。

你可能會記得某個惡夢，在夢中越來越恐懼。但是會有個高潮——那個恐懼是如此巨大以致於你會醒來。沒有人會經歷過整個惡夢。如果你可以經歷整個惡夢，那表示那個惡夢是非常普通的；那就不是惡夢，那只是一個夢。

一個真正的惡夢…你從山頂掉落，你看到深淵，你知道現在無法回頭了：你很快就會變成碎片…你在撞到地面前醒來了。那太過分了：無法繼續睡覺。生命中的痛苦也是一樣。

你受苦，但你的痛苦也是中產階級的。並沒有很嚴重，只是一般、微溫的。一般的痛苦不會有太多幫助，因為你可以忍受它。事實上你變得非常習慣以致於不能沒有它；你需要它。它定義了你。沒有它，你對自己的認知會慢慢消失。

當痛苦很嚴重，不只是發脾氣，不只是一個行為，不只是一個習慣，而是真正的受苦，一個絕望；當你發現生命沒有意義，每個呼吸似乎都是毫無意義的……那你何必繼續活下去，為什麼？——不會有任何事發生，也不會有任何退路。當痛苦變得如此強烈以致於超越人的極限，突然間，你會從惡夢中醒來。然後這個所謂醒來的狀態只會是另一種不同的睡眠，睜開眼睛的睡眠。

你可以覺醒。存在中的一切隨時準備要幫助你；但你必須敞開自己去接受幫助。

人們談論痛苦——我聽過很多人談論他們的痛苦——但他們談論痛苦的方式，彷彿他們感覺很快樂。他們的痛苦就像某個藝術品。他們會誇大它；他們使它越來越巨大——而且他們很享受。

我聽說有個女人向一個天主教牧師懺悔：「我被強暴了，羞愧得想要死掉。你無法想像我有多痛苦。」

「但是」，牧師說：「這太奇怪了！四周了，妳每周都會來——怎麼會每周都被強暴？」

她說：「誰說我每周都被強暴？那是我第一次被強暴。」

牧師說：「那妳為什麼一直懺悔。為什麼一直打擾我——每周日，同樣的強暴內容，同樣的痛苦，同樣的悲劇？」

那女人說：「說實話，我很享受。但我不能告訴別人，所以我必須等到周日的懺悔時間。但那是一個很棒的經驗！」

人們談論痛苦，你一定以為他們想要擺脫那些痛苦——你錯了。永遠不要貶低他們的痛苦：他們會很生氣，永遠不會原諒你。他們很高興自己擁有世界上最大的痛苦——你卻試著貶低它或忽視它！

人類的頭腦是非常奇特的產物。不試著了解你的痛苦，你反而開始讚美它。你開始感覺到你是殉難的烈士——而殉難是一種病，靈魂的病。

但人類的整個傳統都在讚揚烈士是偉大的人。他們只是受虐狂，想要有被折磨的機會！沒有人說出來，因為那表示你們的歷史會被改寫：那和真誠正直的人無關，那只是病態的精神病患。

所以如果你開始享受你的痛苦，那就會出現問題。那會是同一件事：某個人在享受他的音樂，而你在享受你的痛苦。那已經變成你的音樂。當你開始享受某個東西，就很難觀察 (watch) 它。任何和你沒有關聯的東西可以被用來觀察——那會比較容易。

一旦你的觀察越來越深入……例如，觀察一棵樹、觀察海洋，觀察那些和你沒有情感關係的東西。觀察路上的行人或移動的車。只是觀察。只是訓練觀察：觀察和你沒有任何情感關係的東西，你沒有投入任何感情的東西。

所以先加深你的觀察，嘗試一些小事情。吃的時候，保持警覺的 (watchful)。洗澡的時候，保持警覺的。一些沒有任何意義的小事情……穿衣服，保持警覺的。越來越加強你的警覺，以便當你觀察那些和你有情感關係的事物時，你的觀察可以強大到切斷所有的情感投資。

而且當你變得非常警覺，然後音樂、舞蹈或愛——都不會有差別：它會像把利劍，切斷你和被觀察者的關聯，無論任何東西。

宗教人士也許是最不警覺的，因為他們試著去祈禱，試著奉獻神，試著相信神。他們會害怕觀察，因為那表示神將會消失——因為那只是個信仰，不是事實。祈禱會消失，因為它是奉獻給不存在的神。奉獻會消失，因為沒有誰會高高的站在天上等待被奉獻。

宗教人士是最害怕觀察的人。那是我的經驗。他們不想靜心，不想保持警覺，不想保持覺知，因為那會是拿他們的宗教冒險。如果他們說我是危險的，那他們是對的，因為我告訴他們的一切會摧毀他們全部的宏偉建築，和整個他們依循的、相信的、期望的系統。他們將會待在什麼都沒有的沙漠中。

很難說服那些人相信他們現在正待在虛假信仰的沙漠中，很難說服那些人相信警覺會讓你離開沙漠，進入存在充滿了青草和花朵的花園。

我發現最困難的是教導一個聖人——印度教、回教、耆那教、基督教——去靜心。那會使他全身發抖，因為他已經依據某個信仰體系生活了五十年或六十年，而且有很大的收穫：人們尊敬他、膜拜他。

在海德拉巴，有一個耆那教僧侶，在南印度非常受尊崇，他對我很感興趣。聽我講話、看我的書，最後他終於鼓起勇氣，離開了耆那教來找我。

我告訴他：「你這個舉動非常冒險。不要以後怪我，因為沒有必要拋棄你的僧侶身分；你可以繼續這場戲。我所說的是，保持警覺。我不會要演員停止演戲，不會有問題。你表演聖人；讓這個生命成為一場戲。保持警覺。我的教導是保持警覺——我不是叫你拋棄那些沒意義的事。」

「但是」，他說：「那似乎是不真誠的。我相信過它；那是一回事。現在繼續留下只會是純粹的虛偽。我無法用同樣的權威來講道了。你已經拿走了我的權威。我知道那都是假的；我無法演戲。」

我說：「那你記住，這會有風險。」

他說：「我了解。」他放棄了在耆那教的一切。

我和一個朋友在一起時，他也來了。我的朋友是一個耆那教徒——他無法相信！他問：「你的僧服呢？」

他說：「我扔了。」

我朋友說：「那麼你不能進入我的房子。」我朋友曾經用很多東西供養他——那就是為什麼他會來這兒。我朋友曾經供養很多東西。但他不讓他進入房子：「滾開！我不想受到牽連。」

就在同一天，我到耆那教的會所演講，那個前耆那教僧侶也跟我到了那兒。耆那教僧侶總是坐在一個較高的講台上，由於舊習慣的關係，他跟著我到了我演講的講台上。他就坐在我後面，恐懼的，因為那兒至少有五千個耆那教徒，非常憤怒——你可以想像得到。這些人是「非暴力」的人，那個人並沒有做什麼——只是換了衣服。

發生了很大的騷動。某個人站起來說：「應該把那個傢伙從講台上拖下來。他不能坐在那兒。」

我說：「這有什麼問題？我不是耆那教僧侶，我也可以坐在講台上。所以有什麼問題？他不再是耆那教僧侶了。」

他們說：「你的情況不一樣。你從未成為耆那教僧侶。但是他侮辱了我們的宗教。」他們已經上來講台要把他拉下來。

我對他說：「你最好自己下去；否則他們會把你拉下去，那不太好看。」

但是你可以看到人的頭腦如何運作的！他無法和一般人坐在一起；他從未和他們坐在一起過。

我說：「你曾經是他們的聖人，但現在你不再是他們的聖人。」我只得擋在群眾和他之間，我說：「他只是因為舊習慣而上來講台。如果你們想要聽我說話，你們必須允許他坐在講台上；如果你們不想聽我講話，那我就離開——你們決定。」

他們想要聽我講話，於是他們只得忍受，但是他們對那個人說：「等到演講結束你就知道了。」當我做了結論，走下講台，全部的人都上來抓住那個可憐的傢伙，他們開始毆打他。

我努力阻止。我說：「你們是非暴力的，現在你們卻在打人！昨天你們才觸碰過他的腳。他是同一個人；沒有任何事改變。」

非常麻煩——他們會殺了他——把他拉離人群，讓他躲到車裡。但人們試著從車子另一邊把他拖出來。

當我到家後，我說：「你太蠢了。你不知道：宗教的頭腦是最虛偽的頭腦。它說了一件事，做的卻是相反的事。現在你看到你的信徒了。你不會理解他們。他們曾經觸碰你的腳；現在卻準備殺了你。你應該離開這兒，搬到別的地方。在這兒，他們不會讓你過著平靜的生活。你搬到山上，找一個安靜的地方靜心。」

他的回答讓我很驚訝。他說：「我可以做每件事——禁食或瑜珈⋯我可以連續念誦數小時的咒語。我可以複誦經典，因為我記得它們——但靜心？我從未做過。你所說的——我必須保持覺知——對我非常陌生，如果沒有你，我不認為我可以進入那些經驗。」

我說：「所以你成了我的責任！」我只得帶著他⋯三個月來和我在一起。對他而言，最困難的就是學習靜心——雖然他拋棄了衣服，但是他無法拋棄信仰、他的神話、他的宗教。那不是很容易。

改變衣服是容易的。

藝術家是最接近成道的——那個對於美的經歷使他們就站在邊緣——而所謂的宗教人士是最遠離成道的。我從未聽說有任何宗教人士成道。聽起來很怪，因為不應該是這樣：宗教人士應該是更接近成道的。但是他們累積了這麼多垃圾——而他們認為那是寶藏。他們無法觀察它、使它消失。

而觀察就是魔法：它使來自頭腦的一切消失，讓你留在完全的安寧和寂靜中。在那個寂靜中將會感受到你的存在和整個宇宙的存在。

奧修，有一句諺語：「手是心的延伸。」那是否就是你無法講話不用到手的原因？

確實。只用頭腦說話的人不需要任何手勢，因為不需要用到手。頭腦會覺得文字就夠了，文字就攜帶了意義，不需要其他附加物。

但如果你用心說話，問題就發生了。心會不斷覺得說的一切都不夠：必須添加某個東西使它完整。而手就表達而言是非常有影響力的。它們可以補足心的感受。

如果你把我的手綁在椅子上，使我無法移動手，那我就無法說話。我做不到。

在美國首次發生：因為我的手從未被綁起來過。只有在美國，他們把我銬上手銬，我突然發現不只是我的手被銬住了，我的心也被囚禁了。然後有一個記者會⋯

典獄長第一次見面就愛上我。我對他說：「如果我的手被銬住，我就無法說話或回答。至少在記者會的時候把手銬拿掉。」

我希望讓全世界看到我被銬上手銬：這就是民主——沒有任何逮捕令、沒有說出任何原因、不讓我聯絡律師，就上了手銬腳鐐……而且還不滿足。他們在我的腰上鎖上鍊子——甚至這樣還不夠。他們用另一條鍊子把我的手和腰上的鍊子綁在一起，這樣我就無法對人們揮手。

他可以了解。他說：「這是不合法的，但為了你，我願意做任何事。首先，這是個在監獄裡舉辦的記者會。過去從未發生過。所以現在任何事都有可能！我會拿掉手銬。」

在那時，我感覺說話是不可能的。心需要某個支持。文字是不夠的；它們是不完整的、不適當的，而且它們並未攜帶著正確的含義。

但是要了解手勢，你們也需要一群會用心傾聽的人；否則手勢會是無意義的：頭腦無法理解它們。因為從一顆心來到另一顆心，雙手被允許透露出某個不能說出來但可以被了解的東西。

奧修，有一句古老的革命性諺語：「如果他們沒有試著阻止你，那表示你沒有影響到他們。」鍾愛的奧修，你可以對他們造成多大的影響？

等著瞧！他們無法打倒我的。

奧修，如何定義內在的世界和外在的世界？外在發生的每件事都透過我的雙眼、我的察知能力而接收到，那似乎變成了我的世界，因此有了內在的世界。另一方面，如果觀照是我內在的實相，然而觀照是遍及一切的，那我的內外似乎又翻轉過來了。

切塔那，你快發瘋了！外在的世界，雖然被你感知到，並不會變成你內在的世界。它就像一面鏡子：反映一切。你會認為它們在鏡子裡面嗎？它們仍然在外面。鏡子只是反映它們。

你對外在世界的感知就像鏡子，但不會有任何東西變成內在的。你的覺知就是你內在的實相。你內在的實相不是一個島，你內在的實相就是整個大陸。

所以從外在來看，我們是彼此分開來的；從內在來看，我們是一體的。那就是為什麼覺知是遍及一切的。那不表示它會變成外在的你。那只是表示只有覺知存在，只有意識存在：內外不再有區別。

會產生內外的區別是因為頭腦，它在分別一切，把一切分成內在的和外在的。在覺知裡，頭腦消失了，因為覺知，所有內外的區別都消失了。只有一。

數千年來，印度的人們一直在研究同樣的問題，他們不會說：「一存在，」因為會產生一個邏輯問題——如果有一，那表示有二和三。沒有那堆數字，一不可能存在。如果沒有二、三、四、五、六、七、八、九、十，那「一」的意義是什麼？它不會有任何意義。

於是在印度，他們不說：「只有一存在，」他們會說：「存在的是沒有二」。透過迂迴的方式避免產生邏輯的問題。存在的是沒有二的現象。不是二。他們不會說它是一；他們會說那不再是分別的。我認為他們有些洞見。

當你說「沒有二」，就不會暗示有其他數字。但是當你說「一」，就暗示有其他的數字。但是你不需要太瘋狂；只要保持覺知，不要擔心什麼是裡面，什麼是外面。你的覺知會讓你知道沒有二的經驗：沒有任何東西在裡面，沒有任何東西在外面。

在印度的賈浦爾，有一個神祕的國王建造的皇宮。他真的是一個偉大的建築師；他設計了整個賈浦爾。他的名字是賈辛格；因此這個城市稱為賈浦爾。賈浦爾是印度唯一自己設計的城市——而且它的設計是如此的美！它的目的是要打敗巴黎，他原本可以成功，但是他死了。整個城市尚未完成，但即使是未完成的城市也可以讓人感覺到它會打敗巴黎。

它只有一種顏色，桑雅士的紅色——紅色石頭構成的城市。所有的房子和商店都長的一樣，使你以為它們是一體合成的：沒有二的可能。道路是如此的美麗。路中間是非常茂密的樹——路是非常寬廣的——兩邊的人行道都被樹完全覆蓋住，以致於在雨季走路時不需要用到雨傘⋯或者在烈日下也不需要用到雨傘。你在賈浦爾不需要用到雨傘。而且一切都是完全一樣的，用同樣的紅色石頭建造一切。

這個人試著使這個城市沒有任何不同的地方。路上只有一種數哩長的樹。只用同一種顏色，同一種石頭，同樣的設計——一個美麗的設計。

他建造了一座廟，外面是紅色的石頭所構成，裡面是由小鏡子構成⋯裡面有數百萬個鏡子。所以當你進去，你會看到反映在數百萬個鏡子的你。你是一，但你的映像是無數的。

據說有一隻狗進去後自殺了。沒人在那兒：守衛離開了，鎖上門了。狗還在裡面。牠對著狗吠叫——數百萬隻狗。牠從這邊跳到另一邊，撞到牆上。那些狗都在吠叫⋯你可以想像那隻狗遇到什麼事：牠整晚都在吠叫和搏鬥，牠一直撞牆至死。

到了早上，當門打開後，發現那隻狗死了，到處都是牠的血——牆上——住在附近的人說：「我們整晚都在奇怪發生了什麼事。這隻狗一直在吠叫。」

那隻狗一定是個知識份子。牠自然會以為：「這麼多狗，我的天！我是單獨的，而且現在是晚上，門都關起來了，周圍都是這些狗⋯⋯牠們會殺了我！」然而牠殺了自己；裡面沒有任何狗。

神祕主義裡有一個重要的領悟：我們在周圍看到的人只是我們的映像。我們是在不必要的對彼此吠叫，不必要的和彼此爭鬥，不必要的害怕彼此。有這麼多的恐懼以致於我們一直在累積攻擊對方的核子武器——只有一隻狗，其他只是映像。

那隻狗死掉的方式，人類很可能會死於同樣的方式。要對抗誰？——對抗自己的映像。

所以切塔那，不要成為知識份子。不要思考這些問題；否則你會越來越困惑。變得越來越覺知，你會看到問題慢慢消失。

我在這兒不是要解決你的問題，而是溶解你的問題——那個差別是巨大的。解決你的問題表示給你一個在理智上可以滿足你的答案；溶解你的問題表示給你一個方法使你可以覺知到並沒有任何問題：問題都是我們自己創造的，不需要任何答案。

成道的意識沒有答案。它的美在於它沒有答案。

它所有的問題都溶解了、消失了。人們則不是這麼想：他們認為成道者一定可以解答所有問題。事實上，他沒有任何答案。他沒有任何問題。沒有問題，又怎麼會有答案？

格特魯德斯泰因，一個偉大的詩人，臨死前，朋友聚在她身邊，她突然張開眼睛問：「答案是什麼？」

某個人說：「但我們不知道問題，怎麼會知道答案？」

她再次張開眼睛說：「好，那問題是什麼？」然後她死了。死前奇怪的一段話。

聽到詩人、畫家、舞者或歌手臨死前說的話是非常美麗的。那些話語是非常有意義的。

首先她問：「答案是什麼？」…彷彿每個人的問題都是一樣的。問題必須是一樣的；不需要再琢磨了。而且她是如此匆忙，所以不再依循正常的方式——問問題然後聽答案——她直接問：「答案是什麼？」

但人們不了解，每個人的情況都一樣：那個問題是每個人的問題。所以某個笨蛋問：「但我們不知道問題，怎麼會知道答案？」

聽起來很合理，但事實上不是：那只是愚蠢——而且對一個快死的人…但是那個可憐的女人再次張開眼睛。她說：「好，那問題是什麼？」然後是一片沉默。

沒有人知道問題。沒有人知道答案。

事實上，沒有問題，也沒有答案；只有一種生活在困惑中、在頭腦中的方式。才會有數百萬個問題和答案，每個答案又帶來數百個問題，一切將永無止盡。

但是還有另一種生活方式：活在意識中——沒有問題也沒有答案。

如果斯泰因臨死時我在場，我會對她說：「這不是要在意問題或答案的時候。記住，沒有問題也沒有答案：對於問題和答案，存在是完全沉默的。這不是哲學課。沒有任何問題和答案的死去；只是安靜的、有意識的、平靜的死去。」

第四十四章
自發性的源頭

奧修，我記得有一天你說到一個關於射手的故事。在這個反對你、質疑你的世界中，你是否可以告訴我們要如何用這樣的態度去散播你的話語？是否有一種沒有爭鬥的爭鬥？

有一種沒有爭鬥的爭鬥，沒有行為的行為，沒有努力的努力。那正是宗教性的靈魂。就邏輯而言，「沒有努力的努力」是荒謬的，但就存在而言是可能的，而且那是其中一個最美麗的經驗。

當你是自發性的，那表示你不是根據一個預先計畫好的想法來行動。事實上，你是沒有準備的，還沒準備好去做任何事；那個行為是一個回應，自行發生的。

你必須了解這幾個字。首先是反應和回應的差別。反應是受他人控制的。他侮辱你：你生氣了，然後你因為生氣而採取行為。這就是反應。你不是一個獨立自主的人；任何人都能把你拉到這兒或拉到那兒。你是容易被影響的；就情感而言，你是可以被勒索的。反應是情感上的勒索。

你原本沒有生氣。然後那個人侮辱你，他的侮辱創造了憤怒；現在隨著憤怒，造成你的反應。回應是出於自由的。它不是依賴任何人。

別人侮辱你，但是你沒有生氣；相反的，你對那個情況靜心——他為什麼侮辱你？也許他是對的。然後你會感謝他，不會生氣。也許他不對。如果他不對，你何必為了他的錯誤而用憤怒焚燒你的心？

只有這兩種可能：他是對的或者他是錯的。在這兩種情況中，憤怒都是無關的。如果他是對的……而且那只有當你沒有因此憤怒時才可能——憤怒蒙蔽你的眼睛、你的視野、你的清明。如果你發現他是對的，你會向他鞠躬，感謝他，因為他幫了你一個忙，他把沒人會告訴你的事實告訴你。也許他說你是個懦夫……你思考他說的話，探詢自己，然後你發現到那個懦夫。

在這個所謂彬彬有禮的社會，人們不會直接說出來。他們不會說出他們看到的，他們只會說出那些可以維持良好對話的。

英國人非常小心翼翼：他們只談論天氣，永遠不談論宗教或政治——那些會帶來情緒。關於天氣，誰在乎？它不是任何人的信仰或宗教，而且對你們而言，它是事實。對於交談，它是一個好主題……不會有爭論的問題。

但我的人必須了解，我們不是一個彬彬有禮的社會，我們的奉獻是為了真誠和真實，我們想要說出真相。

所以每當某個人對你說了任何事，思考它。告訴那個人：「請給我十分鐘。讓我想一想——也許你是對的。」如果他是對的，感謝他。如果他錯了，那替他感到遺憾，告訴他：「你的想法錯了。你是你想法的主人——你可以有這個想法——但從我這邊來看，只是一個謙虛的建議，那個想法是錯誤的。我希望你可以稍微再考慮一下。」

回應是非常沉默的、平靜的。它不是依賴任何人；那是你自己的了解，在那個當下的自發性行為。因此才可能會有一個沒有爭鬥的爭鬥。

我這一生都在這麼做。我獨自和很多陣營對抗——但是沒有任何憤怒、暴力或私人情緒。我不是為了得到任何東西而對抗。我不需要任何東西；我的生命中必須發生的事已經發生了。

我不被任何野心束縛，你在成道後是無法有野心的…因為沒有要達成什麼，你已經抵達了最高的星辰。

但是我一直在對抗，透過對抗去幫助那些我與之對抗的人。這個對抗是出於愛和慈悲。我不會對社會感到憤怒——我不對任何人感到憤怒。我不是要某個人為全世界的悲慘負責。

我只是試著讓人們了解原因：「你一直執著原因，但卻不想要結果。你不斷灑下某種花的種子，但是你不喜歡花，於是你摧毀它——但你卻不肯停止播種。這造成了你的困惑、衝突和悲慘。」

你必須學習的爭鬥不是出於恨的爭鬥，而是出於愛的爭鬥。不是因為報復，而是因為將心比心。不是因為自己的利益，而是為了那些你與之爭鬥的人的利益。它就會變成沒有爭鬥的爭鬥。然後無論你成功或失敗就不重要了；重要的是你盡力而為。那會使你滿足——你能做的都已經做了，你沒有任何保留。你完全讓自己置身火場中。

但你不是在和任何人對抗。你是在和一連串的原因對抗，你是客觀的。但是數百萬人受苦是因為那些原因。他們一直執著，認為那是他們的命運。

散播我的話語不是要手上拿著劍，不是用劍告訴人們什麼才是對的。

那是回教徒在做的。一千四百年來，他們用劍使很多人改變信仰。顯然的，無論任何人，如果要選擇死或改變信仰…沒有人生來就是印度教徒或回教徒——問題在於被貼上的標籤。只是為了那個標籤就要付出你的生命？任何了解的人都會說：「換掉標籤。」數百萬人變成回教徒不是因為他們被說服，而是因為他們想要活下去。他們繼續遵循過去的生活方式。回教徒或印度教徒都只是空中樓閣；它們不會變成事實。

波蘭教皇現在正拜訪印度。印度的基督教徒，基本上都是印度教徒，因為其他原因而改變信仰，因為現在拿劍似乎不適合，世界上大部分的人都不會認同；那看來會是殘忍的、原始的、醜陋的。基督教改變了策略。它走向飢渴挨餓的人，一手拿麵包，一手拿著聖經。你不能只有麵包：它會提供你兩者——物質上的食物和心靈上的食物。如果你想要麵包，你就得接受聖經。

一個垂死的人不會在意神是否在六千年前用六天的時間創造了世界，或者神是否三位一體。一個因為飢餓而垂死的人需要麵包，但麵包和聖經同時來到——在垂死邊緣，他會接受聖經。所以這些印度的基督教徒都是因為飢餓和貧窮被收買了、被剝削了。

他們變成基督教徒，但是他們的生活方式仍然不變，他們持續做同樣的事。所以當教皇到了那兒，印度的基督教徒說他們想在教堂裡點香，就像在印度教寺廟裡點香。他們想在教堂上掛銅鈴，就像在每個印度教寺廟上掛銅鈴一樣。你必須先讓神知道你來了。祂可能在睡覺或打盹，所以你搖鈴，搖醒那個可憐的老人。銅鈴是絕對需要的。而香…對印度教徒而言，沒有香，那個地方就不會是神聖的。香的味道會使那個地方和一般的房子不同。教堂看起來就像一般的房子。

教皇同意可以掛上銅鈴：「不會有任何損失。也可以在裡面點香；不會有什麼問題。」

他們很快就會說十字架上的耶穌不像神的兒子。吹著笛子的克理虛納比較像。耶穌象徵了死亡。克理虛納象徵了慶祝、跳舞和生命；祂跳舞的姿勢，祂的穿著，是奇特美麗的。耶穌看起來太悲傷了，而且自然的，如果你在十字架上微笑，那看起來是矛盾的：這十字架是真的嗎？或者你是在演戲？

當一個人快死了，手腳被大鋼釘固定在木頭上，你不能期望他是不悲傷的。

但我要說的是這些印度教徒仍然是印度教徒；只是標籤換成基督教徒。他們仍然唱著同一首奉獻的歌；只是把「克理虛納」換成「基督」——不是很大的改變，因為了解語言學的人會說「基督」這個字是「克理虛納」的變形。

在孟加拉、在印度，有很多人叫克理斯多。那是「克理虛納」這個字的變形。

如果印度的語言可以使「克理虛納」這個字衍生出「克理斯多」，那還有什麼問題？當這個字到了遙遠的朱迪亞可能已經變成「基督」了。

所以從「克理虛納」變成「基督」算不上改變，而且人們的生活和過去一樣。他仍然相信母牛是母親——雖然他是基督教徒，但基督教沒有這樣的信仰。

我不會要你用各種方式強迫某人接受我的訊息，因為那會摧毀那些訊息。那個訊息就是不該有任何人被迫相信任何事。你能做的就是帶著愛去解釋；而且在解釋之前，你必須過著我所說的生活方式，讓那些解釋不只是文字，而是成為你的生活。

所以與其讓你向人們解釋，不如讓人們主動問你：「你發生什麼事了？你的眼神為什麼這麼寧靜，你為什麼如此容光煥發？為什麼和你在一起感覺這麼舒服？——彷彿站在涼爽的湖邊。為什麼感覺有一陣微風經過？」讓人們問你。你必須活在那些訊息中。

透過你的生活、你的行為、你的自發性、你的愛和喜樂，使你可以碰觸到人們的心。讓問題從他們那兒提出。不要對他們灌輸你的答案。當問題是非存在性的，所有的答案都是沒有用的。

如果你可以使你的生命如此光芒四射、充滿悅耳的音樂、如此協調，人們一定會問：「你在做什麼？你發生什麼事了？你的雙眼為什麼看起來有某種魔力？」然後你可以解釋你所做的一切，什麼事發生在你身上。然後你可以說：「那也可以發生在你身上，因為你跟其他人一樣擁有同樣的潛力。」

這將會是沒有爭鬥的爭鬥。

奧修，美國的某個女性雜誌上有一篇文章說有五千萬美國人在承受失眠的苦。根據文章所說，失眠是看醫生的第三個原因，排名在感冒和頭痛之後。是否可以請你評論？

失眠不是病。它是某種生活方式。

自然將人類設計成至少要努力工作八小時。除非他努力工作八小時，否則他沒有熟睡的權力。隨著社會越來越富裕，人們不再努力工作。不需要；別人可以為他們工作。他們整天做著喜歡做的小事情，但那不像伐木或鑿石。身體被設計成在努力工作八小時後，它自然需要睡覺以便補充它的能量。但似乎很困難：你已經賺了足夠的金錢，卻還要砍八小時的木頭？那你為什麼要賺那些錢？那似乎很愚蠢。不需要成為百萬富翁才能伐木。

所以如果美國有五千萬人承受失眠之苦，那表示這些人沒有掙得睡覺的權利。他們並沒有做到讓睡眠發生的工作。你無法在貧窮的國家找到五千萬人：五個都找不到。

好幾世紀來，人們都知道乞丐睡得比皇帝好。工人，付出勞力的工人睡得比知識份子好。窮人睡得比富人好，因為他們必須努力工作去掙得他們的麵包和奶油，但他們同時也掙得熟睡一晚的權力。

失眠不是病，它是富裕的生活方式。事實上，發生的情況是：你整天都在休息；到了晚上，你在床上翻來覆去。那是你唯一可以做的運動，而你甚至不想做那個運動。你盡可能的翻來覆去。如果整天都在休息，那晚上就無法睡著。你已經休息過了。

如果失眠的人們真的想要擺脫失眠，他們就不該把它當成疾病。看醫生是沒有意義的。他們應該在花園工作，做些費力的工作，忘掉和睡眠有關的一切——它會發生。它總是會發生，你不需要創造它。

這就是困難。大自然從沒想要世界上的少數人是富有的，而大部分的人是貧窮的。探究大自然的意圖，它似乎想要每個人都去工作。它從未想要有貧富的階級；它想要一個無階級的社會，每個人都在工作。

也許工作是不同的。如果你繪畫了一整天，那也可以產生睡眠。或者你必須運動——去健身房跑個數英哩。很多笨蛋都在這麼做。一個毫無意義的運動——如果你可以伐木，為什麼還要慢跑？當你的花園被某個人照顧後，他睡得很好，而你卻在慢跑，你付錢讓他工作，而他睡得很好。

你慢跑，但沒人付錢給你，而你發現很難睡著。你能慢跑多久？你能跑多久？整晚都沒睡的人不會想要在早上跑步，因為他整晚都在掙扎著希望睡著。對翻來覆去感到厭煩，到了早上他發現有點想睡——但那卻是建議他應該跑步的時間！

失眠不應該被當成疾病。人們應該要覺知到他們沒有遵從大自然要身體付出的勞力。你可以做那些小事情：游泳、網球——但是那無法替代八小時的努力工作。人本質上是一個獵人——不是用機關槍，只是用箭——追逐著鹿。他並不是每天都能得到食物。他整天都在跟蹤動物，但一隻都沒抓到，他會空手回家，但全身疲憊的。

你的身體仍然在要求你這麼做。你可以選擇你想要用什麼方式；失眠會自行消失。

不需要同情那五千萬人受的苦。必須直截了當的告訴他們：「你的生活方式錯了。改變它；或者繼續受苦。」如果五千萬人開始每天工作八小時，將會帶來一個很大的革命。他們不需要為了食物、衣服和房子而這麼做，但是他們可以為那些需要食物、藥物和生活必需品的人工作。

如果五千萬人為了服務窮人而每天努力工作八小時，那將會改變整個社會的氛圍。對抗或階級鬥爭的想法將會消失——因為不再有任何階級。

而且這個問題會越來越嚴重，因為機器開始在各方面取代人力。機器是更有效率的、更服從的，可以工作二十四小時而不用休息，一周工作七天……沒有假日和宗教節慶，因為它們不是猶太教徒、基督教徒或印度教徒。

印度有很多節日——我曾算過——在學校、學院、大學，幾乎有六個月的工作日和六個月的假日，因為有這麼多神和這麼多宗教，而且必須慶祝祂們的誕辰。每個宗教都有自己的節日；他們必須慶祝。夏天來到了，你必須放二到三個月的暑假。然後還有季節性的假日。雨停了，那是令人喜悅的——你們用燈光節來慶祝。雨來了——你們會慶祝，因為全國都依賴雨水而生活；否則人們會挨餓，不會有食物。

所以有很多藉口。還有政治上的節日——印度獨立的日子、印度成為共和國的日子。然後是政治領袖——甘地、提拉克、古克雷、鮑斯、尼赫魯，還有不斷加入的新人……英迪拉……這些都要放假。

工作日越來越少。

機器不要求任何東西，甚至不要求喝杯咖啡，休息一下。一部機器可以取代一百人或一千人，所以很快全世界將會處於困境：失眠將會是未來最大的問題，因為當機器取代了一切，人類會是空閒的。他會為自己不用工作而付費，並且付足夠的錢以便自己不用工作。他會有足夠的錢。

所以他能做什麼？他可以玩牌、下棋、喝酒、打架——和失眠。失眠將會是全球性現象。發生在美國五千萬人身上的事將會發生在幾乎每個不用工作的人身上。當人們退休後，他們會開始失眠，而他們以前沒有失眠過。

所以我不認為那是病。不要把它當成第三種最普遍的病。它不是疾病；它是我們的生活方式。可能有少數人，非常少的人，對他們而言可能是疾病——例如，知識份子的頭腦持續工作著，養成了這種工作習慣。到了晚上，當他們想要睡覺，頭腦會繼續工作，那就足以造成失眠。而他們無法讓頭腦停下來。他們也許會大喊大叫；但頭腦不在乎。

當你在床上休息，頭腦持續運作，因為白天有很多放在一邊的思想還未完成；它們必須被完成。頭腦是完美主義者。它想要完美的做好每件事，所以任何尚未完成的，它會試著完成。而且它不需要睡覺。是身體需要睡覺。如果身體沒有工作，也沒有掙得任何睡眠，而頭腦一直過度運作，非常快速的工作並養成這樣的習慣，這樣的人即使付出勞力工作仍會失眠。那這就是一種病。他需要一種藥，我稱為靜心，以便他的頭腦可以放鬆，讓身體進入睡眠。

只有非常少的人，成道的人，付出勞力工作也不會有用。我試過了。我在早上跑了四英哩，在晚上跑了四英哩，做了各種費力的工作。甚至在睡前——而且我習慣在十二點入睡——從十一點到十二點，我又去散步，但無論我做了什麼，都只會使我的身體放鬆。我的身體會完全在休息，但我會是完全清醒的。那沒有造成打擾，覺知是如此的強烈以致於沒有辦法使它減少；無法使它變少。一旦它發生了，它會持續成長。

但是成道的人，如果他因為意識太強烈而無法睡覺，他至少可以休息，全然的休息。那個休息會使他的身體幾乎等同熟睡。

當我在美國的監獄待了十二天，我二十四小時都在睡覺——睡覺的意思是我閉上眼睛休息。我會起來吃點東西或去浴室；然後我會回來閉上眼睛睡覺。

護士和醫生很困惑。他們說：「你為什麼可以睡二十四小時？」

我說：「我甚至沒有睡二十四秒鐘！」

他們說：「但你看起來在睡覺。」

我說：「那是表面上！我的身體在休息。但是內在裡，我是清醒的。」

而且沒辦法⋯運動沒有用。無論是否在運動，我都可以放鬆身體，但睡眠不會來到。但如果你成道了，哪還會在乎失眠。這個小小的代價可以換取如此巨大的寶藏。

不幸的是那些失眠的人並沒有成道。他們在美國，成道在那兒似乎是最困難的事。直到現在，還沒有任何美國人成道。有少數人很接近，但他們是藝術家——惠特曼、愛默生、梭羅。他們就在邊緣，但他們從未跨過。

那些無法睡覺的人真的在承受很大的痛苦，因為他們的生命中什麼都沒有——沒有任何意義，都是虛偽。他們稱為「交際」。到了晚上，他們甚至無法入睡。白天是沒有意義的，晚上是義的。他們失去了生命中所有的感受。他們應該被幫助。

應該要有更多的靜心中心，特別是針對失眠的人。靜心會幫助他們放鬆。當他們來靜心，應該告訴他們：「光是靜心不會有用；那只做了一半的工作。你還得做另一半的工作——就是身體的運動。」承受著無法睡覺的苦，我認為不論任何建議，他們應該都會去嘗試。

努力工作有它的美。全身大汗的砍著木頭，一陣涼風吹來…然後身體會有一個非常美麗的感受，那是沒有努力工作的人無法了解的。窮人也有他的奢侈品。只有他才會知道。

奧修，從你美麗的談話中，我發現自己同時用敏銳的頭腦和敞開的心聽你說話。我從你說的話中感覺有所了解，但是在下個片刻——另一個問題被提出時——我發現自己剛剛非常敏銳的頭腦，完全忘掉你剛剛說的話。然而我剛剛有過的深刻感受仍然和我在一起。我對此感到困惑。請你幫助我了解發生了什麼事？

不需要記住我說的話，因為我不是在給你必須記住的信念。重要的是留在你心裡的、使你感動的感覺仍然和你在一起。那才是重要的——不是我說了什麼。

我說了這麼多話只是為了使你感覺你的心被感動了。那就是為什麼我常說我的談話和歷史上的任何人都是完全不同的。他們說話是為了說出某件事；我說話是為了做某件事。他們說話是為了傳授知識；我說話是為了轉變你的心。

所以不需要記住；否則你會發瘋。如果你記住我說的一切，你一定會發瘋。你沒看到我嗎？我就發瘋了！

而且我不記得我以前對你說了什麼。我沒有看過我自己的書，這是美麗的，因為這樣我就會一直是自發性的。美麗是因為我可以很容易的說出在當下想說的任何話而不會擔心是否和我幾年前說過的話互相矛盾。它不會是矛盾的，因為那也是自發性的；兩者的自發性把它們連結起來。無論它們看起來有多麼矛盾，那都是來自同一個自發性的源頭。

不要試著記住。記住耶穌是容易的，因為沒有很多東西——四本福音書，還有來自四個紀錄者所記錄的同一份資料。沒有太大的差異。你只需要記住一本福音書就夠了；然後你就知道耶穌的一切。非常容易。

和我在一起是非常困難的。基督教的傳教士說我至少應該寫一本小書，就像基督教用來當作引言的教義問答：「因為你有這麼多書——一個人應該先看哪本書？應該先從哪兒開始？所以可以先用一本小書介紹你自己⋯」

我說：「那不可能。任何書都可以用來作為剩下三百九十九本書的引言。但教義問答⋯那不可能。我無法寫幾句話或幾個教條以便你可以像鸚鵡一樣記住它們。」

但是對局外人而言，很難了解我講道的目的是完全不同的。它比較不在意溝通，而是更在意交融。它比較不在意知識，而是更在意愛。它比較不在意文字，而是更在意寧靜。

所以如果你可以保持在被感動的狀態，那就不要在意文字。它們沒有用。它們的工作已經結束了。它們已經攪動你的心，它們已經變成你的火焰：不再需要它們了。如果你試著記住我說過的話⋯我說過這麼多話，你不可能全部記住，而且我的目的不是要給你教條或理論，而是一個洞見

是完全不同的東西。如果它使你的心敞開，使你的智慧變得純淨，那已經比你能要求的

那些只記住文字的人是不幸的，沒有任何事會發生在他們身上。他們會變成鸚鵡或學者——他們永遠不會成為桑雅士。

成為桑雅士是獨一無二的。心是一道渴求未知的火焰、熱愛一切的火焰，心是一首無法用文字形容的歌。桑雅士自己就是神聖的經典——不是因為他記得那些文字，而是因為他被文字轉變了。他重生了。

奧修，聽你講道就像一天享受兩次盛宴。有時候開胃菜、主菜和點心是依序上桌；但大多時候總是不按次序的混在一起。但無論你端上什麼菜，你總是能夠傾注我直到快溢出時又在幾秒鐘內讓我退回——然後第三次、第四次。奧修，我想要舉杯向大廚敬酒！

很好……太好了！那這表示第五次！

關於靜心村

奧修國際靜心村

位置：位於距離印度孟買東南方一百哩外的普那市，奧修國際靜心村是一個與眾不同的假日勝地。靜心村座落在一個樹木林立的高級住宅區內，是一個擁有四十英畝大的壯麗園區。

獨特性：靜心村每年招待來自一百多個國家的數千位遊客。獨特的園區提供機會使每個人可以直接體驗一種全新的生活方式－帶著更多的覺知、放鬆、慶祝和創造性。全年提供不同的服務項目，以及每日的不同課程選擇。其中一個選擇是什麼事都不做，只要放鬆！

所有課程都是依照奧修對於「左巴佛陀」的見解－一種不同品質的新人類，能同時過著創造性的日常生活，及放鬆在寧靜和靜心中。

靜心：每日的靜心行程表，針對每個人提供不同的靜心課程，被動的和主動的，傳統的和革命性的，特別是奧修動態靜心，它是在奧修大禮堂－全球最大的靜心大廳中進行。

多元大學：針對個人的講習、授課和討論會涵蓋了創造性藝術、整全健康、私人轉變、關係和生活變化、工作靜心、奧秘科學，以及用於運動和娛樂的「禪」的方法。多元大學成功的秘密在於所有課程都和靜心緊密的結合，人們可以了解到人類是整體的，而不是部份的。

芭蕉Spa：舒適的芭蕉Spa讓人們可以在圍繞著蒼翠樹木的露天場所下悠閒地游泳。獨特的風格、寬敞的浴池、桑拿、體育館和網球場…令人驚歎的設計更是提升了它們的美感。

飲食：各種不同的用餐區提供美味的西方、亞洲和印度素食－為了靜心村，它們大部分是透過有機種植而得。麵包和甜點則是在靜心村內自有的麵包坊進行烘烤而成。

夜晚的生活：多種晚間節目可供選擇－跳舞是其中的首選！其他活動包括星辰下的滿月靜心、各種表演、音樂演奏和每日靜心。

或者你可以只是在廣場咖啡廳裡享受和人們的聚會，或者在寂靜的夜晚漫步在童話故事般的花園中。

設施：你可以在購物廳購買生活所需的日常用品和化妝品。媒體廳則販賣各種奧修影音產品。還有銀行、旅行服務處和園區網咖。對於那些喜愛購物的人，普那提供了各種選擇，包括從傳統的印度民俗產品到全球知名品牌的商店。

住宿：你可以選擇住在奧修招待所裡的高雅客房，也可以選擇長期住宿的套裝居住行程。此外，附近還有各種不同的飯店和公寓可供選擇。

更多資訊請瀏覽www.osho.com/meditationresort

關於作者

奧修反對分門別類。他的數千種談論涵蓋了一切，包括個人詢問的問題，以及現今社會當務之急所面對的社會和政治議題。奧修的書不是書面文字的，而是根據他對國際聽眾所作的即席演講的影音紀錄所謄寫而成。如他所說：「所以記住：無論我說了什麼，那不只是針對你…我也是為了未來的一代而談。」倫敦周日時報說奧修是「創造二十世紀的一千個人」的其中一位，美國作家湯姆羅賓斯說奧修是「自從耶穌基督之後最危險的人」。印度周日午報說奧修是和－甘地、尼赫魯、佛陀－等十個改變印度命運的人。關於他的工作，奧修說他是在幫助創造一個誕生出新人類的環境。他常將這樣的新人類稱為「左巴佛陀」－可以同時是享受娛樂的希臘左巴和寂靜的喬達摩佛。如同一條聯繫著奧修各種書籍和靜心的線運作著，包含了過去各時代的永恆智慧以及現代（和未來）潛力無窮的科學和技術。奧修為人所知的是他對於內在轉變的科學的革命性貢獻，以及用於現代快速的生活步調的靜心方法。他獨特的奧修動態靜心設計，讓人先釋放出身體和頭腦累積的壓力，以便更容易在日常生活中體驗到寂靜以及無念的放鬆。

關於作者，有兩本自傳作品可以購買：奧修自傳：叛逆的靈魂，〔繁體中文／除大陸外，全球販售〕；金色童年，〔繁體中文／除大陸外，全球販售〕。

渡岸法光 / 奧修(OSHO)著 ; 李奕廷譯. -- 初版. -- 臺北市 : 旗開, 2016.05-2016.09
冊 ; 公分
譯自 : The path of the mystic : talks in Uruguay
ISBN 978-986-89034-4-9(上冊 : 平裝). --
ISBN 978-986-89034-5-6(下冊 : 平裝)

1.靈修

192.1 105006575

欲了解更多資訊請瀏覽
www.OSHO.com

這是一個綜合性的多語網站，包括雜誌、奧修書籍、奧修演講的影音產品、英語及印度語的奧修圖書館資料文獻，以及關於奧修靜心的各種資訊。你也可以在這兒查詢奧修多元大學的課程表以及奧修國際靜心村的相關資訊。

相關網站：

http://OSHO.com/resort
http://OSHO.com/AllAboutOSHO
http://OSHO.com/shop
http://www.youtube.com/OSHO
http://www.oshobytes.blogspot.com
http://www.Twitter.com/OSHOtimes
http://www.facebook.com/pages/OSHO.International
http://www.flickr.com/photos/oshointernational

您可透過下列方式聯繫奧修國際基金會：

www.osho.com/oshointernational,

oshointernational@ oshointernational.com

渡岸法光（下）

原著：The Path of the Mystic vol.2
作者：奧修(OSHO)
譯者：李奕廷(Vivek)
發行：李奕廷
出版：旗開出版社
電話：(02)26323563
網址：www.flag-publishing.com.tw
電子信箱：flag.publish@msa.hinet.net
地址：台北市信義區松德路12號6樓
統編：31855902
匯款訂購：第一銀行007 帳號：158-10-012620 戶名：旗開出版社

經銷：紅螞蟻圖書有限公司
地址：臺北市內湖區舊宗路二段121巷19號
電話：(02)27953656

初版：2016年9月
定價：350元

ISBN 978-986-89034-5-6

Original English title: ***The Path of the Mystic***
This book is a transcript of a series of original talks The Path of the Mystic by Osho given to a live audience. All of Osho's talks have been published in full as books, and are also available as original audio recordings. Audio recordings and the complete text archive can be found via the online OSHO Library at www.osho.com